Personelle Risiken messen mit dem Bellheimer Verfahren

Kerstin Steenberg

Personelle Risiken messen mit dem Bellheimer Verfahren

Eine innovative Methode für Krankenhäuser

Kerstin Steenberg
Pforzheim
Deutschland

ISBN 978-3-658-05631-5   ISBN 978-3-658-05632-2 (eBook)
DOI 10.1007/978-3-658-05632-2

Die Deutsche Nationalbibliothek verzeichnet diese Publikation in der Deutschen Nationalbibliografie; detaillierte bibliografische Daten sind im Internet über http://dnb.d-nb.de abrufbar.

Springer Gabler
© Springer Fachmedien Wiesbaden 2015
Das Werk einschließlich aller seiner Teile ist urheberrechtlich geschützt. Jede Verwertung, die nicht ausdrücklich vom Urheberrechtsgesetz zugelassen ist, bedarf der vorherigen Zustimmung des Verlags. Das gilt insbesondere für Vervielfältigungen, Bearbeitungen, Übersetzungen, Mikroverfilmungen und die Einspeicherung und Verarbeitung in elektronischen Systemen.

Die Wiedergabe von Gebrauchsnamen, Handelsnamen, Warenbezeichnungen usw. in diesem Werk berechtigt auch ohne besondere Kennzeichnung nicht zu der Annahme, dass solche Namen im Sinne der Warenzeichen- und Markenschutz-Gesetzgebung als frei zu betrachten wären und daher von jedermann benutzt werden dürften.

Gedruckt auf säurefreiem und chlorfrei gebleichtem Papier

Springer Gabler ist eine Marke von Springer DE. Springer DE ist Teil der Fachverlagsgruppe Springer Science+Business Media
www.springer-gabler.de

Geleitwort

Liebe Leserin, lieber Leser,

es ist uns eine besondere Ehre, für das Buch von Kerstin Steenberg ein Grußwort bereitstellen zu dürfen. Das Thema „*Personelle Risiken messen mit dem Bellheimer Verfahren – Eine innovative Methode für Krankenhäuser*" wird aus unserer Sicht große Beachtung finden, denn es setzt im Kontext der sogenannten Ökonomisierung des Gesundheitswesens und einer fast schon heilsbringerischen Erwartung an ein betriebliches Controlling einen wichtigen und seriösen Akzent.

Der Autorin gebührt der besondere Verdienst, als engagierte Praktikerin und Wissenschaftlerin ein innovatives Zukunftsthema bearbeitet und einen fundierten Lösungsansatz entwickelt zu haben. Im Rahmen ihrer Masterarbeit hat sie eine breite wissenschaftliche Recherche und Analyse vorgenommen, um auf dieser Basis ein durchdachtes und praxistaugliches Controllingtool für Krankenhäuser in engem Austausch mit Experten zu konzipieren. Es überrascht nicht, dass der Anklang für das „Bellheimer Verfahren" in der Praxis groß ist.

Kerstin Steenberg wurde nicht nur für die besondere Qualität ihrer Masterarbeit ausgezeichnet, sondern auch für ihr besonderes Engagement und ihre wissenschaftliche Kompetenz, die sich unter anderem in der Auszeichnung als beste Master-Absolventin ihres Jahrgangs an der Hochschule Ludwigshafen am Rhein manifestierten.

Für den berufsbegleitenden Studiengang MBA Human Resources Management der Hochschule Ludwigshafen und Management Akademie Heidelberg gGmbH kann die Arbeit im Sinne der von uns verfolgten anwendungsbezogenen Forschung als beispielhaft bezeichnet werden.

Wir wünschen dem Bellheimer Verfahren, dieser Publikation und unserer ehemaligen Studierenden viel Erfolg.

Ihnen wünschen wir eine interessante und nutzbringende Lektüre.

Konrad Beßler
Geschäftsführer
Management Akademie Heidelberg gGmbH

Prof. Dr. Peter Mudra
Präsident
Hochschule Ludwigshafen

Vorwort

Die Folgen der demografischen Entwicklung in Deutschland sind inzwischen in allen Personalabteilungen angekommen. Der zukünftig zu erwartende Fachkräftemangel und die überalternde Gesellschaft sind bekannt und mehrfach mit validen Szenarien analysiert. Insbesondere die Gesundheitsbranche wird von dieser Entwicklung künftig dreifach getroffen:

1. **Erträge im medizinischen Bereich werden durch Dienstleistungen erwirtschaftet:** Im medizinischen Bereich werden Leistungen mehrheitlich als Dienstleistungen erbracht, welche durch Menschen entstehen. Da keine Güter produziert werden, hängt diese Art der Ertragserwirtschaftung besonders stark vom Produktionsfaktor Mensch ab. Da dieser Faktor künftig knapp werden wird, besteht hier ein erhöhtes Risiko, auch in Zukunft die nachgefragten Dienstleistungen erbringen zu können.
2. **Die Nachfrage nach medizinischen Dienstleistungen wird steigen:** Die Kunden der medizinischen Einrichtungen sind verstärkt ältere Menschen. Mit der demografischen Entwicklung steigt sowohl die durchschnittliche Lebenserwartung als auch die Zahl der Älteren im Verhältnis zu den Jüngeren. Das bedeutet, dass künftig mehr Menschen für eine längere Dauer ihres Lebens medizinische Dienstleistungen nachfragen werden.
3. **Die Fachkräfte zur Erbringung der Leistungen werden weniger**: Aufgrund der anhaltend geburtenschwachen Jahrgänge wird es weniger Schulabgänger geben und damit weniger Personal, welches dem Arbeitsmarkt zur Verfügung steht. Eine schon jetzt hohe Arbeitsdichte, hohe körperliche Beanspruchung und vergleichsweise niedrige Löhne sorgen für geringe Attraktivität der Tätigkeiten im Gesundheitswesen bei den Schulabgängern, so dass andere Berufszweige stärker favorisiert werden. Die Nachfrage der Dienstleistungen ist künftig gegeben, die medizinischen Geräte und Einrichtungen ebenfalls, Kostenträger sind auch nachhaltig vorhanden – einzig: es mangelt an den Menschen, die diagnostizieren, operieren und pflegen.

Der wirtschaftliche Erfolg eines Krankenhauses wird folglich überproportional stark von dessen personeller Ausstattung abhängen. Damit sind die personellen Risiken solche, die existenziell bedrohlich werden können sowie gemessen und gesteuert werden müssen. Doch bis heute ist kein standardisiertes und ganzheitliches Verfahren bekannt, welches die personellen Risiken misst und bewertet. Wie jedoch soll man solche Risiken steuern, wenn man sie noch nicht einmal misst?

Diese Ausgangslage war für mich der Auslöser, mich stärker mit diesem Thema zu beschäftigen. In der Bankbranche hat man längst für alle möglichen Risiken Mess- und Bewertungsverfahren entwickelt. Da musste doch etwas dabei sein, was sich – zumindest größtenteils – übertragen lässt. Aber die zu entwickelnde Methode musste auch praxistauglich sein, mit Methoden Verfahren und Instrumenten, die im Krankenhausalltag durchführbar sind. Und sie muss vor allem die Wechselwirkungen der einzelnen Risiken berücksichtigen können. Tatsächlich wurde ich fündig: Betrachtet man die einzelnen Personalrisiken als Wertpapiere, so kann man durchaus die Gedanken der Portfoliotheorie nach Markowitz übertragen: Aus einem Wertpapierportfolio wird ein Risikoportfolio. Um diese Formel am Ende anwenden zu können, bedarf es jedoch vorweg einer sauberen und ganzheitlichen Identifikation und Bewertung der einzelnen Personalrisiken. Dies habe ich versucht, in diesem Buch verständlich und mit bekannten Managementmodellen darzustellen.

Wichtig dabei ist mir, dass das neu entwickelte Bellheimer Verfahren einen ersten Forschungsvorstoß in die Richtung einer ganzheitlichen Risikobetrachtung der personellen Risiken darstellt. Mein Anliegen war es, zunächst eine plausible Methode zu entwickeln. Sie erhebt keinen Anspruch auf Perfektion. Sie wurde in dieser Form nur bereits in einem Krankenhaus praktisch erprobt. Aufgrund noch fehlender Datenaufschreibungen können die einzelnen Korrelationen derzeit lediglich geschätzt werden. Diesen Forschungsansatz werde ich jedoch im Rahmen einer Promotion weiter verfolgen. Gerne bin ich offen für den Austausch und Weiterentwicklungen anderer Forscher.

Ich bin sicher, dass die Thematik nach dem deutlichen Personalproblem der Deutschen Bahn am Mainzer Hauptbahnhof im Jahr 2013 stärker in das Bewusstsein der Geschäftsleitungen rückt. Das war nämlich nichts anderes als ein ungesteuertes Engpassrisiko.

Pforzheim, im Herbst 2014 Kerstin Steenberg

Inhaltsverzeichnis

1	**Einleitung**	1
	1.1 Notwendigkeit der Messung personeller Risiken	1
	1.2 Das Bellheimer Verfahren als Messinstrument	4
	1.3 Tipps zur praktischen Umsetzung	5
	Literatur	6
2	**Grundlagen**	9
	2.1 Krankenhaus/Klinik	9
	2.1.1 Zielgruppe des Bellheimer Verfahrens	9
	2.1.2 Aufbau und Finanzierung des stationären Gesundheitssystems in Deutschland	10
	2.1.3 Derzeitige Situation in deutschen Kliniken	15
	2.2 Risikomanagement	28
	2.2.1 Begriffsklärung „Risiko"	28
	2.2.2 Begriffsklärung „Management" bzw. „Controlling"	28
	2.2.3 Gesetzliche Notwendigkeit eines klinischen Risikomanagements .	29
	2.2.4 Besonderheiten des klinischen Risikomanagements	31
	2.2.5 Abgrenzung zum Qualitätsmanagement	32
	2.3 Evaluation und Personalcontrolling	33
	2.3.1 Evaluation	33
	2.3.2 Aufgaben und Inhalte des Personalcontrollings	34
	2.3.3 Aufgaben und Inhalte des Personalrisikocontrollings	36
	2.3.4 Definition personeller Risiken	37
	2.3.5 Der Personalrisikomanagementkreislauf	41
	Literatur	44
3	**Beschreibung des Bellheimer Verfahrens als Evaluationsmethode**	47
	3.1 Beschreibung der Vorgehensweise	47

3.2 Schritt 1: Systematisierung prinzipiell möglicher personeller Risiken 49
3.3 Schritt 2: Identifikation tatsächlich vorhandener personeller Risiken 51
    3.3.1 Identifikation des allgemeinen Strukturrisikos 51
    3.3.2 Identifikation des Engpassrisikos 55
    3.3.3 Identifikation des Anpassungsrisikos 61
    3.3.4 Identifikation des Austrittsrisikos 62
    3.3.5 Identifikation des Motivationsrisikos 66
3.4 Schritt 3: Erstellung einer Inventurliste aller identifizierten Risiken 75
3.5 Schritt 4: Bildung einer Rangfolge aller identifizierten Risiken 80
3.6 Schritt 5: Analyse der Ursachen der jeweiligen Einzelrisiken 82
    3.6.1 Bestimmung der Ursachen des allgemeinen Strukturrisikos 82
    3.6.2 Bestimmung der Ursachen des Engpassrisikos 83
    3.6.3 Bestimmung der Ursachen des Anpassungsrisikos 85
    3.6.4 Bestimmung der Ursachen des Austrittsrisikos 87
    3.6.5 Bestimmung der Ursachen des Motivationsrisikos 89
3.7 Schritt 6: Ermittlung von Messgrößen zur Bewertung der personellen Risiken 90
    3.7.1 Bewertung des allgemeinen Strukturrisikos 90
    3.7.2 Bewertung des Engpassrisikos 97
    3.7.3 Bewertung des Anpassungsrisikos 106
    3.7.4 Bewertung des Austrittsrisikos 109
    3.7.5 Bewertung des Motivationsrisikos 114
3.8 Schritt 7: Berechnung des PeKRA-Indikators 118
3.9 Schritt 8: Darstellung der Gesamtrisikosituation 125
Literatur 126

4 Fazit 129
4.1 Zusammenfassung 129
4.2 Kritische Würdigung 131
4.3 Ausblick 131
Literatur 132

Anhang 133
Rechtsgutachten von Jan Gregor Steenberg 133
    Einleitung 134
    Medizinisches Qualitätsmanagement 134
    Zusammenfassung 138
Übersicht über Instrumente zur Identifikation und Bewertung von Personalrisiken 139
Kennziffern für Kosten der Krankenhäuser 2012 149
    Durchschnittliche Personalkosten je Vollkraft mit direktem Beschäftigungsverhältnis beim Krankenhaus 149
        Nach Ländern 149

Über die Autoren

 **Kerstin Steenberg** studierte von 2000 bis 2003 an der Berufsakademie Karlsruhe Betriebswirtschaftslehre mit Fachrichtung Bank. Schon früh nach ihrem Studium wechselte sie aus dem Vertrieb in den Personalbereich eines regionalen Kreditinstituts und sammelte zehn Jahre Erfahrung in der praktischen Personalarbeit. In dieser Zeit absolvierte sie berufsbegleitend von 2010–2013 ein MBA-Studium mit Schwerpunkt Human Resources Management. Seit 2013 ist Kerstin Steenberg für regionale Kreditinstitute in personalstrategischen Fragestellungen beratend tätig.
Pforzheim, Deutschland

Der Illustrator

Steven Oeder schloss 1999 seine Ausbildung zum Bankkaufmann ab. Während seiner berufsbegleitenden Weiterbildung zum Betriebswirt (VWA) lernte er unterschiedliche Tätigkeitsbereiche eines regional tätigen Kreditinstitutes kennen. Im Jahr 2009 wechselte Steven Oeder in die Abteilung Unternehmenssteuerung und absolvierte während dieser Zeit die berufsbegleitende Weiterbildung zum Bilanzbuchhalter (IHK).
Leimersheim, Deutschland

Abkürzungsverzeichnis

AG	Aktiengesellschaft
AktG	Aktiengesetz
BGB	Bürgerliches Gesetzbuch
BGH	Bundesgerichtshof
bzw.	beziehungsweise
ca.	circa
etc.	et cetera
FMEA	Fehlermöglichkeits- und Einflussanalyse
G-DRG	German – Diagnosis Related Groups
ggf.	gegebenenfalls
GmbH	Gesellschaft mit beschränkter Haftung
HC	Human Capital (= Humankapital)
InEK	Institut für das Entgeltsystem im Krankenhaus
KonTraG	Gesetz zur Kontrolle und Transparenz im Unternehmensbereich
MAK	Mitarbeiterkapazität
mind.	mindestens
m. w. N.	mit weiteren Nachweisen
Nr.	Nummer
NUB	Neue Untersuchungs- und Behandlungsmethoden
o. g.	oben genannt
OLG	Oberlandesgericht
OP	Operation
PeKRA	Personal-Krankenhaus-Risiko-Analyse
RPZ	Risikoprioritätszahl
S.	Seite
SGB	Sozialgesetzbuch
SWOT	Strengths, Weaknesses, Opportunities, Threats
z. B.	zum Beispiel
zzgl.	zuzüglich

Abbildungsverzeichnis

Abb. 1.1	Krankenhausfälle 1995–2030 (Status-Quo-Szenario) in Millionen	4
Abb. 2.1	Jahresergebnis 2012 - Krankenhäuser in Prozent	16
Abb. 2.2	Personalangebot und –nachfrage nicht-ärztlicher Fachkräfte in den stationären Einrichtungen des Gesundheitswesens	18
Abb. 2.3	Akuter Personalengpass im stationären Pflegedienst	19
Abb. 2.4	Altersgruppenverteilung der beschäftigten Gesundheits- und Krankenpflegenden	20
Abb. 2.5	Einschätzung der Berufstätigkeit bis zum Rentenalter	20
Abb. 2.6	Belastungsindikatoren	21
Abb. 2.7	Teilzeitquoten im allgemeinen Krankenhaus	22
Abb. 2.8	Einschätzung zur beruflichen Situation des Pflegedienstes	22
Abb. 2.9	Personalangebot und –nachfrage Ärzte in den stationären Einrichtungen des Gesundheitswesens	23
Abb. 2.10	Personalengpass im ärztlichen Dienst	24
Abb. 2.11	Arbeitsbelastung des ärztlichen Dienstes	24
Abb. 2.12	Arbeitsbedingungen der Ärzte in Krankenhäusern	25
Abb. 2.13	Aufgabe der Tätigkeit im Krankenhaus	26
Abb. 2.14	Auswanderung ins Ausland	26
Abb. 2.15	Bindungsfaktor „Beruf & Familie"	27
Abb. 2.16	Dimensionen des Personalcontrollings	35
Abb. 2.17	Palette der Personalrisiken	38
Abb. 2.18	Personalrisikomanagementkreislauf	41
Abb. 3.1	Das Bellheimer Verfahren besteht aus acht Schritten	48
Abb. 3.2	Fragebogen zur Ermittlung der Bedarfslücke	57
Abb. 3.3	Beispiel eines Potenzialportfolios	60
Abb. 3.4	Ishikawa-Diagramm zu den Ursachen des Anpassungsrisikos	86

Abb. 3.5	Die häufigsten Kündigungsgründe..	88
Abb. 3.6	Szenariobeispiel für das Engpassrisiko...	105
Abb. 3.7	Fragebogen zur Mitarbeiterzufriedenheit..	116
Abb. 3.8	Ersatz der Variablen der Portfoliotheorie von Markowitz durch die Daten des Bellheimer Verfahrens..	124

Tabellenverzeichnis

Tab. 2.1	Eckdaten der Krankenhäuser 2012	11
Tab. 2.2	Auszug aus dem Fallpauschalen-Katalog	13
Tab. 2.3	Pressemitteilung und Kosten der Krankenhäuser 2012	14
Tab. 2.4	Altersstruktur der Pflegeberufe	19
Tab. 2.5	Teilzeit-Beschäftigte im Pflegedienst der Krankenhäuser	21
Tab. 3.1	Systematisierung potenziell möglicher Risiken	50
Tab. 3.2	Identifikation des Risikofaktors „wirtschaftliches Umfeld"	52
Tab. 3.3	Identifikation des Risikofaktors „Unternehmensstruktur"	53
Tab. 3.4	Identifikation des Risikofaktors „Führungsstruktur"	53
Tab. 3.5	Identifikation des Risikofaktors „Personalmanagement"	53
Tab. 3.6	Identifikation des Risikofaktors „fachliche Anpassung"	62
Tab. 3.7	Identifikation des Risikofaktors „persönliche Flexibilität"	62
Tab. 3.8	Identifikation des Risikofaktors „Austritt aufgrund Alter"	64
Tab. 3.9	Identifikation des Risikofaktors „Austritt wegen Kündigung"	64
Tab. 3.10	Identifikation des Risikofaktors „partieller Ausfall"	65
Tab. 3.11	Steckbrief Workshop „Motivation"	67
Tab. 3.12	Trainerleitfaden Workshop „Motivation"	68
Tab. 3.13	Inventurliste der identifizierten Risiken	76
Tab. 3.14	Beispielhafte Rangfolgebildung aller identifizierten Risiken	81
Tab. 3.15	Bewertung des Risikofaktors „wirtschaftliches Umfeld"	91
Tab. 3.16	Bewertung des Risikofaktors „Unternehmensstruktur"	93
Tab. 3.17	Beobachtungsbogen zur Bewertung der Unternehmensstruktur	94
Tab. 3.18	Fragebogen zur Bewertung der Führungsstruktur	95
Tab. 3.19	Bewertung des Risikofaktors „Führungsstruktur"	96
Tab. 3.20	Bewertung des Risikofaktors „Personalmanagement"	97
Tab. 3.21	Checkliste zur Personalfunktion	98
Tab. 3.22	Checkliste zum Image und Bewerbermarketing	100
Tab. 3.23	Kennzahlensystem zur eigenen Nachwuchsförderung	101
Tab. 3.24	Bewertung des Risikofaktors „Bedarfslücke"	101
Tab. 3.25	Checkliste zur Entdeckung einer Potenziallücke	102

Tab. 3.26	Kennzahlensystem zur Nutzung eines Potenzialüberhangs	103
Tab. 3.27	Bewertung des Risikofaktors „Potenziallücke"	103
Tab. 3.28	Bestimmung des y-Achsenabschnitts	104
Tab. 3.29	Variablen zur Berechnung des Engpass-Szenarios	104
Tab. 3.30	Kennzahlensystem zur fachlichen Anpassungsfähigkeit	107
Tab. 3.31	Bewertung des Risikofaktors „fachliche Anpassungsfähigkeit"	107
Tab. 3.32	Checkliste zur Bewertung der persönlichen Flexibilität	108
Tab. 3.33	Bewertung des Risikofaktors „persönliche Anpassungsfähigkeit"	109
Tab. 3.34	Checkliste zur Bewertung der Vorbereitungsmaßnahmen bei Austritten aufgrund des Alters	110
Tab. 3.35	Bewertung des Risikofaktors „Austritt aufgrund Alter"	110
Tab. 3.36	Bewertung des Risikofaktors „Austritt aufgrund Kündigung"	112
Tab. 3.37	Checkliste zur Bewertung der Vorbereitungsmaßnahmen bei partiellen Austritten	114
Tab. 3.38	Bewertung des Risikofaktors „partieller Austritt"	114
Tab. 3.39	Bewertung des Motivationsrisikos	117
Tab. 3.40	Gleichverteilung aller Risiken	119
Tab. 3.41	Fehlermöglichkeits- und Einflussanalyse (Beispiel)	121
Tab. 3.42	Korrelationskoeffizienten	122
Tab. 3.43	Risikobereiche des PeKRA-Indikators	125

Einleitung 1

1.1 Notwendigkeit der Messung personeller Risiken

„Noch immer kein Nachfolger für Augenklinik-Chefarzt gefunden" (o. V. 2013a) – so lautete die Schlagzeile der Pforzheimer Zeitung am 13.03.2013. Ein renommierter Chefarzt und ebenso sein Oberarzt verließen unerwartet die Augenklinik in Pforzheim. Da kurzfristig keine adäquate Nachfolgeregelung gefunden werden konnte, drohte eine nicht ausreichende Versorgung der Patienten. Weiter stand im Raum, Operationen für einen längeren Zeitraum absagen zu müssen, was zu Ertragseinbußen führen würde. Ist das nur ein unglücklicher Einzelfall? Möglicherweise. Aber könnte dies nicht auch bei anderen Krankenhäusern mit ausgezeichneten Ärzten ein Risiko darstellen?

„Für krankes Kleinkind kein Bett im Olgahospital" (Funke 2013) – wegen Personalmangels konnten im März 2013 im Olgahospital Stuttgart, einer der besten Kinderkliniken Deutschlands, von 37 Intensivbetten sechs nicht belegt werden. Anfang 2013 konnten 47 akut kranke Kinder nicht stationär aufgenommen werden (vgl. Ernst 2013, S. 2). Von insgesamt 341 Vollzeitstellen waren 15 nicht besetzt, trotz intensiver Personalsuche auf dem Arbeitsmarkt (vgl. Funke 2013). Könnte solch ein personeller Engpass vielleicht auch Auswirkungen auf den finanziellen Erfolg eines Krankenhauses haben?

„Ärztepräsident: Klinikpersonal oft unterqualifiziert" (o. V. und dpa 2010) – so zitiert die Deutsche Presse Agentur den verstorbenen, ehemaligen Präsidenten der Bundesärztekammer Herrn Dr. Jörg-Dietrich Hoppe auf focus online. Vielen Mitarbeitern mangelt es an Deutschkenntnissen und durch die hohe Arbeitsbelastung sowie die langen Dienste fehlt häufig die Zeit, sich auf dem aktuellen Stand der Medizin zu halten (vgl. Middendorf 2005, S. 179). Können vor diesem Hintergrund medizinisch hochwertige Leistungen auf hohem Niveau auch zukünftig konstant erbracht werden? Oder sollte ein Krankenhaus hierin ein personelles Risiko sehen?

„Die Pflegekräfte in den Kliniken seien ‚am Ende angelangt, sie sind kaputt, sie sind ausgebrannt'" (o. V. 2013b) – berichtete Verdi-Vorstandsmitglied Ellen Paschke am 13.02.2013. Die Belegschaftsvertreter deutscher Kliniken bemängeln zu hohe Arbeitsbelastungen, zu wenig Pausen, hohe körperliche Beanspruchungen, eine nicht angemessene Vergütung und geringe Möglichkeiten zur Vereinbarkeit von Beruf und Familie, im Pflegebereich und im ärztlichen Dienst (vgl. Gerling 2011). Sind dies Bedingungen, die im Gesundheitswesen als „normal" zu akzeptieren sind? Oder könte dies auch zu Demotivation führen, welche die Mitarbeiter letztlich dazu treibt, Dienst nach Vorschrift zu machen und ihr wahres Leistungspotenzial zurückzuhalten?

Diese Schlagzeilen lassen bereits erahnen, dass die personelle Situation in deutschen Kliniken angespannt ist. „Krankenhäuser sind längst keine konkurrenzfreie Zone mehr" (Ertl-Wagner et al. 2009, S. 17). Das bedeutet, ein Krankenhaus muss zwingend wirtschaftlich handeln, um seine zukünftige Existenz zu sichern. Konkret heißt dies, dass die jährlichen Erträge die Kosten übersteigen müssen. In der Gesundheitsbranche werden Erträge durch die Erbringung medizinischer Dienstleistungen generiert. Letztere werden hauptsächlich von Menschen erbracht. Der Erfolgsfaktor Mensch ist folglich die wichtigste Ressource eines Krankenhauses, von der das Überleben abhängt. Man spricht hier vom sogenannten „Humankapital".

▶ Kobi definiert Humankapital als „[…] die Talente, Kompetenzen, Fertigkeiten und Fähigkeiten, die Mitarbeiter ins Unternehmen einbringen,[…]" (Kobi und Backhaus 2001, S. 14).

Um das Humankapital optimal zu nutzen, muss es in ausreichender Quantität und Qualität zur Verfügung stehen. Da es sich hierbei um menschliche Lebewesen handelt, ist zusätzlich deren Motivation sowie der zielführende Einsatz der individuellen Kompetenzen erforderlich. Geht man davon aus, dass ein Krankenhaus sein langfristiges Dasein ausschließlich über die Anzahl, die Qualifikation und die Motivation der Mitarbeiter sichern kann, dann stellen die oben zitierten Pressemitteilungen offensichtliche Risikopotenziale dar.

Um als Unternehmen erfolgreich agieren zu können, müssen Risiken in gewissem Maße eingegangen werden. Allerdings können sich die Risiken im Zeitablauf positiv oder negativ verändern, es können neue Risiken hinzukommen und andere entfallen (vgl. Klaffke 2009, S. 3). Kennt man als Unternehmen die eingegangenen Risiken nicht, können diese unbemerkt existenzbedrohend werden. Realisiert sich ein solches Risiko, ohne dass es zuvor bemerkt wurde, ist es in der Regel zu diesem Zeitpunkt nicht mehr beherrschbar, was zu finanziellen Defiziten bis hin zur Insolvenz führen kann.

Durch ein systematisches Risikomanagement kann ein solches Szenario mindestens abgemildert, häufig sogar vermieden werden. Im Rahmen eines solchen Risikocontrollings werden die vorhandenen Risiken umfassend identifiziert und möglichst früh erkannt. Anschließend werden diese vor dem Hintergrund ihrer existenziellen Bedrohung untersucht und bewertet. Erheblichen Risiken muss danach sofort entgegengesteuert werden. Im letzten Schritt werden relevante Risiken in ein sogenanntes Monitoring, also eine Art

1.1 Notwendigkeit der Messung personeller Risiken

Überwachung, übernommen und regelmäßig auf ihre Veränderung überprüft (vgl. Kobi und Backhaus 2001, S. 27 ff.).

Mit Einführung des Gesetzes zur Kontrolle und Transparenz im Unternehmensbereich (KonTraG) im Jahr 1998 wurde die Einführung eines allgemeinen Risikoüberwachungssystems für alle börsennotierten Unternehmen verpflichtend. Die Vorschrift ging später in § 91 II des Aktiengesetzes (AktG) über (vgl. Gabler Wirtschaftslexikon 2014a). Da die meisten deutschen Kliniken nicht in Form einer Aktiengesellschaft geführt werden, war das Gesetz nicht zwingend relevant, so dass die ersten Ansätze zur Einrichtung eines allgemeinen Risikomanagements in Krankenhäusern erst ein paar Jahre später begannen. Sowohl bei den wenigen börsennotierten als auch bei den in anderer Rechtsform geführten Kliniken liegt der Schwerpunkt der Risikobetrachtung bei den allgemeinen wirtschaftlichen Risiken. Die personellen Risiken bleiben weitgehend unbeachtet. Zwar gewannen im Klinikbereich im Zuge des Qualitätsmanagements die ärztlichen Haftungsrisiken stärker an Bedeutung, jedoch sind noch immer keine empirischen Untersuchungen zum Risikocontrolling in Gesundheitseinrichtungen auffindbar (vgl. Oswald und Henrichs 2011, S. 59). Standardisierte Verfahren sind nicht beschrieben.

Insbesondere das Personal, welches in Dienstleistungsunternehmen die wichtigste Ressource darstellt, blieb bisher im Risikomanagement branchenübergreifend weitgehend unbeachtet, während für andere Risikoarten zwischenzeitlich zahlreiche Managementinstrumente und Frühwarnsysteme entwickelt wurden. Einzig in der Bankbranche gibt es aufgrund der Basel-II-Verordnung seit 2006 Ansätze zur Bewertung personeller Risiken, doch auch diese sind zumeist sehr oberflächlich (vgl. Klöti 2008, S. 22 f., m. w. N.).

Die Gründe hierfür sind vielfältig: Zum einen ist der Produktionsfaktor Mensch aufgrund seines selbstgesteuerten Verhaltens nicht exakt berechenbar, wie das beispielsweise bei einer technischen Anlage der Fall ist. Jegliche quantitativen Ansätze sind mit Ungenauigkeiten und qualitativen Einschätzungen verbunden. Dies hat zur Folge, dass Managementinstrumente nicht unverändert auf andere Risiken übertragbar sind. Für eine sinnvolle Anpassung fehlen aktuell im Gesundheitswesen häufig das Know-how und die Datengrundlagen. Zum anderen bestehen vielerorts moralische Hemmnisse, Menschen als Humankapital zu bewerten und auf Zahlen und Euro-Beträge zu reduzieren (vgl. Klöti 2008, S. 88 f., m. w. N.).

Da sich die Zahl der Krankenhausfälle mit der demografischen Entwicklung und dem Anstieg der Lebenserwartung in den nächsten Jahren deutlich erhöhen wird (siehe Abb. 1.1), werden die Anforderungen an das Personal in Kliniken steigen. Erschwerend kommt hinzu, dass die zu erwartenden nachrückenden Fachkräfte quantitativ und qualitativ nicht ausreichen werden, um den Bedarf zu decken.

Betrachtet man vor diesem Hintergrund erneut die eingangs zitierten Schlagzeilen, ist leicht zu erkennen, dass die geschilderten Situationen und Vorfälle keine Einzelfälle sind, sondern Indikatoren für möglicherweise gravierende Risiken. Daher ist eine standardisierte und detaillierte Risikobetrachtung des Personals in deutschen Kliniken dringend notwendig, um deren Zukunftsfähigkeit zu sichern. Dies vorausgeschickt ist das Personal-

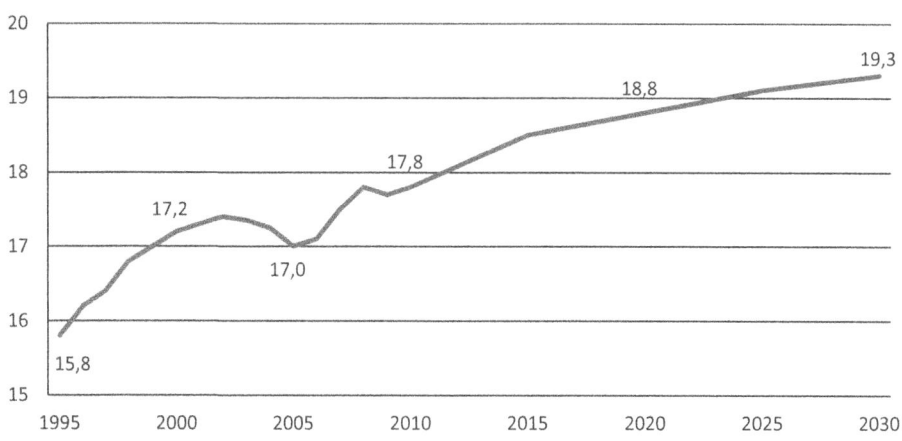

Abb. 1.1 Krankenhausfälle 1995–2030 (Status-Quo-Szenario) in Millionen. (Quelle: Oeder, S., in Anlehnung an Statistische Ämter des Bundes und der Länder (2010), S. 12)

risikocontrolling als Wertschätzung des Produktionsfaktors Mensch zu verstehen, welches dessen Bedeutung unterstreicht.

1.2 Das Bellheimer Verfahren als Messinstrument

Aufgrund der in Abschn. 1.1 dargestellten Situation im Gesundheitswesen entwickelte die Autorin im Rahmen einer Masterarbeit ein Verfahren zur Messung von personellen Risiken, das Bellheimer Verfahren. Anspruch war, ein Verfahren zu gestalten, das auf dem bisherigen Stand der Forschung aufbaut, alle Arten der klassischen, nicht versicherbaren Risiken berücksichtigt und insbesondere die gegenseitige Wechselwirkung der Risiken bei der Betrachtung der Gesamtrisikosituation berücksichtigt. Weiter sollte das Verfahren sehr praxistauglich sein. Alle verwendeten Instrumente sollten nachvollziehbar und für ein Krankenhaus anwendungsfertig ausgearbeitet sein. Hierbei wurde großen Wert darauf gelegt, nur Daten und Benchmarks zu wählen, die unter vertretbarem Aufwand beschafft werden können und im Zeitablauf nachhaltig zur Verfügung stehen. Weiter sollte am Ende ein Super-Indikator als Ergebnis stehen. Dies ermöglicht eine leichte Vergleichbarkeit verschiedener Krankenhäuser untereinander. So entstand der PeKRA-Indikator.

Dieses Fachbuch erklärt die Entwicklung des Bellheimer Verfahrens praxisorientiert und Schritt für Schritt. Zur besseren Nachvollziehbarkeit werden die einzelnen Schritte begründet und hergeleitet. Als ganzheitliches Verfahren ist das Bellheimer Verfahren bislang einzigartig in der Wissenschaft und damit Ansatzpunkt für weitere Forschungsvorhaben. Schon jetzt kann ein Krankenhaus anhand diesem Instrument ein ganzheitliches Risikoüberwachungssystem für die personellen Risiken implementieren. Aufgrund der noch fehlenden Erfahrungswerte sollte jedoch auf eine Verfolgung der weiteren Forschung geachtet und neuere Erkenntnisse zur weiteren Präzisierung laufend eingebaut werden.

1.3 Tipps zur praktischen Umsetzung

Sind Sie als Praktiker daran interessiert, das Bellheimer Verfahren – oder Teile davon – in Ihrer Klinik einzuführen? Dann werden folgende Tipps hilfreich sein:

▶ Das zweite Kapital beschreibt zuerst die Lage der deutschen Krankenhäuser und die daraus abgeleitete Notwendigkeit eines Personalrisikocontrollings. Wenn Sie diese Ausführungen lesen, bekommen Sie ein gutes Gefühl dafür, ob auch Ihre Klinik von einem solchen System profitieren kann. Weiter werden die Grundlagen des Personalcontrollings und insbesondere des Personalrisikocontrollings mit dem Personalrisikomanagementkreislauf beschrieben. Dies ermöglicht auch ungeübten Personalcontrollern das Verständnis und die Einführung des Bellheimer Verfahrens. Profis auf diesem Gebiet können diesen Teil überspringen.

In Kapitel 3 wird das Verfahren zur Identifikation und Bewertung von personellen Risiken in deutschen Kliniken Stück für Stück entwickelt. Zunächst wird die allgemeine Vorgehensweise anhand einer 8-Schritt-Methode vorgestellt. Danach werden die einzelnen Schritte ausführlich erläutert: In Schritt 1 werden mögliche Risiken aufgelistet und klassifiziert, in Schritt 2 werden mittels ausgewählter Instrumente die tatsächlich vorhandenen Risiken identifiziert. Schritt 3 überträgt die Risiken in eine Inventurliste, Schritt 4 sortiert die Liste nach Bedeutung. Mit Schritt 5 werden Ursachen für die vorhandenen Risiken gesucht, um in Schritt 6 entsprechende Messinstrumente abzuleiten. Schritt 7 bewertet schlussendlich die Risiken mittels eines Superindikators, dem PeKRA-Indikator, um sie in Schritt 8 visualisiert darzustellen.

Es ist zu empfehlen, zunächst die gesamten Ausführungen zum Verfahren zu lesen und die Methodik nachzuvollziehen. Beispiele und Musterlösungen werden Ihnen dabei helfen. Danach sollten Sie das Kapitel 3 noch einmal lesen und mit der Übertragung auf Ihr Krankenhaus beginnen. Arbeiten Sie sich Schritt für Schritt voran und übertragen Sie Ihre Ergebnisse in eine elektronisch unterstützte Tabelle (zum Beispiel Excel). Es ist zu empfehlen, die acht Schritte und das zugrundeliegende Scoringverfahren unverändert zu übernehmen. Nur so ist gewährleistet, dass alle Risiken adäquat berücksichtigt werden und der Superindikator am Ende aussagekräftig ist. Daneben sollten die Gewichtungen ebenfalls unverändert bleiben. Variieren kann man bei der Zahl der Daten, die erhoben und ausgewertet werden um den Wert eines jeden Einflussfaktors zu bestimmen. Auch die Zahl der Personen, die in die Berechnung mit einbezogen werden sollen, kann variiert werden. Hier gilt jedoch zu beachten: Je weniger

Daten erhoben werden und je weniger Personen befragt werden, desto ungenauer das Ergebnis am Ende. Wägen Sie gut ab! An den passenden Stellen erfahren Sie, wie Sie Variationen durchführen können.

Das Fazit fasst im Kapitel 4 die Erkenntnisse zusammen, würdigt diese kritisch und gibt einen Ausblick auf die weitere Risikoentwicklung und ergänzende Forschungsansätze. Nutzen Sie diese Ausführungen, um Ihre eigenen Ergebnisse zu reflektieren und zu validieren. In letzter Konsequenz lassen sich Menschen als Arbeitskräfte nie vollständig bewerten.

Fazit

Krankenhäuser sind Dienstleistungsunternehmen, die ihre Erträge zum Großteil aus dem Verkauf von Dienstleistungen erzielen. Der wichtigste Produktionsfaktor eines Krankenhauses ist folglich das Personal. Aufgrund der demografischen Entwicklung wird der Anteil der Älteren in der Bevölkerung und die Lebenserwartung steigen. Da tendenziell ältere Menschen häufiger krank sind und medizinische Dienstleistungen benötigen, wird die Nachfrage künftig steigen. Gleichzeitig jedoch sind sinkende Geburtenraten zu beobachten, so dass die Zahl der Menschen, die diese erhöhte Zahl an Dienstleistungen erbringen kann, stetig sinkt. Da das Personal die wichtigste Ressource eines Dienstleistungsunternehmens ist, stellt die geschilderte zukünftige Entwicklung ein ökonomisches, ggf. existenziell gefährdendes Unternehmensrisiko dar.

Das Bellheimer Verfahren wurde entwickelt, um dieses Risiko auf Gesamthaus-Ebene zu messen und damit steuern zu können. Es berücksichtigt alle potenziell möglichen Personalrisiken einschließlich deren Wechselwirkungen und ist für den direkten praktischen Einsatz konzipiert. Die folgenden Kapitel legen hierfür die Grundlagen und zeigen die Herleitung des Bellheimer Verfahrens als Messinstrument.

Literatur

Ernst C (2013) Personalmangel im Olgäle. In: ver.di Krankenhaus info, Betriebsgruppe Klinikum. Stuttgart Ausgabe 1/2013

Ertl-Wagner B, Steinbrucker S, Wagner B (2009) Qualitätsmanagement und Zertifizierung. Heidelberg

Funke E (2013) Für krankes Kind kein Bett in Olgahospital. http://www.stuttgarter-nachrichten.de/inhalt.chronisch-unterbesetzt-fuer-krankes-kleinkind-kein-bett-im-olgahospital.4d230f1f-8737-4c49-a201-9433fc8486e8.html. Zugegriffen: 2. Jan. 2014, 12:28 Uhr

Gabler Wirtschaftslexikon (2014a) KonTraG, unter http://wirtschaftslexikon.gabler.de/Definition/gesetz-zur-kontrolle-und-transparenz-im-unternehmensbereich-kontrag.html. Zugegriffen: 2. Jan. 2014, 15:03 Uhr

Gerling W (2011) Streit um Arbeitsklima in Krankenhäusern. http://www.weser-kurier.de/Artikel/Bremen/Politik/361058/Streit-um-Arbeitsklima-in-Krankenhaeusern.html. Zugegriffen: 4. Feb. 2012, 16:52 Uhr

Literatur

Klaffke M (2009) Personal-Risiken und –Handlungsfelder in turbulenten Zeiten. In: Klaffke M (Hrsg) Strategisches Management von Personalrisiken, Wiesbaden

Klöti L (2008) Personalrisiken, Qualitative und quantitative Ansätze für das Management von Personalrisiken

Kobi JM (2002) Personalrisikomanagement, 2. Aufl. Wiesbaden

Kobi JM, Backhaus J (2001) Personalrisikomanagement, Stuttgart

Middendorf C (2005) Klinisches Risikomanagement, Münster

Oswald J, Henrichs C (2011) Gestaltungsansätze für ein Risikomanagement. In: Zapp, W (Hrsg) Risikomanagement in stationären Gesundheitsunternehmungen, Heidelberg

o. V, dpa (2010) Ärztepräsident: Klinikpersonal oft unterqualifiziert. http://www.focus.de/politik/deutschland/gesundheit-aerztepraesident-klinikpersonal-oft-unter-qualifiziert_aid_506143.html. Zugegriffen: 2. Jan. 2014, 13:05 Uhr

o. V. (2013a) Noch immer kein Nachfolger für Augenklinik gefunden. http://www.pz-news.de/nachrichten_artikel,-Noch-immer-kein-Nachfolger-fuer-Augenklinik-Chefarzt-gefunden-_arid,404839.html. Zugegriffen: 2. Jan. 2014, 11:35 Uhr

o. V. (2013b) Verdi kritisiert Personalmangel in Kliniken. http://www.aerzteblatt.de/nachrichten/53481/Verdi-kritisiert-Personalmangel-an-Kliniken?s=arbeitsbedingungen+krankenhaus. Zugegriffen: 2. Jan. 2014, 14:01 Uhr

Statistische Ämter des Bundes und der Länder (2010) Demografischer Wandel in Deutschland, Heft 1 – Bevölkerungs- und Haushaltsentwicklung im Bund und in den Ländern. Wiesbaden

Grundlagen 2

2.1 Krankenhaus/Klinik

2.1.1 Zielgruppe des Bellheimer Verfahrens

▶ „Krankenhäuser sind Einrichtungen, die der Krankenbehandlung oder Geburtshilfe dienen und in denen Patienten untergebracht und verpflegt werden können. Sie stehen fachlich-medizinisch unter ärztlicher Leitung und sind darauf ausgerichtet, vorwiegend durch ärztliche und pflegerische Hilfeleistungen Krankheiten der Patienten zu erkennen, zu heilen, ihre Verschlimmerung zu verhüten, Krankheitsbeschwerden zu lindern oder Geburtshilfe zu leisten" (Ostwald et al. 2010, S. 43).

Diese Definition eines Krankenhauses liegt der Studie „Fachkräftemangel, stationärer und ambulanter Bereich bis zum Jahr 2030" im Auftrag der Unternehmensberatung PricewaterhouseCoopers zugrunde.

Das Wirtschaftslexikon von Gabler definiert ein Krankenhaus als:

▶ „Einrichtung, in der durch jederzeit verfügbare ärztliche und pflegerische Hilfeleistungen Krankheiten, Leiden oder Verletzungen durch Unfallschäden festgestellt, geheilt oder gelindert werden sollen oder Geburtshilfe geleistet wird und in der die zu versorgenden Patienten untergebracht und verpflegt werden. Die medizinisch-technische Ausstattung ist an den Bedarf der Patienten anzupassen. Krankenhäuser sind Leistungserbringer der sozialen Sicherung und des Gesundheitswesens" (vgl. Gabler Wirtschaftslexikon 2014b).

Hieraus werden folgende drei Merkmale eines Krankenhauses abgeleitet:

- Es handelt sich um stationäre Einrichtungen, in denen Personen untergebracht und verpflegt werden können.
- Sie dienen der Feststellung, Heilung oder Linderung von Krankheiten oder Unfallschäden oder leisten Geburtshilfe.
- Es sind jederzeit ärztliche und pflegerische Hilfeleistungen verfügbar.

Das Bellheimer Verfahren wurde ausschließlich für Einrichtungen entwickelt, die oben genannte Kriterien vollständig erfüllen. Es ist also nicht für ambulante Institutionen, wie zum Beispiel ambulante Pflegedienste sowie das komplette Sozialwesen, zum Beispiel Alten- und Pflegeheime, anwendbar. Selbstverständlich kann das Verfahren hier Anhaltspunkte und Impulse geben, so dass auf dieser Basis auch für diese Einrichtungen eine Personalrisikoeinschätzung vorgenommen werden kann.

▶ **Die Brockhaus Enzyklopädie definiert eine Klinik als eine „öffentliche oder private Krankenanstalt" (Brockhaus Enzyklopädie 1970, S. 270).**

Eine Klinik war ursprünglich ein Stadtkrankenhaus, das an eine medizinische Universität angeschlossen war. Die Hauptaufgabe der Klinik bestand in der Ausbildung von Ärzten und Krankenpflegepersonal. Da hierfür ein alltäglicher Krankenhausbetrieb notwendig war, hatte eine Klinik auch immer die Aufgaben eines normalen Krankenhauses. Heute bilden auch Krankenhäuser ohne Universitätsanschluss medizinisches Personal aus, so dass in diesem Buch keine Differenzierung vorgenommen wird. Die Begriffe „Krankenhaus", „Klinik" oder „Klinikum" werden synonym verwendet.

2.1.2 Aufbau und Finanzierung des stationären Gesundheitssystems in Deutschland

Im Jahr 2011 beliefen sich die Ausgaben für Gesundheit auf ca. 294 Mrd. €. Das entspricht ca. 11,3 % des Bruttoinlandsproduktes (Statistisches Bundesamt 2013a). Des Weiteren waren im Jahr 2011 mehr als elf Prozent aller Erwerbstätigen in der Gesundheitsbranche beschäftigt. Das entspricht jedem Neunten (Statistisches Bundesamt 2013b). Etwa ein Viertel hiervon entfällt auf das stationäre Gesundheitssystem (vgl. Siebers 2009, S. 19). Hieran ist deutlich zu erkennen, welch hohe wirtschaftliche Bedeutung der Gesundheitssektor bereits heute für die Bundesrepublik Deutschland hat.

Im Jahr 2012 gab es in Deutschland 2017 Krankenhäuser. Davon waren 601 in einer öffentlichen Trägerschaft, 719 hatten einen freigemeinnützigen Träger und 697 Häuser wurden in privater Hand geführt. Die Auslastung der insgesamt 501.489 Betten blieb gegenüber 2009, 2010 und 2011 mit 77,4 % nahezu unverändert. Die Verweildauer hingegen sank im Jahr 2012 gegenüber dem Vorjahr erneut um ein Prozent auf durchschnittlich 7,6 Tage je Patient. Im Jahr 2009 waren es noch 7,9 Tage. Die Fallzahlen stiegen ebenfalls merklich um 1,5 % auf 18.620.595 Patienten an (siehe Tab. 2.1).

2.1 Krankenhaus/Klinik

Tab. 2.1 Eckdaten der Krankenhäuser 2012[a]. (Quelle: Statistisches Bundesamt 2012; Vorläufige Ergebnisse der Krankenhausstatistik 2012; Oeder, S., in Anlehnung an: http://www.destatis.de/DE/ZahlenFakten/GesellschaftStaat/Gesundheit/Krankenhaeuser/Tabellen/KrankenhaeuserJahreVeraenderung.html, Zugriff am 03.01.2014, 11:20 Uhr.)

Gegenstand der Nachweisung	Einheit	Träger			
		Insgesamt	öffentlich	freigemein- nützig	privat
Krankenhäuser	Anzahl	2.017	601	719	697
Betten	Anzahl	501.489	240.275	171.170	90.044
Patientenbewegung					
Berechnungs-/ Belegungstage	Anzahl	142.011.775	69.374.375	47.566.173	25.071.227
Patienten (Fallzahl)	Anzahl	18.620.595	9.093.059	6.407.225	3.120.312
Durchschnittliche Bettenauslastung	Prozent	77,4	78,9	75,9	76,1
Durchschnittliche Verweildauer	Tage	7,6	7,6	7,4	8,0
Personal (Vollkräfte)					
Ärztliches Personal	Anzahl	142.803	79.022	41.873	21.908
Nichtärztliches Personal	Anzahl	709.041	387.717	213.921	107.404
darunter: Pflegepersonal	Anzahl	312.962	161.591	101.010	50.362
Veränderungen gegenüber 2011					
Krankenhäuser	Prozent	−1,4	−3,2	−3,6	2,8
Betten	Prozent	−0,1	−1,0	−0,6	3,5
Patientenbewegung					
Berechnungs-/ Belegungstage	Prozent	0,2	−0,5	0,0	2,8
Patienten (Fallzahl)	Prozent	1,5	0,4	1,6	4,6
Durchschnittliche Bettenauslastung	Prozent	0,1	0,3	0,4	−0,9
Durchschnittliche Verweildauer	Prozent	−1,3	−0,9	−1,5	−1,8
Personal (Vollkräfte)					
Ärztliches Personal	Prozent	2,7	1,6	3,7	5,0
Nichtärztliches Personal	Prozent	3,3	2,6	3,0	6,7
darunter: Pflegepersonal	Prozent	0,7	−0,2	0,4	4,3

[a] Vorläufige Ergebnisse der Krankenhausstatistik 2012

Mit Einführung des Krankenhausfinanzierungsgesetzes im Jahr 1972 wurde die Finanzierung der Krankenhäuser von einem monistischen Finanzierungsansatz auf ein duales System umgestellt. Das bedeutet, dass die Investitionskosten (zum Beispiel Umbau, Renovierung, Anschaffung neuer Geräte) durch Fördermittel des Bundes und des jeweiligen Bundeslandes getragen werden. Die laufenden Betriebskosten (zum Beispiel Sachaufwand, Personalkosten, Kommunikationskosten) werden durch die Kostenträger (zum Beispiel Krankenkassen, Beihilfe, Heilfürsorge, etc.) finanziert (vgl. Hensen und Roeder 2009, S. 15). Die Finanzierung der Betriebskosten durch die Krankenkassen erfolgt durch das im Jahr 2003 eingeführte Fallpauschalensystem German-Diagnosis Related Groups–System (G-DRG-System). Danach wird jeder Patient, welcher einem Abrechnungsfall entspricht, einer von 1.196 (Stand: 2014; vgl. GKV-Spitzenverband 2014) Fallpauschalen zugeordnet, welcher wiederum ein entsprechendes Kostengewicht hinterlegt ist. Die Abrechnung der Krankenhauskosten erfolgt über eine pauschale Vergütung, die das Krankenhaus für die Gesamtbehandlung des Patienten vom Kostenträger des Patienten bekommt. Tab. 2.2 zeigt ein Beispiel.

Beispiel

Für einen akuten Herzinfarkt ohne Begleiterscheinungen und ohne Komplikationen erhält das Krankenhaus 84,6 % des Basisfallwerts (Für Baden-Württemberg: 3.121,04 €), wenn der Patient zwischen einem Tag und 15 Tagen im Krankenhaus verweilt. Wird diese Dauer überschritten, fallen Kosten an, die nicht vergütet werden. Am wirtschaftlichsten für ein Krankenhaus ist eine Verweildauer zwischen der unteren Grenze und der mittleren Verweildauer.

DRG	Bewertungsrelation	UGVD (untere Grenze Verweildauer)	MVD (mittlere Verweildauer)	OGVD (obere Grenze Verweildauer)	Erlös
F60B	0,846	1	7,1	15	2.640,40 €

Hierbei wird das in den G-DRG hinterlegte Kostengewicht mit dem sogenannten (Landes-)-Basisfallwert multipliziert. Grundlage für die Festlegung der Vergütungshöhe sind statistische Auswertungen über durchschnittliche Behandlungs- und Verweildauerkosten, die jährlich neu vom Institut für das Entgeltsystem im Krankenhaus (InEK) kalkuliert werden. Besonders seltene und sehr teure Behandlungen sowie neue Untersuchungs- und Behandlungsmethoden (NUBs) können zusätzlich als Zusatzentgelt abgerechnet werden. Bezogen auf die Zusatzentgelte werden für 2014 159 Maßnahmen definiert. Die NUBs sind jährlich von den Krankenhäusern bei den Kostenträgern im Antragsverfahren einzureichen. Ziel dieses Systems ist es, das Kostenbewusstsein auf den Leistungserbringer, also die Ärzte bzw. Krankenhäuser zu übertragen. Fehl- und Überbehandlungen sollen vermieden werden. Um Gewinne zu erzielen, müssen die Einrichtungen ihre Behandlungen so anlegen, dass die Kosten unter der pauschalen Vergütung bleiben (vgl. Siebers 2009, S. 20). Dies erzeugt einen hohen Kostendruck für die Einrichtungen und zwingt das Management zu Rationalisierungen und Prozessoptimierungen (s. hierzu Tab. 2.3).

2.1 Krankenhaus/Klinik

Tab. 2.2 Auszug aus dem Fallpauschalen-Katalog. (Quelle: Oeder S., in Anlehnung an: InEK 2014)

Fallpauschalen-Katalog
Teil a) Bewertungsrelationen bei Versorgung durch Hauptabteilungen

DRG	Partition	Bezeichnung	Bewertungsrelation bei Hauptabteilung	Bewertungsrelation bei Hauptabteilung/ Belegabteilung	Mittlere Verweildauer	Untere Grenzverweildauer		Obere Grenzverweildauer			Externe Verlegung Abschlag/Tag (Bewertungsrelation)	Verlegungsfallpauschale	Ausnahme von Wiederaufnahme
						Erster Tag mit Abschlag	Bewertungsrelation/Tag	Erster Tag mit Entgelt	Bewertungsrelation/Tag				
1	2	3	4	5	6	7	8	9	10		11	12	13
F60A	M	Akuter Myokardinfarkt ohne invasive kardiologische Diagnostik mit äußerst schweren CC	1,627		12,0	3	0,394	24	0,092		0,121		
F60B	**M**	**Akuter Myokardinfarkt ohne invasive kardiologische Diagnostik ohne äußerst schwere CC**					**0,846**						**7,1**
		komplizierende Konstellation											
F63A	M	Herzinsuffizienz und Schock mit äußerst schweren CC, mit Dialyse oder komplizierender Diagnose	2,171		16,8	5	0,347	32	0,087		0,117		
F62B	M	Herzinsuffizienz und Schock ohne äußerst schwere CC oder ohne Dialyse, ohne komplizierende Diagnose	0,885		8,7	2	0,290	18	0,070		0,090		
F63A	M	Venenthrombose mit äußerst schweren CC	1,297		11,2	3	0,313	22	0,079		0,103		
F63B	M	Venenthrombose ohne äußerst schweren CC	0,640		6,1	1	0,431	13	0,071		0,087		
F62Z	M	Hautulkus bei Kreislauferkrankungen	0,920		9,5	2	0,304	19	0,067		0,087		
F65A	M	Periphere Gefäßkrankheiten mit komplexer Diagnose und äußerst schweren CC	1,690		14,3	4	0,329	26	0,080		0,107		
F65B	M	Periphere Gefäßkrankheiten ohne komplexe Diagnose oder ohne äußerst schwere CC	0,753		6,5	1	0,465	15	0,078		0,097		
F64A	M	Koronararteriosklerose mit äußerst schweren CC	1,554		13,0	3	0,378	23	0,081		0,107		
F66B	M	Koronararteriosklerose ohne äußerst schweren CC	0,484		4,3	1	0,260	10	0,077		0,089		
F67A	M	Hypertonie mit äußerst schweren CC	1,256		11,2	3	0,306	24	0,077		0,101		
F67B	M	Hypertonie mit komplizierender Diagnose oder schweren CC	0,705		6,7	1	0,466	14	0,071		0,089		
F67C	M	Hypertonie ohne komplizierende Diagnose, ohne äußerst schwere oder schweren CC, Alter > 15 Jahre	0,566		3,6	1	0,262	8	0,109		0,122		
F67D	M	Hypertonie ohne komplizierende Diagnose, ohne äußerst schwere oder schweren CC, Alter < 15 Jahre	0,475		4,6	1	0,292	13	0,071		0,084		
F69A	M	Angeborene Herzkrankheit, Alter > 5 Jahre	1,023		6,1	1	0,671	13	0,134		0,160		
F69B	M	Angeborene Herzkrankheit, Alter < 5 Jahre	0,753		4,1	1	0,426	10	0,120		0,138		
F59A	M	Herzklappenerkrankungen mit äußerst schweren oder schweren CC	1,276		11,3	3	0,303	22	0,075		0,096		
F59B	M	Herzklappenerkrankungen ohne äußerst schwere oder schwere CC	0,597		5,5	1	0,363	13	0,073		0,089		
F70A	M	Schwere Arrhythmie und Herzstillstand mit äußerst schweren CC	1,850		11,4	3	0,446	26	0,111		0,145		
F70B	M	Schwere Arrhythmie und Herzstillstand ohne äußerst schweren CC	0,696		6,8	1	0,503	12	0,087		0,106		
F71A	M	Nicht schwere kardiale Arrhythmie und Erregungsleitungsstörungen mit äußerst schweren CC oder katheterbasierter elektrophysiologischer Untersuchung des Herzens	1,137		8,9	2	0,324	19	0,076		0,096		
F71B	M	Nicht schwere kardiale Arrhythmie und Erregungsleitungsstörungen ohne äußerst schwere CC, ohne katheterbasierte elektrophysiologische Untersuchung des Herzens	0,503		4,6	1	0,304	10	0,075		0,088		
F72A	M	Instabile Angina pectoris mit äußerst schweren CC	1,096		9,3	2	0,385	19	0,080		0,103		
F72B	M	Instabile Angina pectoris ohne äußerst schwere CC	0,518		4,4	1	0,312	10	0,062		0,095		
F73Z	M	Synkope und Kollaps	0,525		4,4	1	0,338	10	0,082		0,095		

Tab. 2.3 Pressemitteilung und Kosten der Krankenhäuser 2012. (Quelle: Statistisches Bundesamt 2013c; Oeder, S., in Anlehnung an: http://www.destatis.de/DE/PresseService/Presse/Pressemitteilungen/2013/11/PD13_392_231.html, Zugriff am 03.01.2014, 12:39 Uhr.)

Land	Krankenhäuser	Fallzahl	Bruttokosten[a] insgesamt	darunter		Bereinigte Kosten[b]	Kosten je Fall[c]
				Personalkosten	Sachkosten		
	Anzahl		in Mrd. €				in €
Deutschland	2.017	18.620.442	86,8	51,9	32,6	75,6	4.060
Baden-Württemberg	276	2.074.015	10,9	6,7	3,9	9,0	4.350
Bayern	369	2.856.218	13,3	8,0	4,9	11,8	4.140
Berlin	81	782.745	4,1	2,3	1,7	3,5	4.413
Brandenburg	54	548.334	2,1	1,2	0,8	2,0	3.617
Bremen	14	203.629	1,0	0,5	0,4	0,9	4.550
Hamburg	51	470.915	2,7	1,5	1,2	2,2	4.718
Hessen	172	1.318.641	6,1	3,5	2,4	5,5	4.183
Mecklenburg-Vorpommern	38	408.442	1,8	1,1	0,7	1,5	3.767
Niedersachsen	198	1.638.213	7,6	4,6	2,8	6,5	3.947
Nordrhein-Westfalen	385	4.379.355	20,4	12,3	7,5	17,4	3.979
Rheinland-Pfalz	91	908.228	4,0	2,5	1,3	3,6	3.917
Saarland	21	268.867	1,3	0,8	0,5	1,1	4.257
Sachsen	78	998.855	4,0	2,3	1,7	3,7	3.751
Sachsen-Anhalt	49	602.741	2,4	1,5	0,9	2,2	3.689
Schleswig-Holstein	95	587.710	2,8	1,6	1,1	2,4	4.102
Thüringen	45	573.536	2,4	1,5	0,9	2,1	3.714

[a] Gesamtsumme der Krankenhauskosten bestehend aus Personal- und Sachkosten, Zinsen und ähnlichen Aufwendungen sowie Steuern inklusive Kosten der Ausbildungsstätten und Aufwendungen für den Ausbildungsfonds
[b] Bruttokosten abzüglich nicht stationärer Kosten (zum Beispiel Ambulanz, wissenschaftliche Forschung und Lehre)
[c] Basierend auf bereinigten Kosten

Pressemitteilung des Statistischen Bundesamtes vom 21.11.2013

WIESBADEN – Die Gesamtkosten der Krankenhäuser beliefen sich im Jahr 2012 auf 86,8 Mrd. € (2011: 83,4 Mrd. €). Umgerechnet auf rund 18,6 Mio. Patientinnen und Patienten, die 2012 vollstationär im Krankenhaus behandelt wurden, betrugen die stationären Krankenhauskosten je Fall im Jahr 2012 durchschnittlich 4060 €. Wie das Statistische Bundesamt (Destatis) weiter mitteilt, waren das im Bundesdurchschnitt 2,5 % mehr als im Jahr zuvor, als die Kosten je Behandlungsfall noch bei 3960 € gelegen hatten.

Die Kosten der Krankenhäuser setzten sich im Wesentlichen aus den Personalkosten von 51,9 Mrd. € (+4,8 % gegenüber 2011), den Sachkosten von 32,6 Mrd. € (+2,9 %) sowie den Aufwendungen für den Ausbildungsfonds von 1,1 Mrd. € (+2,7 %) zusammen. Weitere 1,3 Mrd. € entfielen auf Steuern, Zinsen und ähnliche Aufwendungen und auf Kosten der Ausbildungsstätten.

In den Gesamtkosten waren Ausgaben für nichtstationäre Leistungen in Höhe von 11,2 Mrd. € enthalten. Dazu gehören unter anderem Kosten für die Ambulanz sowie für wissenschaftliche Forschung und Lehre. Die Kosten der rein stationären Krankenhausversorgung lagen bei rund 75,6 Mrd. € (2011: 72,6 Mrd. €).

Die durchschnittlichen Kosten je Fall waren in Brandenburg mit 3617 € am niedrigsten und in Hamburg mit 4.718 € am höchsten. Diese regionalen Unterschiede sind strukturell bedingt: Sie werden vom Versorgungsangebot sowie von der Art und Schwere der behandelten Erkrankungen beeinflusst. Die stärkste Kostensteigerung je Fall im Vergleich zum Vorjahr gab es in „Mecklenburg-Vorpommern mit +5,4 %, den geringsten Anstieg hatte Sachsen-Anhalt mit +1,2 %."

Diese Dualistik ist in Politik und Wirtschaft stark umstritten, da sich inzwischen aufgrund der knappen Ressourcen auf Landesebene ein deutlicher Investitionsstau gebildet hat. Krankenhäuser müssen mitunter bis zu zehn Jahre auf die Finanzierung von Umbaumaßnahmen oder neuer Geräte warten, was die durch die Einführung der Fallpauschalen gewünschte Rationalisierung bremst. Den Krankenhäusern bleibt häufig nur der Weg, Investitionen aus eigener Kraft zu finanzieren bzw. sich Drittfinanzierer zu suchen (vgl. Hensen und Roeder 2009, S. 15). Auch die Finanzierung mittels des Fallpauschalensystems ist stellenweise problematisch. Da die Erlöse für eine Behandlung im Vorhinein klar gedeckelt sind, ist der Gewinn für den Leistungserbringer nur über die Senkung der Kosten/Ausgaben zu erhöhen. Deshalb ist das Krankenhaus bestrebt, die Behandlung eines Patienten so schnell und so kostengünstig wie möglich durchzuführen (vgl. Siebers 2009, S. 20). Ein Arzt muss deshalb ständig die Qualität der medizinischen Behandlung gegen den ökonomischen Erfolg abwägen, was zu Lasten der Gesundheit des Patienten gehen kann.

2.1.3 Derzeitige Situation in deutschen Kliniken

„Jede zweite Klinik macht Verluste" (Mihm 2013), so beschrieb die FAZ am 20.11.2013 die Ergebnisse einer Studie des Deutschen Krankenhaus Instituts für 2012. Der Anstieg ist dramatisch, in 2011 war es nur jedes dritte Krankenhaus. Nur noch jedes achte Krankenhaus schätzt seine wirtschaftliche Lage als „gut" ein. Für 2014 erwarten 40 % der Befragten eine weitere Verschlechterung der Ergebnisse. Die wirtschaftliche Lage vieler kommunaler Kliniken ist angespannt und droht, sich, den Erwartungen zufolge, zukünftig weiter zu verschlechtern (Mihm 2013; s. hierzu Abb. 2.1).

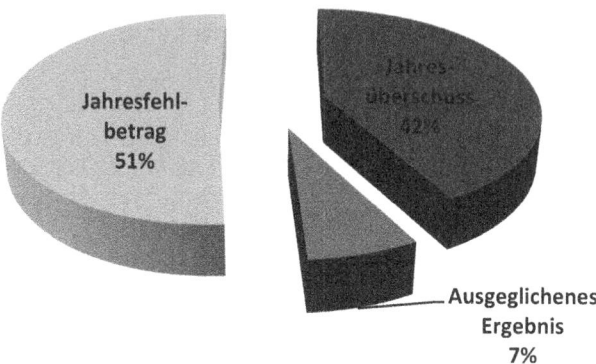

Abb. 2.1 Jahresergebnis 2012 – Krankenhäuser in Prozent. (Quelle: Oeder, S., in Anlehnung an: Blum et al. 2013, S. 100)

Zwar könnte man vermuten, dass der in Abschn. 2.1.2 beschriebene Kostendruck für die schlechten Ergebnisse der Kliniken verantwortlich ist, die Unternehmensberatung PricewaterhouseCoopers bewies jedoch in einer 2010 veröffentlichten Studie, dass der zunehmende Personalmangel Hauptursache für die schlechten Ergebnisse ist (vgl. Ostwald et al. 2010, S. 10).

In einigen Krankenhäusern ist es bereits so dramatisch, dass „[...]es schon bei Ausfall einer Person immer wieder zum Zusammenbruch des geordneten Betriebs komme" (Hutter 2011), andernorts heißt es: „Wir wissen nicht, wie wir die Stationen besetzen sollen" (Knüppel 2011, S. 3), so zitiert Johanna Knüppel vom Deutschen Berufsverband für Pflegeberufe eine Pflegedirektorin. Nicht ausreichend besetzbare Stationen und fehlendes Personal in Funktionsbereichen von Krankenhäusern sind die Ursache dafür, dass Betten nicht mehr belegt werden können und Operationssäle geschlossen werden müssen. Dies führt schnell dazu, dass die Auslastung der Klinik sinkt und die benötigten Erlöse ausbleiben, um die Fixkosten zu decken. Ein negatives Betriebsergebnis ist die Folge.

Vor diesem Hintergrund wird im Bellheimer Verfahren die personelle Situation der Kliniken beleuchtet. Hierfür werden die Pflegeberufe und der ärztliche Dienst getrennt betrachtet. Andere Berufsgruppen, wie zum Beispiel Controller, Personalreferenten oder Mitarbeiter der Buchhaltung gehören nicht zum branchentypischen, und damit risikorelevanten, Fachpersonal und bleiben bei der gesamten Betrachtung außen vor. Zunächst werden jeweils die Entwicklung der vergangenen Jahre dargestellt. Für die Berechnung des aktuellen Fachkräftemangels und der Ableitung einer verlässlichen Zukunftsprognose steht leider kein bundesweit umfassendes und verlässliches Datenmaterial zur Verfügung, daher werden die aktuelle Situation sowie eine Prognose für die Zukunft anhand der Auswertung verschiedener Studien erläutert. Diese Studien nutzen unterschiedliche methodische Herangehensweisen, so dass in der Summe eine gute Einschätzung über die derzeitige Lage und die zukünftige Entwicklung entsteht.

Im Jahr 1996 entfiel die Pflegepersonalregelung, mit welcher bis dato der Personalbedarf im Pflegebereich in Krankenhäusern berechnet wurde. Dies ermöglichte einen überwiegend wirtschaftlich getriebenen Stellenabbau im Bereich der Pflege bis zum Jahr 2006. Zuerst waren Budgetkürzungen, später die Einführung der Fallpauschalen der Grund für den Personalabbau (vgl. Simon 2012, S. 35). Eingespartes Geld wurde häufig für Tarifsteigerungen bei den Ärzten verwendet (vgl. Knüppel 2011, S. 3). In den Jahren von 2000 bis 2008 sank die Zahl der Auszubildenden in Pflegeberufen um zehn Prozent (vgl. Isfort und Weidner 2010, S. 8). Die Folgen der demografischen Entwicklung, nämlich die Überalterung der Bevölkerung, waren jedoch bereits in den 2000ern zu spüren. Die Nachfrage nach Pflegepersonal in Krankenhäusern stieg. So herrschte im Jahr 2008 zum ersten Mal Vollbeschäftigung in den Pflegeberufen (Arbeitslosenquote unter einem Prozent) (vgl. Isfort und Weidner 2010, S. 8). Erst zum Ausbildungsjahr 2009/2010 stieg die Zahl der Auszubildenden in der Krankenpflege wieder deutlich an (vgl. Simon 2012, S. 45). Schließt man, wie beim Krankenhaus Barometer 2012, von einer repräsentativen Stichprobe auf die Grundgesamtheit, so haben bereits 34 % der Krankenhäuser Probleme, offene Stellen in der Pflege zeitnah zu besetzen. Besonders schwierig ist die Besetzung von Funktionsstellen, wie zum Beispiel der OP-, Anästhesie- oder der Intensivpflege, sowie bei Kinderkrankenpflegern (vgl. Blum et al. 2013, S. 18).

Bundesweit sind das 2.300 Vollzeitstellen, die nicht besetzt werden konnten. Dies bedeutet eine Steigerung gegenüber dem Jahr 2009 (= 1.250) um 184 %. Die hohe Steigerung innerhalb der vergangenen vier Jahre lässt auf eine weitere Verschärfung der Situation schließen (vgl. Blum et al 2013, S. 20). Die Unternehmensberatung PricewaterhouseCoopers hat durch die Auswertung zahlreicher Statistiken einen Personalmangel im Pflegebereich von 134.000 Vollzeitkräften im Jahr 2020 und fast 348.000 im Jahr 2030 errechnet (siehe Abb. 2.2; vgl. Ostwald et al. 2010, S. 45).

Da in der Vergangenheit häufig jüngeres Krankenpflegepersonal entlassen bzw. nach der Ausbildung nicht übernommen wurde, liegt der Altersdurchschnitt in der Pflege über dem Bundesdurchschnitt (vgl. Isfort und Weidner 2010, S. 6). Das bedeutet, dass die Personaldecke zukünftig durch altersbedingt höhere Fehlzeiten und häufigere Erwerbsminderungsberentungen überdurchschnittlich stark belastet wird (vgl. Isfort und Weidner 2010, S. 6).

Ein weiteres Problem ist die generelle Überforderung des Pflegepersonals. Trotz der verkürzten Verweildauer der Patienten steigt das Pflegekraft-Patienten-Verhältnis kontinuierlich an (in einem Jahr um 2,5 Patienten je Pflegekraft) (vgl. Isfort und Weidner 2010, S. 5). Diese Arbeitsverdichtung führt zu einer höheren Arbeitsgeschwindigkeit, kürzeren Pausen, die kaum mehr zur Erholung dienen und immer häufigeres Einspringen und ungeplante Zusatzschichten für das Personal. Dieser Belastung halten viele, sowohl physisch als auch psychisch, nicht bis zum Rentenalter stand (vgl. Isfort und Weidner 2010, S. 43). Teilzeitbeschäftigungen, Branchenwechsel und verfrühte Erwerbsminderungsberentung sind die Folgen (jeder zweite von 14.000 Befragten glaubt, den Beruf nicht bis zum Rentenalter ausüben zu können, weil er zu anstrengend ist) (vgl. Isfort und Weidner 2010, S. 43). Dies wiederum reduziert erneut den zur Verfügung stehenden Personalbestand bei steigendem Bedarf und wird die Situation zusätzlich verschärfen.

Nicht verwunderlich ist daher ein verstärkter Trend zu Teilzeitarbeit: Im Pflege Thermometer 2009 wurde für 2008 bereits eine Teilzeitquote von 45,57 % gemessen (vgl. Isfort und Weidner 2010, S. 24). Der Deutsche Pflegerat kommt in einer Studie zu dem Ergebnis, dass sich die Teilzeitarbeit zwischen 1999 und 2009 um 60 % erhöht hat (vgl. Simon 2012, S. 3). Die Gründe sind in allen Erhebungen, trotz unterschiedlicher Methodik, identisch: Zum einen sind sie arbeitnehmerinitiiert, um der starken physischen und psychischen Belastung des Arbeitsalltags entgegen zu wirken. Zum anderen sind sie arbeitgeberinitiiert, da Teilzeitkräfte häufig für ganze Schichten eingeteilt werden, um Arbeitsspitzen flexibler abzufangen. Das bedeutet aber gleichzeitig, dass die Teilzeitkräfte weniger regelmäßig arbeiten und häufiger Ruhephasen nicht zur Erholung nutzen können, was die Überarbeitung stärker fördert (vgl. Isfort und Weidner 2010, S. 6, 24 und Simon 2012, S. 4, 51).

Positiv zu werten ist die Tatsache, dass 68,4 % der Pflegekräfte über eine dreijährige Berufsausbildung verfügen. Damit ist kein Trend zur Dequalifizierung erkennbar, was die Qualität der medizinischen Leistungen auf einem hohen Niveau hält (vgl. Simon 2012, S. 33, 38). Außerdem schätzt die Mehrzahl der durch das Deutsche Institut für angewandte Pflegeforschung Befragten die persönlichen Entwicklungschancen als gut ein. Insbesondere bei den unter 20jährigen waren die Umfrageergebnisse gut, so dass man davon ausgehen kann, dass der Beruf nach wie vor attraktiv ist, was für die Akquisition von Nachwuchskräften genutzt werden kann (vgl. Isfort und Weidner 2010, S. 42).

> **Fazit**
>
> Zusammenfassend sind folgende Punkte im Bereich der Pflege festzuhalten:
> - Ein Mangel an Pflegefachkräften ist derzeit schon akut und wird zukünftig überproportional zunehmen (siehe Abb. 2.2 und 2.3).

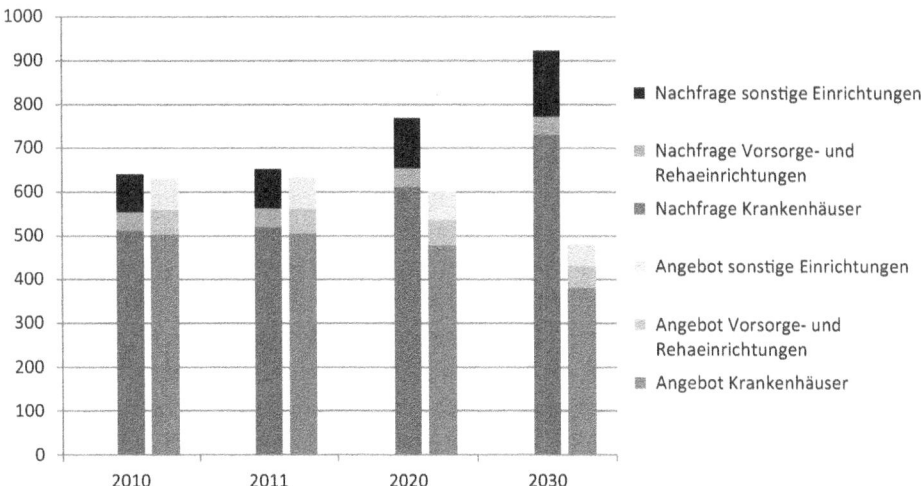

Abb. 2.2 Personalangebot und –nachfrage nicht-ärztlicher Fachkräfte in den stationären Einrichtungen des Gesundheitswesens. (Quelle: Oeder, S., in Anlehnung an: Ostwald et al. 2010, S. 45)

2.1 Krankenhaus/Klinik

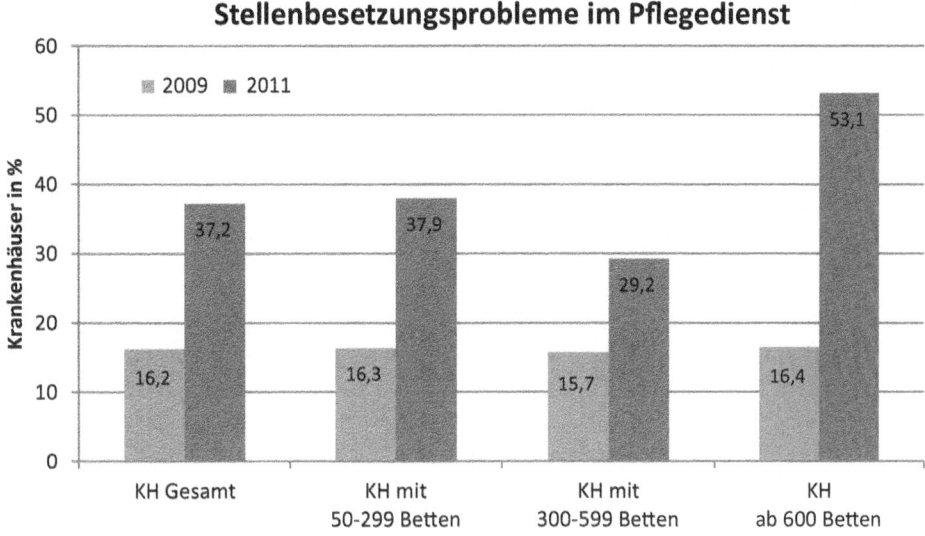

Abb. 2.3 Akuter Personalengpass im stationären Pflegedienst. (Quelle: Oeder, S., in Anlehnung an: Blum et al. 2011, S. 7)

Tab. 2.4 Altersstruktur der Pflegeberufe. (Quelle: Oeder, S., in Anlehnung an: Simon 2012, S. 50)

	2001	2003	2005	2007	2009	2001–2009 Anzahl	in %
Pflegepersonal insgesamt[a]	987	1.026	1.055	1.098	1.160	173	*17,5*
			Davon in %				
Unter 35 Jahre	*37,0*	*34,4*	*32,5*	*31,2*	*31,1*	*−5,9*	*−16,0*
35 bis unter 50 Jahre	*46,3*	*47,0*	*47,2*	*45,8*	*43,5*	*−2,8*	*−6,0*
50 Jahre und älter	*16,7*	*18,5*	*20,4*	*23,1*	*25,4*	*8,8*	*52,7*

[a] Angaben in Tausend

- Der Altersdurchschnitt der Pflegekräfte ist überdurchschnittlich hoch, was zu vermehrten Abgängen in der Zukunft führt (siehe Tab. 2.4 und Abb. 2.4).
- 50 % der Pflegekräfte empfinden ihren Beruf aktuell schon als sehr anstrengend bzw. sind bereits physisch und/oder psychisch überfordert (siehe Abb. 2.5 und 2.6).
- Aufgrund der Arbeitsbelastung und der Arbeitsmenge steigt die Teilzeitarbeit überproportional an (siehe Tab. 2.5 und Abb. 2.7).
- Zwei Drittel der Beschäftigten sind als Fachkräfte einzustufen, der Beruf gilt als attraktiv, da gute Entwicklungschancen geboten werden (siehe Abb. 2.8).

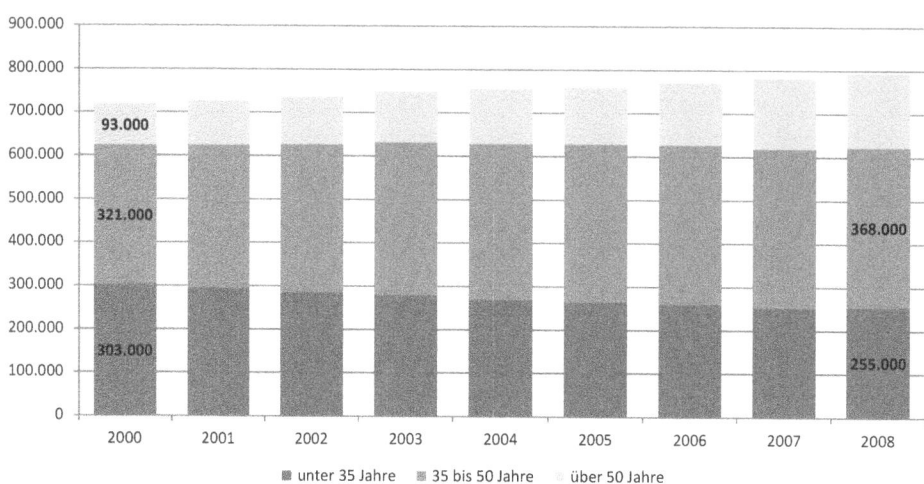

Abb. 2.4 Altersgruppenverteilung der beschäftigten Gesundheits- und Krankenpflegenden. (Quelle: Oeder S., in Anlehnung an: Isfort und Weidner 2010, S. 28)

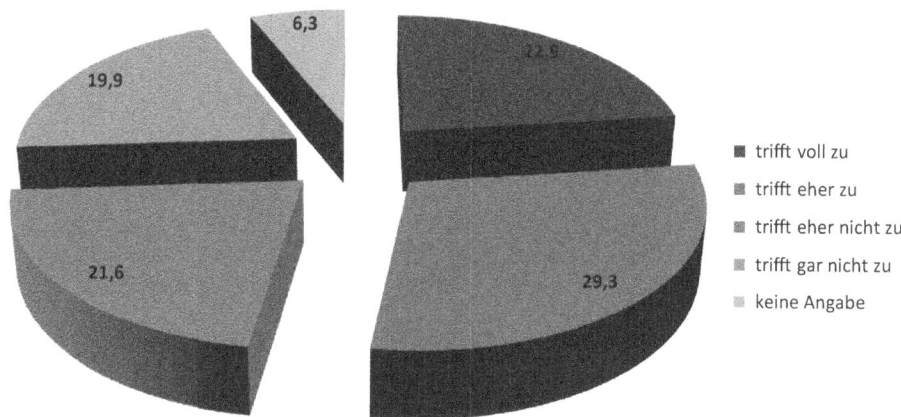

Abb. 2.5 Einschätzung der Berufstätigkeit bis zum Rentenalter. (Quelle: Oeder S., in Anlehnung an: Isfort und Weidner 2010, S. 44)

Im ärztlichen Dienst sind die Besetzungsprobleme schon seit etwa 2006 bekannt. Aktuell geben 58 % der im Rahmen des Krankenhaus Barometers befragten Kliniken an, Probleme bei der Besetzung von Ärztestellen zu haben (vgl. Blum et al. 2013, S. 30). Hochgerechnet auf die Bundesrepublik konnten demnach 2012 2.000 Vollzeitstellen nicht besetzt werden. Dies entspricht ca. zwei Prozent aller Ärztestellen in Krankenhäusern in Deutschland. Trotz der Tatsache, dass hiermit ein Rückgang gegenüber 2011 zu verzeichnen ist, herrscht immer noch Vollbeschäftigung auf dem Ärztemarkt. Jedoch entspannt sich die Lage in den letzten Jahren (vgl. Blum et al. 2013, S. 32 ff.). Grund für den Rückgang ist unter Anderem der verstärkte Einsatz von Honorarärzten, auf dessen Problematik

2.1 Krankenhaus/Klinik

	Durchschnittliche tägliche Patientenbelegung	Anzahl der im Durchschnitt betreuten Patienten pro Schicht	Anzahl der zusätzlich zum regulären Wochendienst geleisteten Feiertagsarbeit	Anzahl der Überstunden in den letzten 6 Monaten
Mittelwert	25 (gerundet)	12 (gerundet)	1,33	42,11
häufigster genannter Wert	30 Patienten	10 Patienten	1-mal	30
Summe				383.132
bis 25% aller Befragten	16 Patienten	5 Patienten	0-mal im letzten Monat	bis zu 20
bis 50% aller Befragten	25 Patienten	10 Patienten	bis 1-mal im letzten Monat	bis zu 36
bis 75% aller Befragten	30 Patienten	15 Patienten	bis 2-mal im letzten Monat	bis zu 60

Abb. 2.6 Belastungsindikatoren. (Quelle: Oeder S., in Anlehnung an: Isfort und Weidner 2010, S. 44)

Tab. 2.5 Teilzeit-Beschäftigte im Pflegedienst der Krankenhäuser. (Quelle: Oeder S., in Anlehnung an: Simon 2012, S. 50)

Teilzeit-Beschäftigte im Pflegedienst der Krankenhäuser – Entwicklung im 2-Jahres-Rhythmus						
	1999	2001	2003	2005	2007	2009
Beschäftigte im Pflegedienst (bettenführende Abteilungen)	415.865	416.319	408.183	393.186	392.896	401.625
Veränderung (in %)	−0,8	0,4	−2,2	−0,9	0,0	1,4
Teilzeit-Beschäftigte im Pflegedienst der Krankenhäuser – Entwicklung im Mehrjahresrhythmus						
	1999–2009		2001–2005		2005–2009	
	Anzahl	*in %*	Anzahl	*in %*	Anzahl	*in %*
Beschäftigte im Pflegedienst (bettenführende Abteilungen)	−14.240	−3,4	−23.133	−5,6	8.439	2,1

später noch eingegangen wird. Die Unternehmensberatung PricewaterhouseCoopers hingegen kommt zu einem anderen Ergebnis. Durch die Auswertung zahlreicher Statistiken errechnet das Unternehmen einen aktuellen Ärztemangel in 2011 von 15.000 Vollzeitstellen (vgl. Ostwald et al. 2010, S. 37).

Für die Jahre 2020 bzw. 2030 prognostiziert PricewaterhouseCoopers einen Ärztemangel von 24.000 bzw. 79.000 Vollzeitkräften im stationären Bereich (siehe Abb. 2.9). Damit wäre 2030 jede dritte Arztstelle in stationären Einrichtungen unbesetzt (vgl. Ostwald et al. 2010, S. 44).

Die berufsspezifische Betrachtung zeigt, dass in den Krankenhäusern hauptsächlich Fachärzte für Allgemeinmedizin, für Pädiatrie und Internisten fehlen (vgl. Ostwald et al. 2010, S. 49). Eine umfangreiche Befragung der Ärztegewerkschaft Marburger Bund 2011 und eine ergänzende Befragung in 2013 ergeben anhand der Hochrechnung einer Stich-

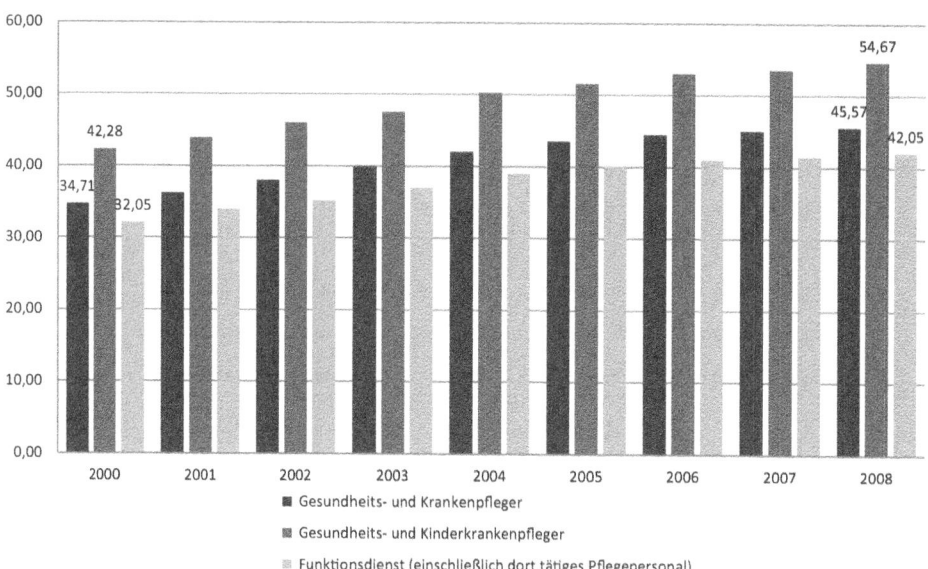

Abb. 2.7 Teilzeitquoten im allgemeinen Krankenhaus. (Quelle: Oeder S., in Anlehnung an: Isfort und Weidner 2010, S. 24)

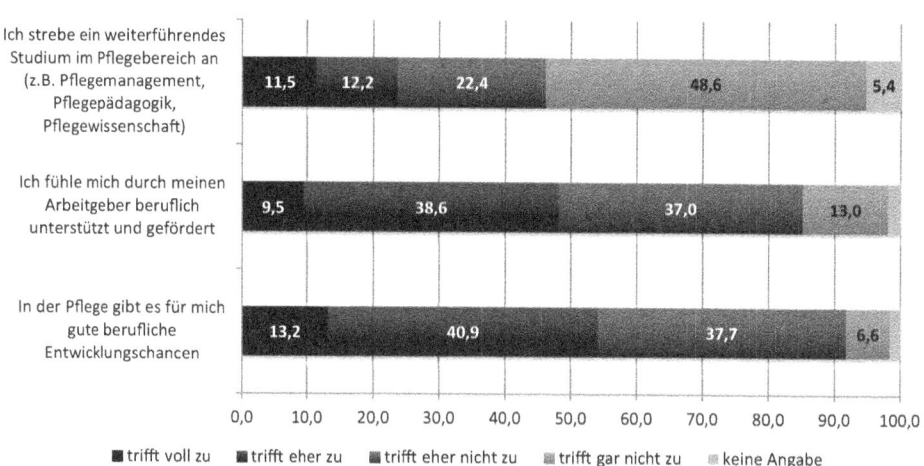

Abb. 2.8 Einschätzung zur beruflichen Situation des Pflegedienstes (Quelle: Oeder S., in Anlehnung an: Isfort und Weidner 2010, S. 42)

probe bundesweit 12.000 nicht besetzte Ärztestellen (2011). Das sind 1,5 Stellen je Abteilung. Hinzu kommt, dass diese Stellen länger vakant sind als noch in vorherigen Jahren (vgl. Freese und Barclay 2011, S. 37, 38).

Durch den bereits akuten Personalmangel im ärztlichen Dienst ist die Arbeitsbelastung, ähnlich wie im Pflegebereich, deutlich gestiegen. Laut Befragung der Ärztegewerkschaft Marburger Bund 2013 arbeiteten 47 % der befragten Ärzte 49 bis 59 Stunden in der Woche. Zudem werden Überstunden häufig nicht vergütet, ein Freizeitausgleich ist selten möglich

2.1 Krankenhaus/Klinik

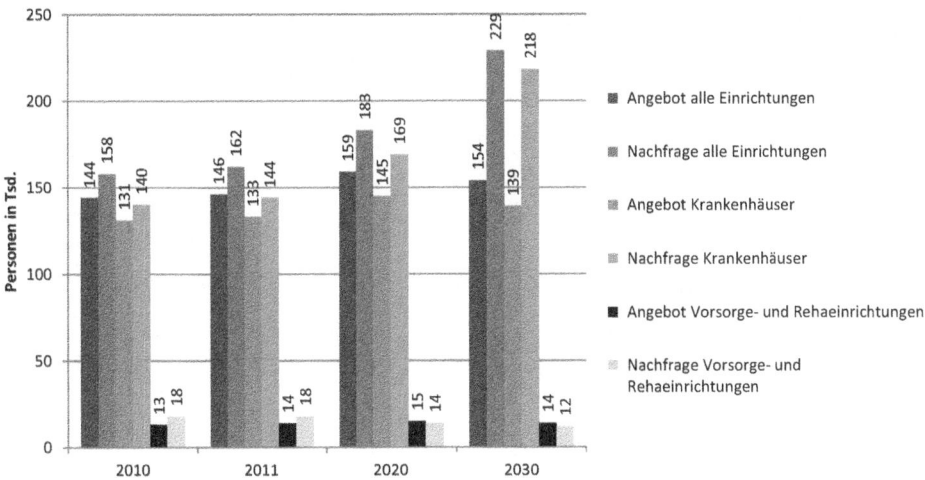

Abb. 2.9 Personalangebot und –nachfrage Ärzte in den stationären Einrichtungen des Gesundheitswesens. (Quelle: Oeder, S., in Anlehnung an: Ostwald et al. 2010, S. 43)

(vgl. Freese und Barclay 2013, S. 11). Insgesamt beurteilen in 2011 41% der Befragten ihre Arbeitsbedingungen als schlecht oder sehr schlecht (vgl. Freese und Barclay 2011, S. 30). Vor diesem Hintergrund erstaunt es nicht, dass 44% erwägen, die Tätigkeit in einem Krankenhaus aufzugeben. 45% würden sich gerne selbstständig machen, 35% würden am liebsten in einem anderen Bereich tätig sein und 28% würden gerne in einem Krankenhaus im Ausland arbeiten (Mehrfachnennungen waren möglich) (vgl. Freese und Barclay 2011, S. 33). Laut Bundesärztekammer ist die Zahl der ins Ausland abgewanderten Ärzte im Jahr 2011 auf 3.410 gestiegen. Die beliebtesten Ziele waren die Schweiz, Österreich, USA und Großbritannien (vgl. Bundesärztekammer 2012). Das Fluktuationsrisiko aufgrund der Unzufriedenheit der Ärzte ist sehr hoch. Besonders kritisch ist zu bemerken, dass in 2011 63% der abwanderungsgefährdeten Ärzte bereit waren, die Branche oder sogar das Land zu wechseln. Damit stünden sie dem Gesundheitswesen gänzlich nicht mehr zur Verfügung.

Erstaunlich ist, dass 84% der Befragten in 2011 bei der Arbeitgeberwahl die Vereinbarkeit von Beruf und Familie als wichtigsten oder sehr wichtigen Faktor angaben. Trotz dieser sehr hohen Umfragewerte sind die Konzepte diesbezüglich in den Kliniken bislang nur sehr rudimentär anzutreffen. Es gibt wenig Teilzeitstellen und kaum Angebote zur Kinderbetreuung (vgl. Freese und Barclay 2011, S. 34, 35).

Fazit

Zusammenfassend sind folgende Punkte im Bereich des ärztlichen Dienstes festzuhalten:
- Ein Mangel an Ärzten ist derzeit schon akut und wird sich zukünftig verschärfen (siehe Abb. 2.10).
- Die Arbeitsbelastung der Ärzte ist grenzwertig (siehe Abb. 2.11).

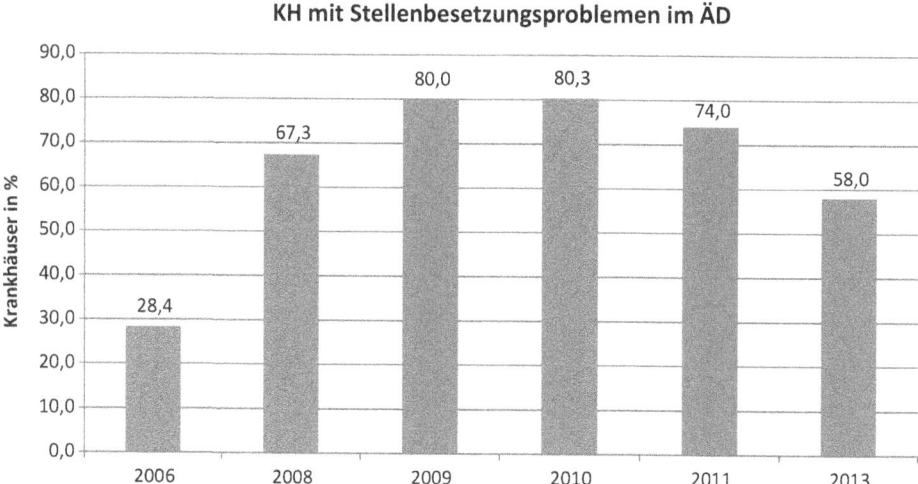

Abb. 2.10 Personalengpass im ärztlichen Dienst. (Quelle: Oeder, S., in Anlehnung an: Blum et al. 2013, S. 31)

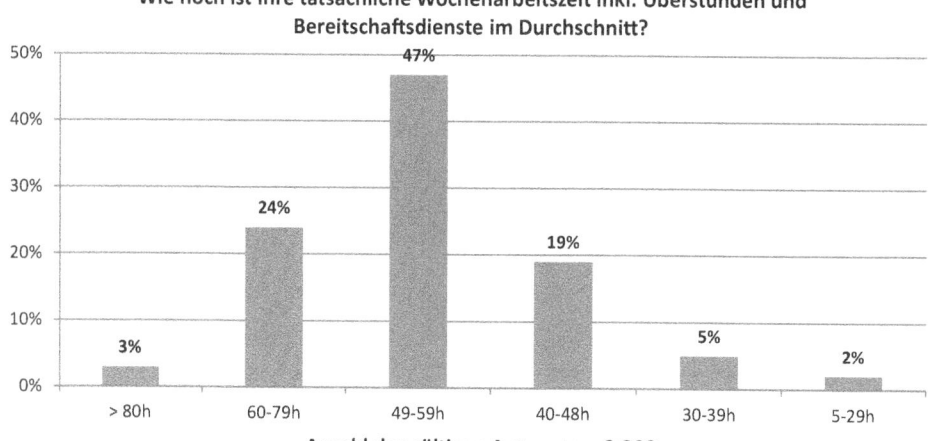

MB-Monitor 2013	Häufigkeiten	in%
> 80h	93	3%
60–79h	786	24%
49–59h	1.543	47%
40–48h	625	19%
30–39h	170	5%
5–29h	92	2%

Abb. 2.11 Arbeitsbelastung des ärztlichen Dienstes. (Quelle: Oeder, S., in Anlehnung an: Freese und Barclay 2013, S. 7)

2.1 Krankenhaus/Klinik

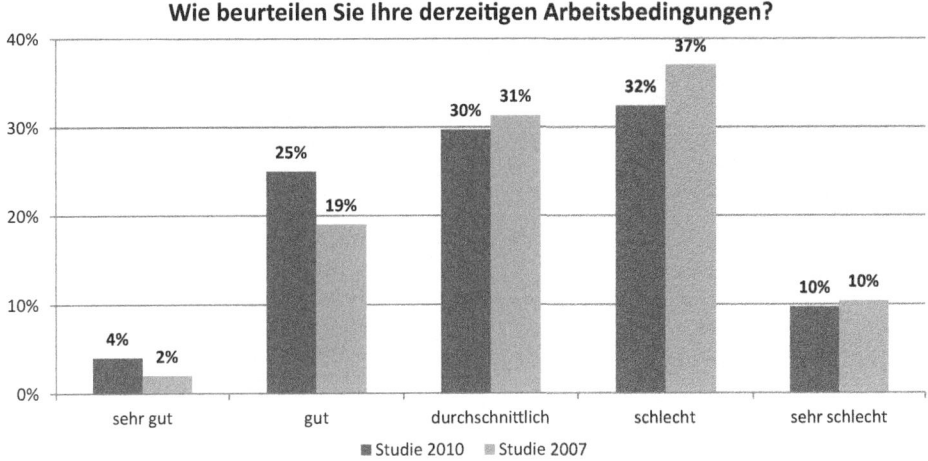

Studie 2010	Indexwerte	Häufigkeiten	in %
sehr gut	100	510	4%
gut	75	2.918	25%
durchschnittlich	50	3.514	30%
schlecht	25	3.770	32%
sehr schlecht	0	1.162	10%

Studie 2007	Indexwerte	Häufigkeiten	in %
sehr gut	100	396	2%
gut	75	3.242	19%
durchschnittlich	50	5.443	31%
schlecht	25	6.486	37%
sehr schlecht	0	1.824	10%

Abb. 2.12 Arbeitsbedingungen der Ärzte in Krankenhäusern. (Quelle: Oeder, S., in Anlehnung an: Freese und Barclay 2011, S. 30)

- 41 % der Ärzte in Krankenhäusern empfinden ihre Arbeitsbedingungen insgesamt als schlecht bzw. sehr schlecht (siehe Abb. 2.12).
- Aufgrund der schlechten Bedingungen sind Ärzte verstärkt abwanderungsgefährdet (siehe Abb. 2.13 und 2.14).
- Ein wichtiger Bindungsfaktor ist die Vereinbarkeit von Beruf und Familie, die aktuell in der Mehrzahl der Kliniken kaum gegeben ist (siehe Abb. 2.15).

Trotz der unterschiedlichen methodischen Herangehensweisen der einzelnen Studien zeichnen alle ein relativ einheitliches Bild: Der Fachkräftemangel, sowohl bei den Ärzten als auch beim Pflegepersonal, ist bereits akut vorhanden und wird sich bis zum Jahr 2030 dra-

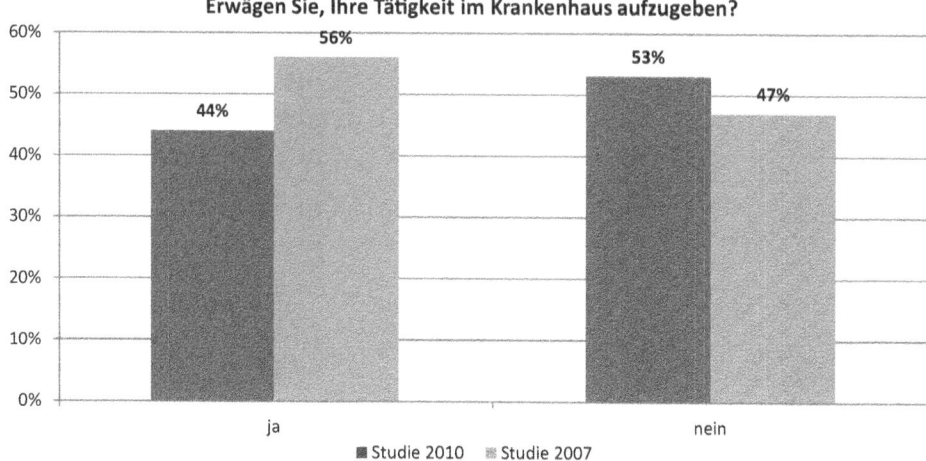

Abb. 2.13 Aufgabe der Tätigkeit im Krankenhaus. (Quelle: Oeder, S., in Anlehnung an: Freese und Barclay 2011, S. 32)

Abwanderung von Ärzten ins Ausland

Seit 2005 werden bei den Ärztekammern die Daten bezüglich der Abwanderung von Ärzten ins Ausland erhoben. Im Ergebnis lässt sich feststellen, dass im Jahre 2010 insgesamt 3.241 ursprünglich in Deutschland tätige Ärztinnen und Ärzte ins Ausland abgewandert sind, wobei der Anteil der deutschen Ärzte 68,7 % beträgt.

Die Abwanderung hat damit wieder zugenommen und liegt über dem Niveau von 2008. Die prozentual höchste Abwanderung konnte in Hessen, Bremen und Niedersachsen festgestellt werden. Die beliebtesten Auswanderungsländer sind – wie in den vergangenen Jahren – die Schweiz (736), Österreich (314), die USA (182) sowie Großbritannien (113).

Abb. 2.14 Auswanderung ins Ausland. (Quelle: Oeder, S., in Anlehnung an: Bundesärztekammer 2012)

matisch zuspitzen. Sollte nicht gegengesteuert werden, prognostiziert eine Studie den Kollaps des deutschen Gesundheitswesens (vgl. Ostwald et al. 2010, S. 36). Die ersten Auswirkungen dieser Entwicklung sind bereits heute zu spüren, da auch im ambulanten Bereich und in Alten- und Pflegeheimen die Nachfrage nach qualifiziertem medizinischen Personal steigt, ist ein scharfer Wettbewerb um die Fachkräfte im Gang. Verdi-Chef Bsirske bestätigte der „Welt", dass die Krankenhäuser bereits Prämien für den Wechsel von Personal bezahlen würden (vgl. o. V. 2011). Andere engagieren zunehmend Zeitarbeiter und Honorarkräfte. Honorarkräfte sind Ärzte und Krankenpflegekräfte, welche über eine Agentur zur Überbrückung von personellen Engpässen zeitlich befristet gebucht werden können. Aufgrund der hohen Flexibilität sind diese Kräfte um ein Vielfaches teurer als festangestelltes Personal. 2012 haben laut dem

2.1 Krankenhaus/Klinik

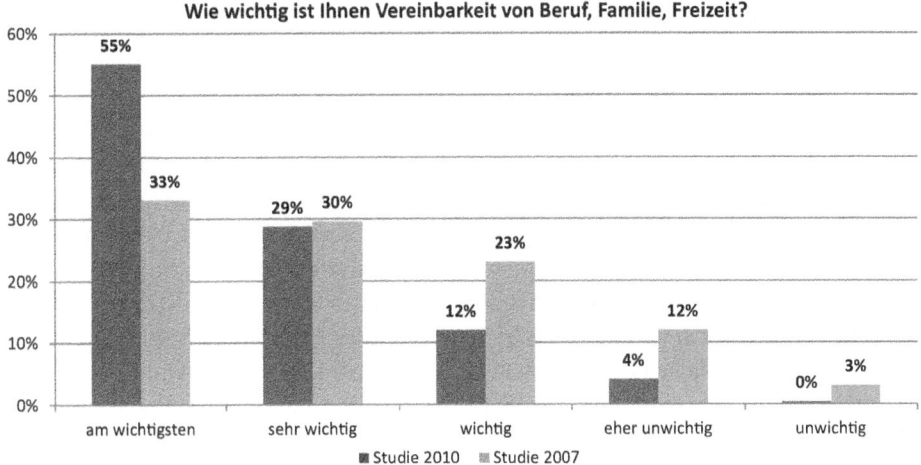

Studie 2010	Indexwerte	Häufigkeiten	in %
am wichtigsten	100	6.510	55%
sehr wichtig	75	3.390	29%
wichtig	50	1.450	12%
eher unwichtig	25	472	4%
unwichtig	0	58	0%

Studie 2007	Indexwerte	Häufigkeiten	in %
am wichtigsten	100	5.706	33%
sehr wichtig	75	5.137	30%
wichtig	50	4.042	23%
eher unwichtig	25	2.008	12%
unwichtig	0	483	3%

Abb. 2.15 Bindungsfaktor „Beruf & Familie". (Quelle: Freese und Barclay 2011, S. 35)

Krankenhaus Barometer 76 % der Krankenhäuser Honorarärzte beschäftigt und damit ein Personaldefizit von 2,4 Vollzeitkräften je Klinik ausgeglichen (vgl. Blum et al. 2013, S. 34).

> **Fazit**
>
> Die geschilderte personelle Situation in deutschen Kliniken lässt schon jetzt vermuten, dass diese zukünftig existenziell bedrohlich werden kann. Da es keine einheitliche Messung und kein standardisiertes Verfahren zur Steuerung dieser Risiken gibt, ist die Notwendigkeit für jede Klinik angezeigt, selbst ihre personellen Risiken zu identifizieren, zu messen und adäquate Steuerungsmaßnahmen zu implementieren sowie deren Erfolg zu überwachen.

2.2 Risikomanagement

2.2.1 Begriffsklärung „Risiko"

Der Begriff „Risiko" wird in wissenschaftlichen Disziplinen unterschiedlich definiert. Geht man von der sogenannten weiten, bzw. neutralen Definition aus, wie sie in der Finanzwirtschaft verwendet wird, so versteht man unter Risiko die positive oder negative Abweichung von einem erwarteten Wert (vgl. Geiger und Piaz 2001, S. 790). Ausgehend von der in Abschn. 2.1.3 beschriebenen personellen Situation der Kliniken werden die personellen Risiken als ökonomische Gefahr gesehen und rücken deshalb stärker in den Fokus der öffentlichen Berichterstattung. Vor diesem Hintergrund wird für das Bellheimer Verfahren eine enge, wirtschaftliche und praxisbezogene Definition des Risikos gewählt.

▶ **Unter einem Risiko wird die „Kennzeichnung der Eventualität, dass mit einer (ggf. niedrigen, ggf. auch unbekannten) Wahrscheinlichkeit ein (ggf. hoher, ggf. in seinem Ausmaß unbekannter) Schaden bei einer (wirtschaftlichen) Entscheidung eintreten oder ein erwarteter Vorteil ausbleiben kann" (vgl. Gabler Wirtschaftslexikon 2014e) verstanden.**

Dabei werden nur messbare Verluste berücksichtigt. Allerdings bedeutet „messbar" in diesem Zusammenhang auch, dass qualitative Einschätzungen möglich sind. Die finanziellen Auswirkungen von unzufriedenen Mitarbeitern können beispielsweise nicht exakt in Euro berechnet, wohl aber qualitativ geschätzt und damit in die weitere Betrachtung im Rahmen der Arbeit eingeschlossen werden. Die Interpretation der positiven Abweichung wird gänzlich ignoriert. Risikosituationen, deren Eintreten unternehmensvernichtend sind (beispielsweise Erdbeben), bleiben ebenfalls unbeachtet.

2.2.2 Begriffsklärung „Management" bzw. „Controlling"

Management kann als Institution oder Funktion verstanden werden. Die Institution des Managements sind die Führungskräfte eines Unternehmens.

▶ **Als Funktion umfasst das Management die Planung, Realisierung und Kontrolle von Tätigkeiten im Rahmen der Unternehmenssteuerung (vgl. Gabler Wirtschaftslexikon 2014c).**

Für das Bellheimer Verfahren wird Management als Funktion verstanden.
Controlling hat ebenfalls zwei Interpretationsmöglichkeiten. Traditionell wird darunter eine Funktion in einem Unternehmen verstanden, welche vorhandene Strukturen und Ab-

2.2 Risikomanagement

läufe sichtbar macht (vgl. Eysel 2009, S. 27). Es dient dazu, betriebswirtschaftliche Informationen entsprechend den Bedürfnissen der Empfänger bereitzustellen, um diesen eine Grundlage für Entscheidungen zu liefern. Es hat demnach eine betriebswirtschaftliche Transparenzfunktion (vgl. Gabler Wirtschaftslexikon 2014a). Im Laufe der Zeit entwickelte sich ein zweites Grundverständnis von Controlling, nämlich die „[…] zielbezogene, erfolgsorientierte Steuerung des Unternehmens […]" (Gabler Wirtschaftslexikon 2014a).

▶ **Auch Freidank versteht unter Controlling „[…] ein umfassendes Steuerungs- und Koordinationskonzept" (Freidank und Berens 2004, S. 2) welches demnach mit dem gebräuchlicheren Begriff Management gleichgesetzt werden kann.**

Die letztere Interpretationsmöglichkeit wird als Grundlage für die Entwicklung des Bellheimer Verfahrens verwendet. Folglich werden die Begriffe Controlling und Management in diesem Buch synonym verwendet. Da es bereits für die beiden Begriffe Risiko und Management bzw. Controlling unterschiedliche Bedeutungen gibt, wird auch das Risikomanagement, je nach Herangehensweise, unterschiedlich definiert. Anhand der oben genannten Festlegungen hinsichtlich der Verständlichkeit der Ausdrücke Risiko und Management bzw. Controlling ergibt sich konsequenterweise, dass für das Bellheimer Verfahren unter Risikomanagement im weiteren Sinne die Steuerung von Eventualitäten, die zu einer negativen Abweichung von einem Erwartungswert führen können, verstanden wird.

▶ **Beutel definiert Risikomanagement als „[…] ein System, das in systematischer Form Risiken erkennt und analysiert, Strategien überwacht und kontinuierlich verbessert" (Beutel 2009, S. 5), was sich mit der hier entwickelten Definition deckt.**

2.2.3 Gesetzliche Notwendigkeit eines klinischen Risikomanagements

Eine explizite gesetzliche Verpflichtung zur Einführung eines Risikomanagements in deutschen Kliniken, wie es diese beispielsweise durch die Basel II-Verordnung im Finanzdienstleistungssektor gibt, existiert nicht. Sucht man nach Anhaltspunkten, die zumindest eine rechtliche Empfehlung vermuten lassen, stößt man zunächst auf die §§ 823 ff. BGB, die das sogenannte Organisationsverschulden regeln. Hieraus ist ableitbar, dass der Träger einen ordentlichen Krankenhausbetrieb sicherzustellen hat. Konkret bedeutet dies, dass der Träger die Pflicht hat, „ausreichend qualifiziertes ärztliches Personal zur Verfügung zu stellen, anzuleiten und zu überwachen, sowie durch Einsatzpläne und Dienstanweisungen deren Zuständigkeiten deutlich abzugrenzen und ihr Verhalten zu steuern" (Middendorf 2005, S. 69 f.). Diese Vorschrift bezieht sich allerdings nur auf die Qualität und die Quantität des Personals. Motivationsrisiken bleiben beispielsweise komplett außer Betracht. Weiterhin bezieht sich die Ausführung auf die tägliche Situation in einem Krankenhaus. Das Personalrisikomanagement ist jedoch zukunftsorientiert, weshalb sich diese Vorschrift für die Ableitung der Notwendigkeit weder für ein allgemeines noch für ein personelles Risikomanagement eignet.

Ein weiterer Anknüpfungspunkt sind die §§ 135a bis 137 des Sozialgesetzbuches Nr. V (SGB V). Mit deren Einführung im Jahr 2005 wurden Krankenhäuser dazu verpflichtet, ein Qualitätsmanagement einzuführen (Ertl-Wagner et al. 2009, S. 16). Hierbei liegt der Schwerpunkt der Betrachtung allerdings auf der Vermeidung von haftungsrechtlichen Folgen aufgrund von Fehlbehandlungen, welche versicherbar und folglich nicht Gegenstand des Bellheimer Verfahrens sind (s. hierzu auch die Abschn. 2.5.4 und 2.5.5).

Zuletzt bleibt noch das Aktiengesetz (AktG), welches Krankenhäusern, die in der Rechtsform einer Aktiengesellschaft (AG) geführt werden, in § 91 Abs. 2 vorgibt, „[…] geeignete Maßnahmen zu treffen, insbesondere ein Überwachungssystem einzurichten, damit den Fortbestand der Gesellschaft gefährdende Entwicklungen früh erkannt werden". Diese Rechtsnorm schreibt verbindlich ein Risikomanagement vor. Da allerdings in Deutschland kaum Kliniken in der Rechtsform einer AG geführt werden, ist diese Vorschrift nicht auf die Mehrheit der Krankenhäuser anwendbar. Zwar müssen alle anderen Krankenhäuser, die beispielsweise in Form einer Gesellschaft mit beschränkter Haftung (GmbH) geführt werden und einer Wirtschaftsprüfung unterliegen (dies trifft auf die meisten zu), in ihrem Jahresabschluss einen Lagebericht erstellen, allerdings konzentriert sich dieser, wie auch das Risikomanagement der AGs nach § 91 Abs. 2 AktG, auf die gesamte betriebswirtschaftliche Zukunft des Unternehmens (vgl. Beutel 2009, S. 5 f.). Die Notwendigkeit eines standardisierten Personalrisikomanagements ist folglich nur für Kliniken in Form einer AG ableitbar, wenn deren personelle Risiken eine die Zukunft des Unternehmens gefährdende Entwicklung vermuten lassen. In diesem Buch wird ein Instrument zur Messung dieser Entwicklung beschrieben. Würde damit bei einer AG eine gefährdende Entwicklung attestiert werden, wäre diese Klinik gesetzlich verpflichtet, ein Personalrisikomanagement einzuführen.

In der Rechtsprechung wurden vereinzelt personelle Risikothemen behandelt, welche einen Hinweis auf diese Gesetzeslücke geben: So hat beispielsweise das Oberlandesgericht (OLG) in Hamm 1994 entschieden, dass „[…] die Krankenhausleitung dafür sorgen muss, dass es nicht zu einer unzulänglichen Personalsituation kommt" (OLG Hamm VerR 1994, S. 729). Dies deutet klar auf ein sogenanntes Engpassrisiko hin (s. hierzu auch Abschn. 2.3.4). Allerdings ist mangels Konkretisierung und Ausweitung auf weitere personelle Risiken ebenfalls keine Notwendigkeit für ein Risikomanagement ableitbar. Auch dürfen laut Bundesgerichtshof (BGH) seit 1986 „…keine übermüdeten Ärzte für Operationen eingesetzt werden" (BGH VerR 1986, S. 295 f.). Jedoch reicht auch diese eingeschränkte Risikobetrachtung nicht aus, um ein standardisiertes Verfahren notwendig zu machen.

Ein externes rechtliches Gutachten von Jan Gregor Steenberg LL.M, Fachanwalt für Medizinrecht, kommt ebenfalls zu dem Ergebnis, dass es aktuell in Deutschland keine allgemeingültige Rechtsnorm gibt, welche die Einführung eines Personalrisikomanagements direkt oder indirekt bedingt (siehe Anhang Nr. 1) (vgl. Steenberg 2014, S. 6).

2.2.4 Besonderheiten des klinischen Risikomanagements

In der bisherigen Risikobetrachtung in Krankenhäusern werden folgende drei wesentliche Bereiche fokussiert:

- die wirtschaftliche Sicht (Kann es in Zukunft überleben?)
- die juristische Sicht (Bestehen Haftungsrisiken im Sinne des Organisationsverschuldens?)
- die Patientensicht (Wie viele Behandlungsfehler passieren und welche Folgen haben diese?) (vgl. Beutel 2009, S. 5 ff.)

Insbesondere die Patientensicherheit ist das zentrale Thema, wenn es um klinisches Risikomanagement geht. Allerdings sind diese Risiken versicherbar. Jede Klinik unterhält eine umfangreiche Haftpflichtversicherung zur Abdeckung von Schadensfällen, die durch Fehler des behandelnden Personals entstehen. Um in eine solche Versicherung aufgenommen zu werden, muss das Krankenhaus verschiedene Auflagen, wie zum Beispiel die Einführung eines Qualitätsmanagements, nachweisen. Einige wenige Versicherer erwarten sogar regelmäßige Risikoberichte. Allerdings sind diese noch die Seltenheit bei den Haftpflichtversicherern und schon gar nicht einheitlich. Eine Anforderung an ein personelles Risikomanagement fehlt ebenfalls (vgl. Middendorf 2005, S. 88). Der Schwerpunkt liegt erneut bei der Vermeidung von Behandlungsfehlern. Sind diese Auflagen erfüllt, tritt die Versicherung bei einem Schadensfall ein, somit entsteht der Klinik in erster Konsequenz kein materieller Schaden. In letzter Konsequenz kann dadurch ein Imageschaden, welcher sich ebenfalls monetär auswirken kann, entstehen. Dieser dürfte in den meisten Fällen jedoch nicht existenziell bedrohlich sein. Vor diesem Hintergrund werden diese Risiken im Bellheimer Verfahren nicht berücksichtigt.

Eventuelle Haftungsrisiken, die aus juristischer Sicht entstehen könnten, wären beispielsweise die mangelnde Wartung von medizinischen Geräten, eine unzureichende Informations- und Kommunikationsstruktur oder fehlende Zutrittskontrollen. Diese Risiken sind häufig ebenfalls unter Einhaltung diverser Auflagen versicherbar, wovon die meisten Kliniken Gebrauch machen. Zudem hat ein Schaden, der hieraus entsteht, ebenfalls kaum existenzielle Bedeutung. Auch diese Risiken bleiben im Bellheimer Verfahren außen vor.

Wirtschaftliche Risiken entstehen, wenn die Kosten die Erträge übersteigen und dauerhaft mit einem negativen Betriebsergebnis zu rechnen ist. Hinter diesen Risiken verbergen sich viele Ursachen. Gründe für wirtschaftliche Schwierigkeiten können beispielsweise nicht ausreichend ausgelastete Operations- und Bettenkapazitäten, nicht ausgewogene Kostenstrukturen, ineffiziente Arbeitsweisen oder Fehlinvestitionen sein. Hier lassen sich durchaus existenziell bedrohliche Risiken finden. Allerdings gibt es hierzu in den meisten Krankenhäusern ein betriebswirtschaftliches Controlling, welches mittels valider Instrumente (zum Beispiel Kennzahlensysteme) die Risiken regelmäßig identifiziert und misst. Mit erprobten Steuerungsinstrumenten wird den Risiken entgegengewirkt, so dass diese ebenfalls nicht Gegenstand des Bellheimer Verfahrens sind.

Die personellen Risiken, von denen vermutet wird, dass sie aufgrund der demografischen Entwicklung durchaus existenzielle Bedeutung haben, werden traditionell in den Krankenhäusern nicht betrachtet. Man könnte diese gegebenenfalls zu der Kategorie „juristische Risiken" subsumieren, da die Organisation des Krankenhauses für eine ausreichende Personalausstattung zu sorgen hat, allerdings würde das nur einen Teil der Gesamtproblematik, nämlich die Quantität, beleuchten. Auch zu den wirtschaftlichen Risiken könnten man das Personal zuordnen, da die Mitarbeiter die Leistungsträger in einem Dienstleistungsunternehmen sind und sowohl die meisten Erträge generieren, aber auch die höchsten Kosten verursachen. Allerdings würden hier wichtige Aspekte, wie beispielsweise die Motivation der Mitarbeiter, außen vor bleiben.

Aus diesem Grund wird mit dem Bellheimer Verfahren vorgeschlagen, für die Ressource Personal ein eigenes Risikomanagement einzurichten und dieses vollumfänglich zu betrachten. Die Auswertung von Risikoberichten aus Krankenhäusern ergab, dass diese das Personalrisiko (noch) nicht ausreichend beleuchten.

2.2.5 Abgrenzung zum Qualitätsmanagement

Ein weiterer Ansatzpunkt für die Thematisierung personeller Risiken in einer Klinik ist das Qualitätsmanagement.

▶ Darunter versteht man „alle Tätigkeiten des Gesamtmanagements, die im Rahmen eines Qualitätsmanagementsystems die Qualitätspolitik, Qualitätslenkung, Qualitätssicherung und Qualitätsverbesserung verwirklichen" (DIN ISO 8402).

▶ Unter Qualität wird hierbei der „Grad, mit dem ein Satz inhärenter Merkmale Anforderungen erfüllt" (EN ISO 9000) verstanden.

Wie bereits in Abschn. 2.2.3 beschrieben sind die Krankenhäuser seit 2005 durch die §§ 135 bis 137 SGB V zur Einführung eines Qualitätsmanagements verpflichtet. Der Inhalt, die Art der Umsetzung sowie den Abgabeturnus eines entsprechenden Qualitätsberichts wird durch den Gemeinsamen Bundesausschuss in einer verbindlichen Richtlinie konkretisiert (Ertl-Wagner et al. 2009, S. 16). Dieser legt jedoch den Schwerpunkt darauf, ein ausgewogenes Verhältnis zwischen Qualität, Kosten und Zeit in Bezug auf die Patientensicherheit und die Behandlungsqualität herzustellen (Ertl-Wagner et al. 2009, S. 16). Eine generelle Betrachtung der Risikopositionen eines Krankenhauses sowie die Betrachtung der personellen Risiken sind darin nicht vorgesehen und auch nicht ableitbar (siehe Abschn. 2.2.3). In dem alle zwei Jahre abzugebenden Qualitätsbericht müssen die Krankenhäuser lediglich die Zahl ihrer personellen Ressourcen, untergliedert nach Berufsbildern, angeben (vgl. G-BA 2013, S. 1–5). Eine Bewertung, ob diese Ausstattung ausreichend ist oder eventuell ein zukünftiges Risiko darstellt, erfolgt nicht. Unter Umständen besteht im Bereich Personalentwicklung noch eine geringe Schnittstelle zum Personalrisikomanagement: Das Krankenhaus ist angehalten, den Mitarbeitern ausreichend Fach- und Persönlichkeitstrainings anzubieten, um sich immer auf dem neuesten wissenschaftlichen Stand zu halten um dadurch eine möglichst hohe Behandlungsqualität abliefern zu können. Diese Betrachtung ist sehr einseitig und befasst sich lediglich mit dem sogenannten Anpassungsrisiko (siehe dazu auch Abschn. 2.3.4). Folglich ist es keinesfalls ausreichend, um die Personalrisikosituation eines Krankenhauses vollumfänglich darzustellen.

„Der Gemeinsame Bundesausschuss ist das oberste Beschlussgremium der gemeinsamen Selbstverwaltung der Ärzte, Zahnärzte, Psychotherapeuten, Krankenhäuser und Krankenkassen in Deutschland. Er bestimmt in Form von Richtlinien den Leistungskatalog der gesetzlichen Krankenversicherung (GKV) für mehr als 70 Mio. Versicherte und legt damit fest, welche Leistungen der medizinischen Versorgung von der GKV übernommen werden. Darüber hinaus beschließt der G-BA Maßnahmen der Qualitätssicherung für den ambulanten und stationären Bereich des Gesundheitswesens." (G-BA 2014)

Fazit

Es ist festzuhalten, dass das Qualitätsmanagement andere Ziele verfolgt als das Risikomanagement. Insbesondere die Berücksichtigung der personellen Risiken ist auf die Haftungsrisiken im Behandlungsbereich, welche bereits in Abschn. 2.2.3 für das Bellheimer Verfahren ausgeschlossen wurden, und das Anpassungsrisiko beschränkt. Damit ist das Qualitätsmanagement für die Evaluation der Personalrisiken ungeeignet und wird in die weitere Betrachtung nicht eingeschlossen.

2.3 Evaluation und Personalcontrolling

2.3.1 Evaluation

Nachdem der Sachverhalt, der mit dem Bellheimer Verfahren analysiert wird, definiert und abgegrenzt ist, werden im nächsten Schritt die Prozesse für die Analyse festgelegt. Da bis dato kein standardisiertes Verfahren zur Messung der personellen Risiken in Deutschland zum Einsatz kommt, gilt es, ein solches zu entwickeln.

▶ Vor diesem Hintergrund wird das Bellheimer Verfahren als Evaluationsverfahren bezeichnet, da Evaluation als „sach- und fachgerechte Bewertung" (Duden 2014) definiert ist.

Mess- und Bewertungsverfahren finden sich traditionell im Bereich Controlling. Für das vorgegebene Ziel ist das Personalcontrolling als spezieller Bereich des Controllings relevant. Das Bellheimer Verfahren baut auf bereits bestehenden Instrumenten des Personalcontrollings auf und entwickelt diese weiter.

2.3.2 Aufgaben und Inhalte des Personalcontrollings

▶ Das Personalcontrolling ist Teil des Personalmanagements, welches als „Summe personeller Gestaltungsmaßnahmen zur Verwirklichung der Unternehmensziele" (Gabler Wirtschaftslexikon 2014d) verstanden wird.

Während der Industrialisierung war die Personalarbeit auf die reine Administrationstätigkeit beschränkt. Mit zunehmender Technisierung gewann der Produktionsfaktor Personal an Bedeutung, was dazu führte, dass das Personalmanagement als Teil der Unternehmensstrategie betrachtet wird. Das Personalmanagement ist folglich eine noch sehr junge Disziplin. Erst vor etwa 40 Jahren wurde der erste deutschsprachige Lehrstuhl hierzu gegründet (vgl. Klöti 2008, S. 92).

Der Begriff „Personalcontrolling" entstand in den 80er Jahren und vereinte die Themen Personalplanung, Personalinformation und Personalsteuerung (vgl. Eysel 2009, S. 27).

▶ Personalcontrolling wird heute definiert als „Teilfunktion des Personalmanagements, die ein optimales Verhältnis von personalbezogenem Aufwand (im Sinn von Preis, Menge, Zeit und Qualität) zu personalbezogenem Ertrag (im Sinn von Preis, Menge, Zeit und Qualität) überwacht und dabei die derzeitige und künftige wirtschaftliche Entwicklung im Unternehmen und dessen Umfeld berücksichtigt" (Armutat 2009a, S. 21).

Ziel des Personalcontrollings ist es, „die Wertschöpfung des Personals effektiver zu gestalten" (vgl. Jung 2011, S. 939). Wichtig ist, dass es sich hierbei, nicht wie beim Risikomanagement bzw. -controlling, um zwei unterschiedliche Dinge handelt. Personalcontrolling ist nicht mit Personalmanagement gleichzusetzen, sondern vielmehr ist das Controlling ein Teil des Managements. In diesem Fall wäre die Verwendung der Deutschen Übersetzung „Personalberichtswesen" für Personalcontrolling treffender (vgl. Eysel 2009, S. 41). Von diesem Verständnis soll fortan ausgegangen werden.

Die Aufgaben des Personalcontrollings umfassen:

- Informationsversorgung und Berichterstattung sicherstellen und verbessern
- Transparenz in den Personal- und den Personalkostenstrukturen des Unternehmens schaffen
- Personalwirtschaftliche Funktionen koordinieren
- Führungskräfte für die Belange des Personalmanagements sensibilisieren
- Beiträge zur Früherkennung von Personalchancen und –risiken liefern (vgl. Armutat 2009b, S. 25 ff.).

Demnach hat das Personalcontrolling eine Integrations- und Koordinations-, eine Frühwarn- und eine entscheidungsvorbereitende Funktion (vgl. Kretschmann und Strutzberg 2009, S. 186).

2.3 Evaluation und Personalcontrolling

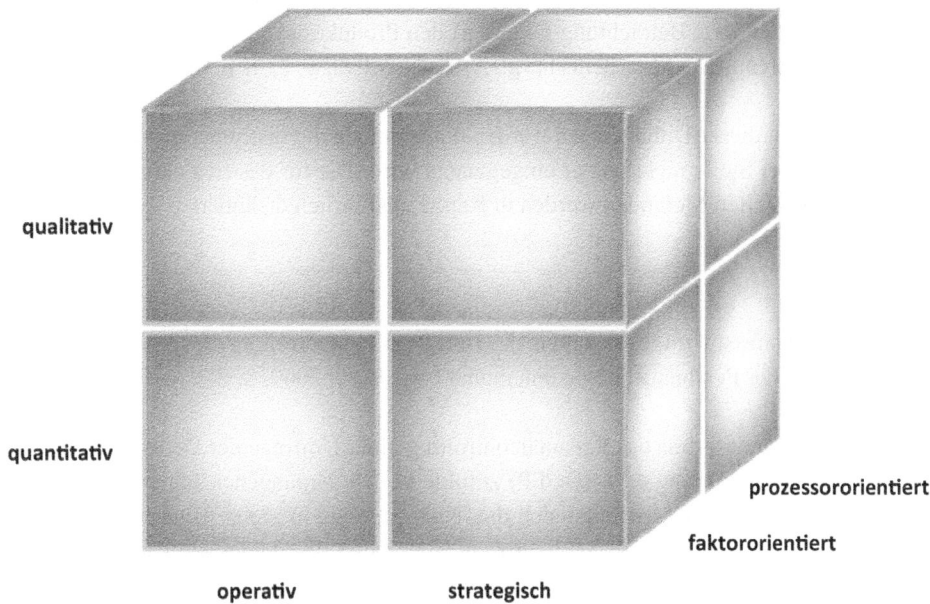

Abb. 2.16 Dimensionen des Personalcontrollings. (Quelle: Oeder, S., in Anlehnung an: Armutat 2009a, S. 22)

Innerhalb des Personalcontrollings werden folgende Dimensionen unterschieden (siehe Abb. 2.16):

1. *strategisch und operativ*

- Das strategische Personalcontrolling unterstützt langfristig ausgerichtete Entscheidungsprozesse (Beispiel: Kapazitätsbemessungen).
- Das operative Personalcontrolling unterstützt die Steigerung der Effizienz der kurzfristigen Prozesse (Beispiel: Vertretungsregelungen).

2. *quantitativ und qualitativ*

- Das quantitative Personalcontrolling orientiert sich an harten Kennzahlen (Beispiel: Fluktuationsquote).
- Das qualitative Personalcontrolling bezieht sich auf nicht numerisch messbare Daten (Beispiel: Mitarbeiterzufriedenheit).

3. *prozessorientiert und faktororientiert*

- Die prozessorientierte Betrachtung fokussiert die personalwirtschaftlichen Prozesse selbst (Beispiel: Dauer der Besetzung einer Vakanz).

- Die faktororientierte Betrachtung fokussiert den Produktionsfaktor Personal (Beispiel: Patientenbetreuung je Mitarbeiter) (vgl. Armutat 2009a, S. 22 ff.).

In Abhängigkeit dieser Dimensionen werden unterschiedliche Instrumente eingesetzt, auf welche an dieser Stelle nicht weiter eingegangen wird. Die für das Evaluationsverfahren jeweils ausgewählten Methoden werden in Kap. 3 ausführlich diskutiert.

Fazit

Zusammengefasst wird festgehalten, dass das Personalcontrolling die Entwicklung und Umsetzung der Personalstrategie unterstützt (vgl. Eysel 2009, S. 27).

Trotz des Umstandes, dass das Personalcontrolling einer Umfrage der Deutschen Gesellschaft für Personalführung e. V. (DGFP) zufolge in den vergangenen Jahren deutlich an Bedeutung gewonnen hat, befindet sich das Themengebiet in vielen Unternehmen noch in der Entwicklung. Lediglich zehn Prozent aller befragten Unternehmen bezeichnen sich in diesem Bereich als „Profis" (vgl. Armutat 2007, S. 7 f.). Häufig wird das Personalcontrolling noch stiefmütterlich als Datenlieferant betrachtet. Die Möglichkeiten der Frühwarnfunktion und der Risikobetrachtung werden bislang nur rudimentär eingesetzt (vgl. Armutat 2007, S. 9). Insbesondere im Gesundheitswesen sind derartige Controllingfunktionen kaum zu finden. Vor dem Hintergrund der demografischen Entwicklung und der steigenden betriebswirtschaftlichen Bedeutung des Produktionsfaktors Personal geht die Mehrzahl der befragten Unternehmen davon aus, dass die Bedeutung des Personalcontrollings ebenfalls weiter steigen wird. „Inhaltlich wird sich das Personalcontrolling künftig stärker mit dem Management von Personalrisiken und mit der Evaluation des Wertschöpfungsbeitrags, den das Personalmanagement leistet, beschäftigen: 77 % der befragten Personalmanager gehen davon aus, dass das Thema Personalrisikomanagement in ihrem Unternehmen in den kommenden drei Jahren an Bedeutung gewinnen wird" (Armutat 2007, S. 22). Überträgt man diese Prognose von branchenübergreifend befragten Personalmanagern auf die in Abschn. 2.1.3 geschilderte derzeitige Situation der deutschen Kliniken, so erscheint die Einrichtung eines standardisierten Verfahrens für das Personalrisikomanagement dringend notwendig.

2.3.3 Aufgaben und Inhalte des Personalrisikocontrollings

Das Personalrisikocontrolling ist Teil des Personalcontrollings. Während in anderen Risikobereichen, wie beispielsweise den ärztlichen Haftungsrisiken oder den Liquiditätsrisiken bereits Instrumente entwickelt und Frühwarnsysteme etabliert wurden, gewann das Personalrisikomanagement erst in den letzten Jahren an Bedeutung. Da insbesondere im Krankenhaus medizinische Dienstleistungen weder ausschließlich von Maschinen erbracht werden können, noch lagerfähig sind, entwickeln sich die Menschen zum wichtigsten Produktionsfaktor (s. hierzu auch Abschn. 2.3.2). Demzufolge werden die Risiken, welche durch das Personal entstehen, zunehmend gewichtiger bis hin zu unternehmensgefährdend. Vor diesem Hintergrund müssen besonders die Personalrisiken systematisch betrachtet werden.

▶ **Wucknitz bezeichnet das Personalrisikomanagement als „[…] ein Prozess und Instrument, zur gezielten Kontrolle und Senkung potenziell wertmindernder personeller Einflüsse" (Wucknitz 2002, S. 136). Ziel ist es also „Risiken im Bereich Personal frühzeitig identifizieren, messen und letztlich steuern zu können" (Lecker 2009, S. 180).**

Hierzu ist es zunächst notwendig, die personellen Risiken zu definieren. Anschließend müssen diese einzeln mittels eines standardisierten Prozesses für das jeweilige Unternehmen identifiziert, gemessen, gesteuert und kontrolliert werden. Die nächsten beiden Abschnitte werden sowohl die Personalrisiken darstellen als auch den Controlling-Prozess beschreiben. Die Instrumente, die im Personalrisikomanagement hierfür eingesetzt werden können, sind bislang branchenübergreifend wenig erprobt und für das Gesundheitswesen nicht standardisiert. Es existiert keine einvernehmliche Lehrmeinung, welche Verfahren sich besonders eignen. In Kap. 3 werden Methoden und Instrumente aus dem betriebswirtschaftlichen Controlling auf ihre Brauchbarkeit für das Personalrisikocontrolling in deutschen Krankenhäusern überprüft und in ein standardisiertes Verfahren, das Bellheimer Verfahren, eingebunden.

2.3.4 Definition personeller Risiken

In der Literatur findet man die Begriffe „personelle Risiken" und „Personalrisiken", welche häufig synonym verwendet werden. In diesem Buch werden diese ebenfalls äquivalent verwendet. Das Personal ist zusammen mit den Sachmitteln in die Kategorie der sogenannten Potenzialrisiken einzuordnen, da diese von den Ressourcen der Unternehmung ausgehen (vgl. Oswald et al. 2011, S. 37).

▶ **Klaffke definiert die Risiken des Personalmanagements als „Umstände […], welche die Erfüllung der personalwirtschaftlichen Gesamtaufgabe negativ beeinflussen und dadurch das Erreichen der unternehmerischen Ziele gefährden" (Klaffke 2009, S. 8).**

Fragt man sich, welche Umstände aus dem Personalbereich das Erreichen der unternehmerischen Ziele gefährden können, so hilft ein Blick in die Finanzdienstleistungsbranche weiter. Die Finanzdienstleistungsbranche ist die erste und derzeit einzige Branche, in der Unternehmen, nämlich Banken, per Gesetz verpflichtet werden, für Personalrisiken eine finanzielle Rücklage vorzuhalten. Demnach muss es hierzu eine Definition geben.

Abb. 2.17 Palette der Personalrisiken. (Quelle: Oeder, S., in Anlehnung an: Kobi 2002, S. 18)

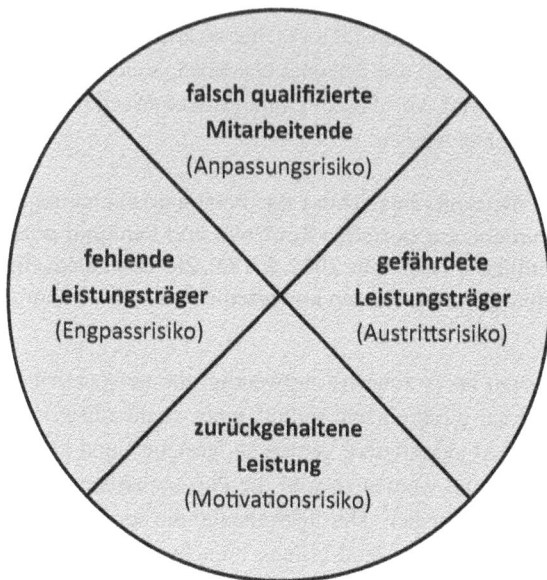

▶ Der Basler Ausschuss für Bankenaufsicht ordnet die Personalrisiken den operationellen Risiken zu, indem er diese definiert als „the risk of direct or indirect loss resulting from inadequate or failed internal processes, people and systems or from external events" (Basel Committee on Banking Supervision 2001, S. 2), zu Deutsch: „die Gefahr von Verlusten, die in Folge der Unangemessenheit oder des Versagens von internen Verfahren, Menschen und Systemen oder in Folge von externen Ereignissen eintreten".

Eine weitere verbindliche Klassifizierung der „Menschen" erfolgt allerdings nicht. Demzufolge betrachten die Kreditinstitute in diesem Zusammenhang ausschließlich das Risiko des absichtlichen und/oder unabsichtlichen Fehlverhaltens des Personals (vgl. Lecker 2009, S. 180 f.). Übertragen auf das Krankenhaus wäre dieses Risiko mit dem Haftungsrisiko im Falle eines Patientenschadens gleichzusetzen. Da dieses Risiko versicherbar ist, ist es nicht Gegenstand dieser Betrachtung. Folglich eignet sich die Risikodefinition aus dem Finanzsektor für den Gesundheitssektor kaum.

Ein weiterer Ansatz zur Definition personeller Risiken stammt von Jean-Marcel Kobi. Er unterscheidet folgende Risikoarten (siehe Abb. 2.17):

- Engpassrisiko
- Anpassungsrisiko
- Austrittsrisiko
- Motivationsrisiko (vgl. Kobi 2002, S. 13 ff.)

Da diese Kategorien ausschließlich die in der Natur der Ressource „Mensch" liegenden Risiken betrachten, eignet sich diese Aufteilung für das Gesundheitswesen deutlich besser und findet für die Definition der personellen Risiken im Bellheimer Verfahren Anwendung.

Engpassrisiko

▶ **Von einem Engpassrisiko spricht man, wenn Personal fehlt.**

Hierbei wird zwischen Bedarfslücken und Potenziallücken unterschieden. Bei einer Bedarfslücke fehlt das Personal anzahlmäßig. Bei einer Potenziallücke existieren bei einzelnen Mitarbeitern Potenziale, die vom Unternehmen (noch) nicht genutzt werden (vgl. Kobi 2002, S. 17).

Beispiele für Engpassrisiken sind nicht ausreichend besetzte Pflegeschichten, fehlende Vertreterregelungen, mangelndes Personal für strategische Projekte, Einsatz von Pflegekräften und Ärzten für Hilfstätigkeiten, etc. Fehlen Mitarbeiter bzw. wird deren Potenzial nicht genutzt, können Leistungen nicht mehr erbracht werden und finanzielle Einbußen sind die Folge. Unterbesetzungen und Personalmangel führen zu Frustration, was sich negativ auf die Motivation der Mitarbeiter (siehe spätere Ausführungen) auswirkt. Fehlendes Personal kann extern eingestellt oder intern entwickelt werden.

Anpassungsrisiko

▶ **Von einem Anpassungsrisiko spricht man, wenn Mitarbeiter falsch qualifiziert sind (vgl. Kobi 2002, S. 17).**

Innovationen in der Technik, Verknappung der Ressourcen Zeit und Geld, zunehmende Globalisierung sowie eine stetige Komplexitätssteigerung der Arbeit sorgen für permanente Veränderungen im Gesundheitswesen (vgl. Doppler und Lauterburg 2005, S. 21 ff.). Um das Personal arbeitsfähig zu halten, sind ständige Anpassungen und Weiterbildungen erforderlich. Erfolgt dies nicht, können moderne Therapie- und Behandlungsmethoden, schlanke Diagnoseprozesse oder technisch basierte Kommunikation beispielsweise nicht eingesetzt werden. Dies führt zu einem ineffizienten Personaleinsatz, welcher hohe Kosten verursacht und damit die Gewinne schmälert. Nicht ausreichend qualifizierte Kräfte können freigesetzt, um- oder neuqualifiziert werden.

Austrittsrisiko

▶ **Von einem Austrittsrisiko spricht man, wenn Leistungsträger das Unternehmen verlassen, ohne dass deren Nachfolge gesichert ist (vgl. Kobi 2002, S. 17).**

Das plötzliche Versterben oder Kündigen von renommierten Ärzten, Fachärzten oder erfahrenen Pflegedienstleitern sowie deren Renteneintritt ohne Nachfolgeplanung stellen klassische Austrittsrisiken dar. Existiert für diese Leistungsträger keine Vertreter- bzw.

Nachfolgeregelung, verliert das Krankenhaus Wissen und Arbeitskraft. Leistungen können nicht mehr in entsprechender Qualität erbracht werden, was zu finanziellen Einbußen führt. Außerdem können austretende Leistungsträger weitere Fachkräfte veranlassen, ebenfalls das Krankenhaus zu verlassen. Ein gutes Retentionmanagement, also die Mitarbeiterbindung, sowie eine konkludente Nachfolgeplanung können diese Folgen verhindern.

Motivationsrisiko

▶ **Von einem Motivationsrisiko spricht man, wenn Mitarbeiter ihre Leistung zurückhalten (vgl. Kobi 2002, S. 17). Dies kann bewusst oder unbewusst erfolgen.**

Beispiele für Motivationsrisiken sind an Burn-out erkrankte Ärzte und Pflegefachkräfte, demotivierte Mitarbeiter, die innerlich gekündigt haben, oder älteres Personal, das den gestiegenen Anforderungen nicht (mehr) entsprechen kann. Naturgemäß liegt ein Motivationsdefizit von Mitarbeitern am „nicht Wollen". Deshalb ist das „nicht Können" von älteren Mitarbeitern hier eigentlich nicht zu subsumieren sondern wäre eher dem Anpassungsrisiko zuzuordnen. Da das Bellheimer Verfahren die Definition der personellen Risiken nach Kobi zugrunde legt, wird diese Form des Risikos im weiteren Verlauf unter dem Motivationsrisiko mit berücksichtigt. Da motivierte Mitarbeiter die Grundlage für zufriedene Patienten und ein hohes Innovationspotenzial des Krankenhauses sind, führt Demotivation zu qualitativ schlechten Leistungen, verzögerter Anpassung an Veränderungen und damit zu zusätzlichen Kosten, da Prozesse nicht schnell genug angepasst werden können (vgl. Klaffke 2009, S. 9). Demotivierte Mitarbeiter neigen eher zu Kündigungen, was das Austrittsrisiko erhöht. Eine Steigerung der Mitarbeiterzufriedenheit und Verbesserung der Arbeitsbedingungen kann das Motivationsrisiko abmildern.

In der Literatur findet man häufig Erweiterungen und/oder Verfeinerungen der oben genannten Personalrisiken. Das Loyalitäts- oder Deliktrisiko ist beispielsweise eine mögliche Erweiterung (vgl. Kobi 2001, S. 15 und Klöti 2008, S. 20). Hierbei handelt es sich um das Risiko, dass Mitarbeiter Sabotage begehen oder sogar kriminell werden. In Bezug auf das Krankenhaus wäre beispielsweise ein Arzt, der aktive Sterbehilfe betreibt, ein solches Risiko. Da diese Form der Risiken in der Regel einen Straftatbestand darstellen, rechtlich geahndet werden und die Haftpflichtversicherung für die Patientenschäden aufkommt, stellen diese Fälle in aller Regel kein existenzielles Risiko dar, so dass diese in der folgenden Untersuchung ausgeklammert werden.

Ein weiteres, in jüngerer Vergangenheit häufiger beschriebenes Risiko, ist das Integrationsrisiko. Aufgrund der zunehmenden Heterogenität der Belegschaft (ältere Mitarbeiter, teilzeitarbeitende Mütter oder Migranten) können verstärkt Koordinationsprobleme und Konflikte auftreten, welche den Leistungsoutput reduzieren (vgl. Klaffke 2009, S. 15). Da aktuell nicht anzunehmen ist, dass diese eine unternehmensgefährdende Dimension einnehmen, entfällt eine weitere Berücksichtigung.

Ebenfalls unberücksichtigt bleiben operative Risiken. Das sind solche, die mit Abläufen und Prozessen im Zusammenhang mit Personen zu tun haben (vgl. Kobi 2001, S. 15). Diese würden in eine rechtliche Betrachtung der Auswirkungen von Fehlentscheidungen und Haftungsfällen einfließen.

2.3.5 Der Personalrisikomanagementkreislauf

Da sich Risikopotenziale im Zeitablauf verändern (können), eignet sich für deren Management ein revolvierendes Kreislaufsystem. Je nach Autor findet man in der Literatur einen vier- bis sechsstufigen Prozess, mit welchem die Risiken betrachtet werden. Für das Bellheimer Verfahren wird der klassische vierstufige Prozess nach Jean-Marcel Kobi zugrunde gelegt, welcher auch anderen Wissenschaftlern bereits als Grundlage diente. Dieser wird im Verlauf der Untersuchung an die Bedürfnisse eines Krankenhauses adaptiert und leicht modifiziert. Der Personalrisikomanagementkreislauf nach Kobi ist in vier Stufen eingeteilt (siehe Abb. 2.18).

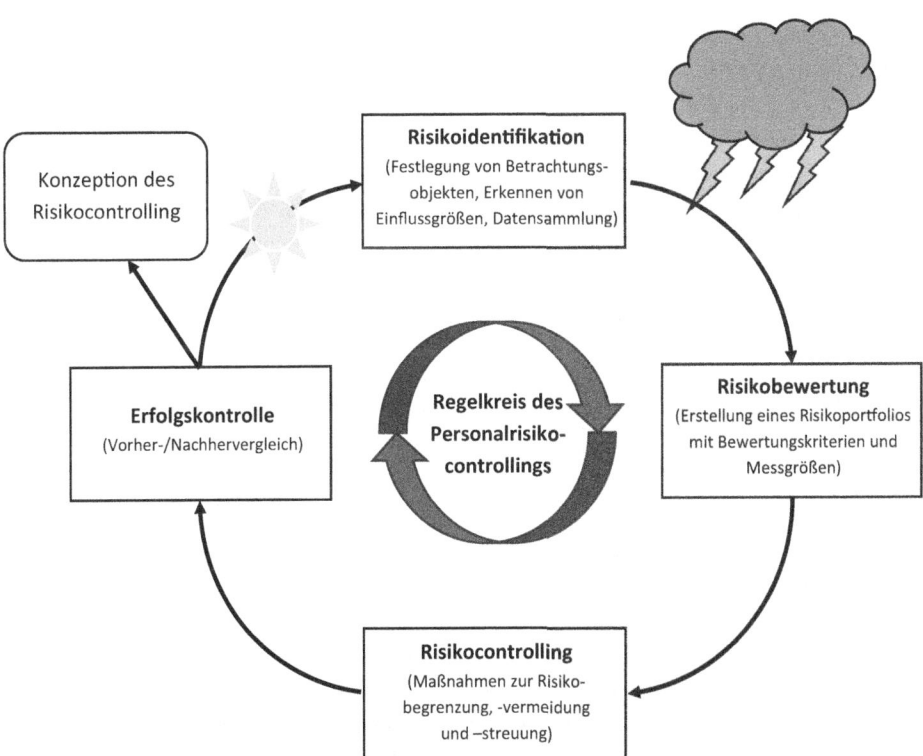

Abb. 2.18 Personalrisikomanagementkreislauf. (Quelle: Oeder, S., in Anlehnung an: Lisges und Schübbe 2009, S. 288)

Dieser Prozess kann sowohl auf Gesamtunternehmensebene als auch bereichsbezogen durchlaufen werden (vgl. Kobi 2001, S. 16). Für das Bellheimer Verfahren wird die Gesamtunternehmensperspektive gewählt.

1. *Phase: Risikofrüherkennung/Risikoidentifikation*

In dieser Phase werden die Entstehung und die Auswirkung von personellen Risiken dargestellt (vgl. Kobi 2001, S. 16). Nicht jedes Unternehmen ist allen in 2.3.4 genannten Risiken ausgesetzt. Da es kein standardisiertes Verfahren gibt, um zu ermitteln, welche Risiken für das jeweilige Unternehmen (hier: Krankenhaus) relevant sind, werden aktuell Methoden aus anderen Bereichen „entliehen". Sowohl interne Verfahren, (wie zum Beispiel Mitarbeiterbefragungen und Workshops und Einsatz der SWOT-Methode: „Die SWOT-Methode stellt die Stärken und Schwächen eines Unternehmens den Chancen und Risiken, die sich aus der Umweltentwicklung ergeben, gegenüber." Simon und von der Gathen 2010, S. 230, vgl. Schmitz 2011, S. 212) als auch externe Methoden (wie zum Beispiel Gutachten) können hierfür zum Einsatz kommen (vgl. Middendorf 2005, S. 99). Welche Verfahren und Methoden sich insbesondere für die Identifikation der Risikopositionen einer Klinik eignen, wird in Abschn. 3.1.1 ausführlich diskutiert.

2. *Phase: Risikomessung/Risikobewertung*

In dieser Phase werden die Risiken bewertet. Bevor eine realistische Einschätzung der Bedrohung durch das Risiko erfolgen kann, muss zunächst herausgefunden werden, was die Ursache/n eines in Phase 1 identifizierten Risikos ist/sind (vgl. Oswald und Henrichs 2011, S. 54). Sobald dies geklärt wurde, kann anhand der Ursache auf ein Messinstrument geschlossen werden. Mittels dieses Messinstruments, beispielsweise einer einschlägigen Kennzahl, kann die Ausprägung des Risikos ermittelt werden. Anhand des sogenannten Risikoerwartungswertes, der sich aus der Eintrittswahrscheinlichkeit multipliziert mit der Schadenshöhe errechnet, wird die Gefährlichkeit des Risikos für das Unternehmen ermittelt (vgl. Kobi 2001, S. 16). Anschließend wird festgelegt, bis zu welcher Grenze das Risiko toleriert wird (Benchmark). Dieses Verfahren wird auf alle in Phase 1 identifizierten Risiken angewandt. Als letzten Schritt werden die Risiken anhand ihres Risikoerwartungswertes in eine Risk-Map oder ein Risikoportfolio (s. hierzu die Abschn. 3.6 und 3.7) übertragen, um die gesamte Risikoposition des Unternehmens darzustellen. Die Schwierigkeit in der Messung der Personalrisiken liegt in der Ressource „Mensch" selbst. Da sich Lebewesen nicht linear rational verhalten, sind die Risiken logischerweise nicht linear quantifizierbar. Auf eine Quantifizierung gänzlich zu verzichten, erscheint ebenfalls nicht richtig, da Untersuchungen belegen, dass sich die Risikosituation eines Unternehmens merklich verbessert, sobald Risiken quantifiziert werden (vgl. Kobi 2002, S. 19). Um dem Erfolgsfaktor Mensch dennoch gerecht zu werden und diesen nicht auf nackte Zahlen bzw. einen Euro-Betrag zu reduzieren, verwendet man bei der Wahl des Messinstruments auch qualitative Verfahren oder Schätzungen anstelle von Kennzahlen (vgl. Klöti 2008, S 121 ff. m. w. N.). Welches Messinstrument sich für welches Risiko im Krankenhaus am besten eignet, wird in Kap. 3 detailliert erörtert.

3. Phase: Risikocontrolling/Risikosteuerung

In dieser Phase setzt der eigentliche Managementprozess ein. Nachdem die Risiken identifiziert und die von ihnen ausgehenden Gefahren für das Unternehmen gemessen und bekannt sind, werden entsprechende Maßnahmen erforderlich. Martin Beutel benennt für das Management der Risiken vier grundlegende Strategien: Vermeiden, Übertragen, Vermindern, Akzeptieren. Eine komplette Vermeidung eines Risikos gelingt nur durch Unterlassen der verursachenden Tätigkeit. Dies scheidet für die meisten Unternehmen als unrealistisch aus. In manchen Fällen, zum Beispiel dem Arzthaftungsrisiko, können die Risiken auf einen Versicherer übertragen werden. Damit verursachen sie nur noch kalkulierbare Kosten in Höhe der Versicherungsprämie. Die Verminderung eines Risikos kann nur durch adäquate Gegenmaßnahmen und/oder Präventivkonzepte erreicht werden. Das Akzeptieren eines Risikos ist nur dann eine echte Alternative, wenn der erwartete Schaden nicht unternehmensgefährdend ist. Hierfür kann eine Rücklage gebildet werden (vgl. Beutel 2009, S. 17, 93). Da es in dem vorliegenden Buch um die Entwicklung eines Messinstruments geht, bleibt eine nähere Betrachtung möglicher Management-Strategien unberücksichtigt.

4. Phase: Risikoüberwachung/Risikokontrolle

In dieser Phase werden die Entwicklung der Risiken sowie der Erfolg der eingeleiteten Risikostrategien überwacht (vgl. Kobi 2001, S. 18). Mittels speziell auf die Risiken ausgerichtete Reportings und Monitoring-Systeme werden die wichtigsten Risikoparameter und die für deren Identifizierung und Messung eingesetzten Instrumente in regelmäßigen Abständen überprüft und notwendige Anpassungen vorgenommen (vgl. Lecker 2009, S. 184 und Beutel 2009, S. 18). Auch diese Phase wird im vorliegenden Buch nicht weiter thematisiert.

Fazit

Zusammenfassend wird festgehalten, dass mehrere Studien die prekäre personelle Situation der Krankenhäuser in Deutschland bestätigen. Es besteht dringend Handlungsbedarf, die personellen Risiken zu messen und gegenzusteuern, möchte man künftig erhebliche finanzielle Einbußen verhindern. Trotz dieser Situation lässt sich keine gesetzliche Pflicht für ein Personalrisikomanagement ableiten. Bis dato sind auch in der Forschung und der Praxis keine ganzheitlichen Verfahren hierfür bekannt. Einzelne Forscher liefern Ansatzpunkte, auf denen aufgebaut wird. Weiter wird festgelegt, dass das Bellheimer Verfahren für alle Krankenhäuser und Kliniken in Deutschland einsetzbar ist. Hierbei wird nicht zwischen einem Krankenhaus oder einer Klinik unterschieden. Die ambulanten Gesundheitseinrichtungen bleiben jedoch außen vor. Betrachtet werden nur Risiken, mit welchen negative Effekte verbunden sind. Nicht beeinflussbare und alle versicherbaren Risiken werden nicht berücksichtigt. Das Bellheimer Verfahren ist ein Instrument aus der Disziplin Personalrisikomanagement, was wiederum Teil des Personalcontrollings ist. Inhaltlich werden die klassischen personellen Risiken nach Kobi verwendet. Hinsichtlich der Systematik basiert das Bellheimer Verfahren auf dem Risikomanagement-Zyklus von Lisges und Schübbe, welcher leicht modifiziert wird.

Literatur

Armutat S (2007) Personalcontrolling: Status quo und Perspektiven. Düsseldorf
Armutat S (2009a) Gegenstand und Dimension des Personalcontrollings, In: DGFP e. V. (Hrsg) Personalcontrolling für die Praxis, Konzept – Kennzahlen – Unternehmensbeispiele. Bielefeld
Armutat S (2009b) Ziele und Aufgaben des Personalcontrollings. In: DGFP e. V. (Hrsg) Personalcontrolling für die Praxis, Konzept – Kennzahlen – Unternehmensbeispiele. Bielefeld
Basel Committee on Banking Supervision (2001) Working Paper on the regulators treatment of operational risk, Basel
Beutel M (2009) Klinisches Risikomanagement. Kassel
Blum K, Löfert S, Offermanns M, Steffen P, im Auftrag des Deutschen Krankenhaus Institut (2013) Krankenhaus Barometer 2012. Düsseldorf
Brockhaus Enzyklopädie (1970) Klinik. In: Brockhaus FA (Hrsg) Brockhaus Enzyklopädie in zwanzig Bänden, Bd. 10, 17. Aufl. Wiesbaden
Bundesärztekammer (2012) Abwanderung von Ärzten ins Ausland, unter. http://www.bundesaerztekammer.de/page.asp?his=0.3.10275.10306. Zugegriffen: 3. Jan. 2014 (14:39 Uhr)
Bundesgerichtshof (BGH) VerR (1986)
Doppler K, Lauterburg C (2005) Change Management, Den Unternehmenswandel gestalten. Frankfurt a. M.
Duden (2014) Evaluation. http://www.duden.de/rechtschreibung/Evaluation. Zugegriffen: 5. Jan. 2014 (12:19 Uhr)
Ertl-Wagner B, Steinbrucker S, Wagner B (2009) Qualitätsmanagement und Zertifizierung. Heidelberg
Eysel C (2009) Personalcontrolling als Frühwarnsystem. In: Klaffke M (Hrsg) Strategisches Management von Personalrisiken. Wiesbaden
Freese H-J, Barclay A, im Auftrag des Marburger Bundes (2011) Mitgliederbefragung 2010. Berlin
Freese H-J, Barclay A, im Auftrag des Marburger Bundes (2013) Mitgliederbefragung 2013 „Arbeitszeit". Berlin
Freidank C, Berens W (2004) Corporate governance und controlling. Heidelberg
Gabler Wirtschaftslexikon (2014a) Controlling. http://wirtschaftslexikon.gabler.de/Archiv/399/controlling-v6.html. Zugegriffen: 5. Jan. 2014 (11:12 Uhr)
Gabler Wirtschaftslexikon (2014b) Krankenhaus. http://wirtschaftslexikon.gabler.de/Archiv/74667/krankenhaus-v7.html. Zugegriffen: 3. Jan. 2014 (10:45 Uhr)
Gabler Wirtschaftslexikon (2014c) Management. http://wirtschaftslexikon.gabler.de/Archiv/55279/management-v8.html. Zugegriffen: 5. Jan. 2014 (11:11 Uhr)
Gabler Wirtschaftslexikon (2014d) Personalmanagement. http://wirtschaftslexikon.gabler.de/Definition/personalmanagement.html. Zugegriffen: 5. Jan. 2014 (12:20 Uhr)
Gabler Wirtschaftslexikon (2014e) Risiko. http://wirtschaftslexikon.gabler.de/Archiv/6780/risiko-v10.html. Zugegriffen: 5. Jan. 2014 (11:04 Uhr)
G-BA (2013) Regelungen zum Qualitätsbericht der Krankenhäuser, Qb-R, zuletzt geändert am 18. Juli 2013, veröffentlicht im Bundesanzeiger am 4.9.2013, in Kraft getreten am 05. September 2013

Literatur

G-BA (2014) Gemeinsamer Bundesausschuss. http://www.g-ba.de

Geiger H, Piaz L-M (2001) Identifikation und Bewertung operationeller Risiken. In: Schierenbeck H, Rolfes B, Schüller S (Hrsg) Handbuch Bankcontrolling, 2. Aufl. Wiesbaden

GKV-Spitzenverband (2014) DRG-System. http://www.gkv-spitzenverband.de/krankenversicherung/krankenhaeuser/drg_system/g_drg_2014/st_drg_system_2014.jsp. Zugegriffen: 3. Jan. 2014 (12:19 Uhr)

Hensen P, Roeder N (2009) Das deutsche Gesundheitssystem im Wandel. In: Hensen P, Roeder N (Hrsg) Gesundheitsökonomie, Gesundheitssystem und öffentliche Gesundheitspflege. Köln

Hutter D (2011) Personalmangel gefährdet Klinikbetrieb. http://www.sueddeutsche.de/muenchen/muenchen/klinikum-harlaching-personalmangel-gefaehrdet-klinikbetrieb-1.991631. Zugegriffen: 6. Jan. 2012 (18:30 Uhr)

InEK (2014) Fallpauschalen-Katalog. http://www.g-drg.de/cms/G-DRG-System_2014/Fallpauschalen-Katalog/Fallpauschalen-Katalog_2014. Zugegriffen: 3. Jan. 2014 (12:15 Uhr)

Isfort M, Weidner F, im Auftrag des Deutschen Instituts für angewandte Pflegeforschung e. V. (2010) Pflegethermometer 2009. Köln

Jung H (2011) Personalwirtschaft, 9. Aufl. München

Klaffke M (2009) Personal-Risiken und –Handlungsfelder in turbulenten Zeiten. In: Klaffke M (Hrsg) Strategisches Management von Personalrisiken. Wiesbaden

Klöti L (2008) Personalrisiken, Qualitative und quantitative Ansätze für das Management von Personalrisiken

Knüppel J (2011) Deutschen Krankenhäusern gehen die Pflegefachkräfte aus: Eine Stellungnahme. Manag Krankenh (12)

Kretschmann J, Strutzberg R (2009) Modernes Personalmanagement

Lecker U (2009) Aktuelle Entwicklungen – Personalrisikomanagement – Grundlagen des Risikomanagements. In: DGFP e. V. (Hrsg) Personalcontrolling für die Praxis, Konzept – Kennzahlen – Unternehmensbeispiele. Bielefeld

Lisges G, Schübbe F (2009) Personalcontrolling, 3. Aufl. München

Middendorf C (2005) Klinisches Risikomanagement. Münster

Mihm A (2013) Jede zweite Klinik macht Verluste. http://www.faz.net/aktuell/wirtschaft/fruehaufsteher/gesundheitswesen-jede-zweite-klinik-macht-verluste-12672504.html. Zugegriffen: 3. Jan. 2014 (13:02 Uhr)

Oberlandesgericht (OLG) Hamm VersR 1994

Oswald J, Henrichs C (2011) Gestaltungsansätze für ein Risikomanagement. In: Zapp W (Hrsg) Risikomanagement in stationären Gesundheitsunternehmungen. Heidelberg

Ostwald D, Ehrhard T, Bruntsch F, Schmidt H, Friedl C, im Auftrag von PricewaterhouseCoopers (2010) Fachkräftemangel, Stationärer und ambulanter Bereich bis zum Jahr 2030. Frankfurt a. M.

Oswald J, Henrichs C, Asbach H, Zapp W (2011) Grundlagen zum Risikomanagement. In: Zapp W (Hrsg) Risikomanagement in stationären Gesundheitsunternehmungen. Heidelberg

o. V./dapd/tat (2011) Krankenhauspersonal muss entlastet werden. http://www.welt.de/wirtschaft/article13438720/Krankenhauspersonal-muss-entlastet-werden.html. Zugegriffen: 3. Jan. 2014 (15:02 Uhr)

Schmitz R-M (2011) Grundlagen zum Risikomanagement. In: Zapp W (Hrsg) Risikomanagement in stationären Gesundheitsunternehmungen. Heidelberg

Siebers L (2009) Krankenhausfinanzierung und DRG-System. In: Hensen P, Roeder N (Hrsg) Gesundheitsökonomie, Gesundheitssystem und öffentliche Gesundheitspflege. Köln

Simon H, von der Gathen A (2010) Das große Handbuch der Strategieinstrumente, 2. überarbeitete Aufl. Frankfurt a. M.

Simon M, im Auftrag des Deutschen Pflegerats (2012) Beschäftigte und Beschäftigungsstrukturen in Pflegeberufen. Hannover

Statistisches Bundesamt (2012) Krankenhäuser, Eckdaten der Krankenhäuser 2012. http://www.destatis.de/DE/ZahlenFakten/GesellschaftStaat/Gesundheit/Krankenhaeuser/Tabellen/KrankenhaeuserJahreVeraenderung.html, Zugegriffen: 3. Jan. 2014 (11:20 Uhr)

Statistisches Bundesamt (2013a) Gesundheitsausgaben im Jahr 2011 bei rund 294 Milliarden Euro; Pressemitteilung Nr. 128. http://www.destatis.de/DE/PresseService/Presse/Pressemitteilungen/2013/04/PD13_128_23611.html. Zugegriffen: 4. April 2014

Statistisches Bundesamt (2013b) 2011: Beschäftigung im Gesundheitswesen um 1,8 % gestiegen, Pressemitteilung Nr. 037. http://www.destatis.de/DE/PresseService/Presse/Pressemitteilungen/2013/01/PD13_037_23621.html. Zugegriffen: 30. Jan. 2013

Statistisches Bundesamt (2013c) Stationäre Krankenhauskosten 2012 auf 4.060 Euro je Behandlungsfall gestiegen, Pressemitteilung Nr. 392 vom 21.11.2013. http://www.destatis.de/DE/PresseService/Presse/Pressemitteilungen/2013/11/PD13_392_231.html. Zugegriffen: 3. Jan. 2014 (12:39 Uhr)

Statistische Ämter des Bundes und der Länder (2011) Gesundheitspersonal. http://www.destatis.de/DE/ZahlenFakten/GesellschaftStaat/Gesundheit/Gesundheitspersonal/Gesundheitspersonal.html. Zugegriffen: 3. Jan. 2014 (11:01 Uhr)

Steenberg J (2014) Gutachten zur Frage der rechtlichen Vorgaben in Bezug auf das Personalrisikomanagement der klinischen Versorgung in Deutschland, Pforzheim

Wucknitz U (2002) Handbuch Personalbewertung – Messgrößen, Anwendungsfelder, Fallstudien. Stuttgart

Beschreibung des Bellheimer Verfahrens als Evaluationsmethode 3

3.1 Beschreibung der Vorgehensweise

Personelle Risiken zu evaluieren ist schwierig. Dies ist den Menschen inhärent, denn anders als bei technischen Anlagen, ist das Verhalten der Mitarbeiter nicht vorhersehbar (vgl. Klöti 2008, S. 53). Intelligenz gepaart mit Emotionen, die bei jedem individuell ausgeprägt sind, bestimmen das Verhalten. Damit geraten rationale Messmethoden, die ausschließlich quantitative Ansätze verfolgen, schnell an ihre Grenzen. Vor diesem Hintergrund sind sich die Experten nicht einig, wie man am besten vorgeht: Während die einen die Auffassung vertreten, dass so viel wie möglich, notfalls unter Aufstellung verschiedener Annahmen, in Zahlen zu messen ist, vertreten andere die Meinung, dass mangels eindeutiger Berechenbarkeit lieber gleich ausschließlich zu qualitativen Methoden gegriffen werden sollte (vgl. Klöti 2008, S. 121 f.; Lisges und Schübbe 2009, S. 288). Einigkeit hingegen besteht darin, dass sich die Identifikation und Bewertung von personellen Risiken aufgrund der unterschiedlichen Informationsquellen, Bewertungskriterien und Verfügbarkeit der Einzelwerte nicht auf einzelne Kennzahlen reduzieren lässt (vgl. Lisges und Schübbe 2009, S. 288). Es werden folglich mehrere Instrumente und Herangehensweisen benötigt, um eine aussagekräftige Identifikation und Bewertung zu erzielen. Da jede Methode gewisse Nachteile hat und Lücken ermöglicht, besteht immer die latente Gefahr, gravierende Risiken zu übersehen. Daher ist der Einsatz eines guten Mixes aus qualitativen und quantitativen Methoden empfehlenswert.

In Anlehnung an Ibers/Hey wird das Evaluationsverfahren der personellen Risiken in deutschen Kliniken, des Bellheimer Verfahren, entwickelt. Hierbei werden die ersten beiden Phasen des Personalrisikomanagementkreislaufs von Kobi durch acht Schritte verfeinert.

In Schritt 1 werden zunächst alle potenziell möglichen Risiken aufgelistet und einer der vier Risikoarten zugeordnet. Außerdem werden weitere Klassifizierungen, zum Beispiel nach endogenen und exogenen Risiken, vorgenommen. In Schritt 2 werden Instrumente

Abb. 3.1 Das Bellheimer Verfahren besteht aus acht Schritten. (Quelle: Eigene Darstellung/Oeder)

ausgewählt, mittels derer die Risiken aus der Liste identifiziert werden, welche in der jeweiligen Testklinik tatsächlich existieren. Schritt 3 überträgt die tatsächlich vorhandenen Risiken in eine Inventurliste, Schritt 4 sortiert die Liste nach Bedeutung. Hierbei wird insbesondere auf deren Existenzbedrohlichkeit geachtet. Mit Schritt 5 werden Ursachen für die vorhandenen Risiken gesucht um anhand derer in Schritt 6 entsprechende Messinstrumente abzuleiten. Schritt 7 bewertet mittels der passenden Instrumente die tatsächlich vorhandenen Risiken. Abschließend werden diese gewichtet und zueinander in Relation gesetzt, so dass am Ende der Superindikator „PeKRA" entsteht. Der Name PeKRA wurde neu generiert und setzt sich, analog der notwendigen Bestandteile, aus den Worten Personal, Krankenhaus Risiko und Analyse zusammen. Dieser gibt Auskunft über die Gesamtsituation der personellen Risiken einer Klinik. Schritt 8 visualisiert die Ergebnisse (s. hierzu Abb. 3.1).

Für die Durchführung der einzelnen Schritte steht eine Vielzahl von Instrumenten zur Verfügung. In der Literatur werden von unterschiedlichen Autoren diverse Verfahren bevorzugt und empfohlen. Dabei fehlt häufig eine klare Abgrenzung zwischen Methoden zur Identifikation und Methoden zur Bewertung von Risiken. Eine kritische und bewertende Gegenüberstellung der möglichen Instrumente liefert Lorenz Klöti in seiner Dissertation „Personalrisiken" auf den Seiten 133 f., allerdings ist auch diese nicht abschließend. Aufbauend auf dieser Übersicht wurde vorbereitend auf die Entwicklung des Bellheimer Verfahrens ein Katalog bestehend aus 43 Instrumenten zur Identifizierung und Bewertung von Personalrisiken erstellt und kritisch gewürdigt (siehe Anhang Nr. 2). Die einzelnen Methoden werden zunächst in fünf Kategorien eingeteilt. Mit Hilfe der sogenannten Kollektionsmethoden werden bereits existierende Risiken gesammelt. Zu den Suchmethoden gehören alle Instrumente, mit denen nach zukünftigen bzw. potenziellen Risiken gesucht werden kann. In dieser Kategorie werden zusätzlich Kreativitätstechniken (gekennzeichnet durch unkonventionelle Vorgehensweisen) von analytischen Methoden (streng logische Untersuchungen) unterschieden. Die Kategorie der derivativen Identifikationsmethoden subsumiert experimentelle Verfahren, mit deren Hilfe Risikopotenziale abgeleitet werden. Methoden der Wahrscheinlichkeitsrechnung sind solche, die anhand stochastischer Annahmen Risiken ermitteln. Unter der Kategorie „sonstige" werden weitere Instrumente gelistet, die keiner Kategorie eindeutig zuordenbar sind (vgl. Klöti 2008, S. 122 f.;

Paul 2011, S. 164 m. w. N.). Neben der Kategorisierung der Instrumente wird im nächsten Schritt deren Funktionsweise kurz erläutert. Anschließend ist gekennzeichnet, ob sie sich eher zur Identifizierung oder Bewertung von Personalrisiken eignen. Schließlich werden die allgemeinen Vor- und Nachteile genannt, die als Entscheidungshilfe für die Auswahl des jeweiligen Instruments dienen sollen. Da qualitative und quantitative Methoden für die Untersuchung von Personalrisiken gleichermaßen eingesetzt werden (siehe Ausführungen oben), wird bei der Übersicht der Instrumente dahingehend nicht unterschieden. Dieser Katalog ist Grundlage für die konkrete Ausgestaltung des Bellheimer Verfahrens.

▶ Um am Ende eine verlässliche Messung der personellen Risikosituation eines Krankenhauses zu erhalten, müssen folgende Postulate bei der Durchführung eingehalten werden:
  a. *Vollständigkeit:* Zu jedem Zeitpunkt muss darauf geachtet werden, dass möglichst alle Risikopotenziale erkannt werden.
  b. *Aktualität:* Für die Messung des Risikopotenzials sind immer die aktuellsten Informationen zu verwenden, die verfügbar sind.
  c. *Wirtschaftlichkeit der Risikoaufnahme:* Der Entscheidung für oder gegen ein bestimmtes Messinstrument ist immer ein adäquates Kosten-Nutzen-Verhältnis vorauszusetzen.
  d. *Akzeptanz bei den Mitarbeitern:* Es sind ausschließlich Verfahren einzusetzen, die bei den Mitarbeitern akzeptiert sind, da ansonsten verfälschte Ergebnisse entstehen können (vgl. Ibers und Hey 2005, S. 101).

3.2 Schritt 1: Systematisierung prinzipiell möglicher personeller Risiken

Um doppelte oder unvollständige Erfassungen zu vermeiden, muss zunächst eine gründliche Risikosystematisierung vorgenommen werden (vgl. Ibers und Hey 2005, S. 102). In dieser werden sämtliche personelle Risiken erfasst, welche generell und theoretisch in einer Klinik vorhanden sein könnten. Das tatsächliche Vorhandensein in einer Klinik sowie deren Ursachen sind an dieser Stelle irrelevant.

Für die Erhebung der potenziellen Risiken wird zunächst das Literaturstudium als Grundlage genutzt. Durch die Auswertung zahlreicher wissenschaftlicher Quellen entstand eine gute Datenbasis, die den aktuellen Stand der Forschung auf dem Gebiet der Personalrisiken widerspiegelt. Die praktische Verprobung erfolgte mittels eines nicht standardisierten Experteninterviews. Diese Methode eignet sich für die Identifikation aller Arten von Risiken, insbesondere, wenn es darum geht, einen Gesamtüberblick zu bekommen und ergänzt das Literaturstudium um praktische Aspekte. Weiter spricht der geringe Aufwand für den Einsatz dieses Verfahrens. Als Interviewpartner für das Bellheimer Verfahren stand ein Personalleiter eines Krankenhauses zur Verfügung. Als langjähriger Personalverantwortlicher bringt er die nötige Kompetenz mit, die Risikopositio-

Tab. 3.1 Systematisierung potenziell möglicher Risiken. (Quelle: Oeder, S., eigene Darstellung)

Art des Risikos	endogen	exogen
1. Strukturrisiko		
1.1 ungünstiges wirtschaftliches Umfeld		X
1.2 ungünstige Unternehmensstruktur	X	X
1.3 ungünstige Führungsstruktur	X	
1.4 unzureichendes Personalmanagement	X	
2. Engpassrisiko		
2.1 mengenmäßig zu wenig Personal von bestimmten Qualifikationen (Bedarfslücke)	X	X
2.2 vom Unternehmen nicht genutztes Potenzial (Potenziallücke)	X	
3. Anpassungsrisiko		
3.1 fachliche Anpassung nicht ausreichend	X	
3.2 mangelnde persönl. Anpassungsfähigkeit/Flexibilität (hinsichtl. Zeit, Ort, Entgelt)	X	
4. Austrittsrisiko		
4.1 Austritt aufgrund des Alters	X	X
4.2 Austritt aufgrund von Kündigung	X	
4.3 Austritt aufgrund des eigenen Todes		X
4.4 partieller Austritt (z. B. durch lange Krankheit, Unfallfolgen, Elternzeit, …)		X
5. Motivationsrisiko		
5.1 mangelnde Leistungsbereitschaft aufgrund Alter	X	
5.2 fehlender Leistungswille	X	
5.3 mangelnde Leistungsbereitschaft aufgrund Überforderung/Ausgebrannt sein	X	
5.4 innere Kündigung	X	

nen umfänglich nennen zu können. Tabelle 3.1 zeigt die herausgearbeiteten Risiken. Bei der Klassifizierung fällt auf, dass für das Gesundheitswesen neben den unter Punkt 2.3.4 definierten Risikoarten nach Kobi eine weitere Kategorie aufgenommen werden muss: Das Strukturrisiko. Wie in Abschn. 2.1.3 beschrieben, sind die deutschen Kliniken bereits jetzt einem starken Wettbewerb um Fachkräfte ausgesetzt. Aufgrund dessen spielen Faktoren wie das wirtschaftliche Umfeld einer Klinik und die eigene Unternehmensstruktur hinsichtlich der Bewertung der personellen Risiken eine wichtige Rolle und werden somit als Strukturrisiken erfasst. Weiter macht eine Unterscheidung der Risiken hinsichtlich deren Ursachen Sinn: Endogene Risiken sind solche, die in der Regel vom Krankenhaus selbst verursacht und folglich auch beeinflusst werden können. Exogene Risiken sind solche, die ihre Ursache außerhalb der Klinik haben, die Risikoposition aber dennoch beeinträchtigen (vgl. Ibers und Hey 2005, S. 102). Obwohl diese Risiken kaum durch die Klinik beeinflussbar sind, müssen diese berücksichtigt werden, da sie bei der individuellen

Risikomessung je Krankenhaus stark variieren können. Zwar muss beispielsweise jedes Krankenhaus mit den ungünstigen Auswirkungen des Fachkräftemangels leben, in einer strukturstarken Region mit einer hohen Krankenhausdichte fällt dieses Risiko jedoch höher ins Gewicht als in strukturschwachen Regionen, da die Nachfrage nach Fachkräften überproportional hoch ist. Die in Tab. 3.1 genannten Risikofaktoren werden als potenziell möglich eingestuft und gelten für das Bellheimer Verfahren als Grundlage. Die Risikofaktoren bestimmen die in Abschn. 2.3.4 definierten Risikoarten näher, so dass am Ende 16 potenziell mögliche Risikofaktoren näher beleuchtet werden. Zur Entwicklung eines passenden Identifikationsmechanismus für jeden einzelnen Risikofaktor werden unterschiedliche Einflussfaktoren ermittelt und untersucht.

▷ Es ist zu empfehlen, bei der Umsetzung in die Praxis diese Liste unverändert zu übernehmen. Selbstverständlich kann sie beliebig erweitert oder verkürzt werden, jedoch muss dadurch das weitere Verfahren entsprechend logisch angepasst werden.

3.3 Schritt 2: Identifikation tatsächlich vorhandener personeller Risiken

3.3.1 Identifikation des allgemeinen Strukturrisikos

Um zu prüfen, ob für eine Klinik ein allgemeines Strukturrisiko besteht, wird mit der Kollektionsmethode „Risikocheckliste" gearbeitet. Die Checkliste ist ein schnelles und kostengünstiges Instrument, welches für die Identifikation von allen Risiken eingesetzt werden kann. Mittels standardisierter Fragebögen wird ermittelt, ob aus dem wirtschaftlichen Umfeld Personalrisiken für eine Klinik resultieren. Da sich strukturelle Faktoren in der Regel eher langfristig und langsam verändern, kann, ohne eine Fehleinschätzung zu riskieren, von der aktuellen Situation auf die zukünftige Entwicklung geschlossen werden. In den nachfolgenden Tabellen werden zunächst für alle Risikofaktoren Einflussfaktoren bestimmt. Jeder Einflussfaktor wird in einem Satz beschrieben. Anhand der Leitfrage: „Wie stark trifft dieser Einflussfaktor auf unsere Klinik zu?" soll ein Experte (zum Beispiel Mitglied der Geschäftsleitung, Personalleiter eine Einschätzung anhand einer fünfstufigen Skala abgeben. Aus den genannten Werten wird durch einfache Gewichtung je Einflussfaktor ein Mittelwert gebildet. Liegt dieser unter 50%, stellt dieser Risikofaktor kein Risiko für die zu testende Klinik dar. Ist der Wert oberhalb der 50-Prozent-Marke, so beeinflusst der Risikofaktor das Risikopotenzial aus dem wirtschaftlichen Umfeld ungünstig und ist im weiteren Verlauf zu beachten (vgl. Wucknitz 2005, S. 115).

In Bezug auf den Risikofaktor *wirtschaftliches Umfeld* werden die aktuelle Arbeitslosenquote von klinischem Personal, die Konkurrenzsituation sowie die demografische Entwicklung im jeweiligen Einzugsgebiet des Testkrankenhauses abgefragt. Je schwieriger es für ein Krankenhaus ist, fachkundiges Personal und Auszubildende auf dem Arbeitsmarkt zu

Tab. 3.2 Identifikation des Risikofaktors „wirtschaftliches Umfeld". (Quelle: Oeder, S., eigene Darstellung)

Beschreibung des Risikofaktors „wirtschaftliches Umfeld" durch Einflussfaktoren	Einschätzung (%)
Die *Arbeitslosenquote* von Krankenpflegepersonal und Ärzten im Einzugsgebiet ist niedrig und wird vermutlich weiter sinken	X
Der *Wettbewerb* am Arbeitsmarkt im Einzugsgebiet ist hart und wird vermutlich noch härter	X
Die *Zahl der Azubis + Studenten* im Einzugsgebiet werden mengenmäßig kleiner, während das Durchschnittsalter kontinuierlich ansteigt	X
Mittelwert:	**X**

0 = völlig falsch, 25 = ziemlich falsch, 50 = unentschieden, 75 = ziemlich richtig, 100 = völlig richtig

rekrutieren, desto stärker stellt das wirtschaftliche Umfeld einer Klinik ein Personalrisiko dar (s. hierzu Tab. 3.2).

Der nächste zu prüfende Risikofaktor, der Auskunft über das Strukturrisiko gibt, ist die *Unternehmensstruktur*. Je zergliederter ein Krankenhaus aufgebaut ist und je mehr Schnittstellen es gibt, desto systematischer und standardisierter muss es organisiert sein, um effektiv und effizient zu arbeiten. Ist dies nicht der Fall, kann die Klinik nur langsam auf Umweltveränderungen reagieren. Je langsamer Anpassungen erfolgen, desto unattraktiver wird das Haus für Arbeitnehmer aber desto mehr Personal ist erforderlich, was perspektivisch betrachtet ein Risiko darstellen kann. Um festzustellen, ob von der Unternehmensstruktur ein Risiko ausgeht, werden die Einflussfaktoren Aufbauorganisation, Komplexität von Geschäftsprozessen und Gestaltung der Kommunikation zur Beurteilung herangezogen (s. hierzu Tab. 3.3).

Der dritte Risikofaktor, der zur Identifikation des Strukturrisikos beiträgt, ist die *Führungsstruktur*. Nicht standardisierte Führungsprozesse, ineffiziente oder mangelnde Führungsinstrumente sowie unangemessener Führungsstil und -verhalten verhindern effizientes Arbeiten der unterstellten Mitarbeiter. Dies kann je nach Ausprägungsgrad ebenfalls ein Hinweis auf ein Strukturrisiko sein. Für die Einschätzung werden die in Tab. 3.4 genannten Einflussfaktoren Führungsprozess, Führungsinstrumente und Führungsverhalten zugrunde gelegt.

Schlussendlich wurde zur Identifikation des Strukturrisikos die Untersuchung des *Personalmanagements* ausgewählt. Das Unternehmen kann noch so effektiv und effizient aufgebaut sein und sich in einem günstigen wirtschaftlichen Umfeld befinden, wenn die Personalfunktion nicht in der Lage ist, in einem dienstleistungsbasierten Unternehmen, wie einem Krankenhaus, den Personalstamm zielorientiert zu managen, besteht gegenüber Mitbewerbern ein strukturelles Personalrisiko. Um einzuschätzen, ob von der Personalfunktion ein Risiko ausgeht, werden folgende Einflussfaktoren betrachtet: Strategie und Steuerung, Qualität und Leistung sowie Prozesse und Instrumente der Personalarbeit (s. hierzu Tab. 3.5).

3.3 Schritt 2: Identifikation tatsächlich vorhandener personeller Risiken

Tab. 3.3 Identifikation des Risikofaktors „Unternehmensstruktur". (Quelle: Oeder, S., eigene Darstellung)

Beschreibung des Risikofaktors „Unternehmensstruktur" durch Einflussfaktoren	Einschätzung (%)
Die *Unternehmensstruktur* ist mit vielen Tochtergesellschaften und/oder Teilbereichen stark zergliedert, intransparent und nur schwer überschaubar	X
Die *Geschäftsprozesse* sind sehr komplex und beinhalten viele Schnittstellen im Krankenhaus und außerhalb	X
Die *interne Kommunikation* ist kaum standardisiert. Es gibt keine eindeutigen Kanäle zur Mitarbeiter-Information oder Rückmelde-Kanäle für die Unternehmensleitung	X
Mittelwert:	**X**

0 = schwach/niedrig, 25 = eher schwach/niedrig, 50 = durchschnittlich, 75 = eher stark/hoch, 100 = stark/hoch

Tab. 3.4 Identifikation des Risikofaktors „Führungsstruktur". (Quelle: Oeder, S., eigene Darstellung)

Beschreibung des Risikofaktors „Führungsstruktur" durch Einflussfaktoren	Einschätzung (%)
Der *Führungsprozess* ist kaum organisiert, komplex, nicht auf die anderen Geschäftsprozesse abgestimmt und für die Mitarbeiter intransparent	X
Führungsinstrumente sind nicht in ausreichender Zahl vorhanden, nicht mehr aktuell und werden nicht unternehmenseinheitlich eingesetzt	X
Das gezeigte *Führungsverhalten* ist unflexibel, die Führungskräfte können häufig nicht situationsbedingt führen, sondern beschränken sich auf einen Stil	X
Mittelwert:	**X**

0 = schwach/niedrig, 25 = eher schwach/niedrig, 50 = durchschnittlich, 75 = eher stark/hoch, 100 = stark/hoch

Tab. 3.5 Identifikation des Risikofaktors „Personalmanagement". (Quelle: Oeder, S., eigene Darstellung)

Beschreibung des Risikofaktors „Personalmanagement" durch Einflussfaktoren	Einschätzung (%)
Die Personalfunktion sieht sich in der Rolle des Auftragsempfängers, eine aus der Unternehmensstrategie abgeleitete *Personalstrategie* existiert nicht	X
Die Anzahl, die Qualifikation und damit die *Leistung des Personalbereichs* entsprechen nicht den Anforderungen der Kunden bzw. den Aufgaben	X
Viele *Einzelinstrumente des Personalbereichs* sind veraltet, ineffizient und nicht vernetzt. Besonders die *Aktivitäten* im Recruiting und der Personalentwicklung erzielen häufig nicht den gewünschten Erfolg	X
Mittelwert:	**X**

0 = schwach/niedrig, 25 = eher schwach/niedrig, 50 = durchschnittlich, 75 = eher stark/hoch, 100 = stark/hoch

▶ Hier können die Einflussfaktoren beliebig ergänzt oder gekürzt werden. Es sollte bei der Bildung des Mittelwertes auf eine einfache Gewichtung geachtet werden. Da in dieser Phase nur die Identifizierung und noch nicht die Bewertung im Vordergrund steht, wird empfohlen, auf die Berücksichtigung von zu vielen Einflussfaktoren zu verzichten. Die Gefahr, dass etwas doppelt berücksichtigt wird, steigt dadurch stark an. Darüber hinaus müssen später für die neu hinzugenommenen Einflussfaktoren zusätzliche Ursachen und Bewertungsmethoden ermittelt werden.

Nach der Identifikation der einzelnen Risikofaktoren, die das Strukturrisiko allgemein bestimmen, geht es nun darum, eine Gesamtaussage über das Vorhandensein eines Strukturrisikos zu treffen. Dabei wäre es falsch, die vier Einzelergebnisse gleichwertig zu mitteln, da nicht von allen Faktoren das gleiche Risikopotenzial ausgeht. Bei der Gewichtung der einzelnen Faktoren spielen zwei Aspekte eine entscheidende Rolle:

1. Welche der Risikofaktoren verursachen bei Eintritt vermutlich den größten Schaden?
2. Bei welchem Risikofaktor hätte eine Verbesserung vermutlich die größtmöglichen Effekte?

Vor diesem Hintergrund wird unterstellt, dass ein funktionierender Personalbereich die wichtigste Voraussetzung zur Vermeidung bzw. Reduzierung von personellen Risiken ist. Verbessert man beispielsweise das Personalmarketing oder führt ein systematisches Personalentwicklungskonzept ein, so können schnell spürbare Verbesserungen bei den personellen Risiken erzielt werden. Deshalb wird dieser Risikofaktor mit einem Gewicht von 0,35 versehen. Die Führungsstruktur wird als zweitwichtigster Faktor mit 0,30 gewichtet. Da ein Krankenhaus ausschließlich Dienstleistungen erbringt, die von Menschen erzeugt werden müssen, ist die Steuerung und Führung der Mitarbeiter Voraussetzung für die Vermeidung von Engpässen, Qualifikationsdefiziten, Motivationsdefiziten oder unvorbereiteter Austritte. Gut geschulte und flexibel agierende Führungskräfte können beispielsweise Demotivation verhindern. Das wirtschaftliche Umfeld ist der Faktor, der nicht durch das Krankenhaus selbst beeinflusst werden kann, aber abhängig von der Lage des Krankenhauses unterschiedlich starke Auswirkungen auf die Risikoposition im Personalbereich hat. Zwar birgt das wirtschaftliche Umfeld in einem Ballungsraum hohe Risiken für den Personalbereich, allerdings ändern sich diese in der Regel nicht spontan, so dass diese einigermaßen kalkulierbar sind. Eine Gewichtung mit 0,20 ist hierfür angemessen. Das geringste Gewicht mit 0,15 wird der Unternehmensstruktur beigemessen. Krankenhäuser sind mehr oder weniger einheitlich aufgebaut, gute Aufbau- und Ablauforganisationen sind anhand zahlreicher Beispiele einfach zu gestalten. Deshalb geht hiervon kein außerordentlich hohes Risiko aus. Weiterhin wirkt sich eine Verbesserung derer nur langsam und indirekt auf die Personalrisiken aus, was die niedrige Gewichtung rechtfertigt.

3.3 Schritt 2: Identifikation tatsächlich vorhandener personeller Risiken

Um das allgemeine Strukturrisiko zu identifizieren, ergibt sich folgende Formel:

$$\begin{aligned}\text{Allgemeines Strukturrisiko}[\%] = &\text{ Wirtschaftliches Umfeld}[\%] \times 0{,}20 + \\ &\text{ Unternehmensstruktur}[\%] \times 0{,}15 + \\ &\text{ Führungsstruktur}[\%] \times 0{,}30 + \\ &\text{ Personalmanagement}[\%] \times 0{,}35\end{aligned} \quad (3.1)$$

Für die Bewertung des Ergebnisses wird das Instrument des Benchmarkings verwendet. Das Ergebnis wird mit einem festen Bezugswert verglichen um eine Kategorisierung vorzunehmen. Dieses Verfahren eignet sich gut für die Einschätzung von externen Einzelrisiken, um welche es sich hier teilweise handelt (vgl. Anhang Nr. 2). In diesem Fall wird davon ausgegangen, dass das Ergebnis niemals bei 0 % liegen wird, da jedes Krankenhaus mindestens geringe strukturelle Schwächen hat. Beachtet man den Grundsatz der Wirtschaftlichkeit, muss eine Grenze gefunden werden, ab welcher ein Strukturrisiko näher betrachtet und gesteuert werden muss bzw. bis wohin ein Risiko vernachlässigt werden kann. Es wird davon ausgegangen, dass bei einem Wert von unter 50 % ein allgemeines Strukturrisiko zwar identifiziert ist, dieses aber hinsichtlich seines Ausmaßes so gering ist, dass es keiner gezielten Steuerungsmaßnahmen bedarf und eine weitere Betrachtung entfällt. Liegt das Ergebnis hingegen über 50 %, so ist ein erhebliches allgemeines Strukturrisiko identifiziert, für welches im weiteren Verlauf des Verfahrens die Ursachen ermittelt werden und eine Bewertung erfolgen müssen.

▶ Hier ist zu empfehlen, die angegebenen Gewichte vorerst unverändert zu übernehmen. Nachdem Sie das Bellheimer Verfahren einmal komplett durchgeführt haben, können Sie durch eine individuelle Veränderung der Gewichte testen, inwieweit sich dadurch Ihre Gesamtrisikoposition verändert.

Seien Sie hier ruhig etwas großzügiger mit der Berücksichtigung des Strukturrisikos. Sollten Sie es an dieser Stelle als nicht relevant einstufen, so wird es in Ihrer individuellen Analyse ab hier nicht mehr weiter betrachtet.

3.3.2 Identifikation des Engpassrisikos

Das Engpassrisiko im Sinne einer *Bedarfslücke* besteht in der Knappheit an Mitarbeitern mit bestimmten Kenntnissen, Fähigkeiten und Erfahrungen (vgl. Lisges und Schübbe 2009, S. 293). Für die Identifikation dieses Risikos ist eine zukunftsorientierte Analyse erforderlich, da akut bestehenden Engpässen sofort gegengesteuert werden muss und jede Betrachtung sofort veraltet wäre. Um das Risiko und dessen Entwicklung realistisch einzuschätzen, wird ein mittelfristiger Betrachtungszeitraum von fünf Jahren angenommen. Außerdem ist es wenig sinnvoll, die gesamte Belegschaft auf Engpässe hin zu überprüfen. Zum einen gibt es Funktionen, für die keine besonderen Anforderungen gestellt werden und der Arbeitsmarkt voraussichtlich auch zukünftig genügend Bewerber anbietet (zum Beispiel Mitarbeiter des Transportdienstes oder der Wäschereiabteilung). Zum anderen sind bestimmte

Fachkräfte (zum Beispiel aus den Bereichen Marketing oder Buchhaltung) branchenübergreifend in der Regel kurzfristig verfügbar und müssen folglich ebenfalls nicht analysiert werden. Vor diesem Hintergrund werden im weiteren Verlauf ausschließlich ausgebildete Gesundheits- und Krankenpfleger und Ärzte betrachtet. Entscheidend für die Definition eines Engpasses ist der Mangel an Schlüsselkräften. Ein Mangel ist dann gegeben, wenn die zukünftig im Krankenhaus vorhandenen Schlüsselkräfte den zukünftigen Bedarf nicht decken (vgl. Lecker 2009, S. 186 f.). Schlüsselkräfte sind Mitarbeiter, die Schlüsselpositionen eines Unternehmens besetzen (können). Schlüsselpositionen sind Positionen, auf denen eine oder mehrere existenzsichernde Aufgaben ausgeübt werden müssen (vgl. Kobi 2002, S. 39).

Um einen Engpass zu identifizieren müssen zunächst die Schlüsselpositionen eines Krankenhauses festgelegt werden. Dies erfolgt am besten mit Hilfe der Delphi-Methode in Kombination mit einem Fragebogen (siehe Anhang Nr. 2). Abbildung 3.2 zeigt den Fragebogen. In zwei Runden werden alle Führungskräfte der zweiten Ebene, das sind alle Mitarbeiter, die direkt an den ärztlichen Leiter, die Pflegedienstleitung oder den kaufmännischem Leiter berichten, anonym befragt, welches aus ihrer Sicht die Schlüsselpositionen des Krankenhauses sind und wie hoch der Personalbedarf sowie der –bestand in diesen Schlüsselpositionen zukünftig sein wird. Bei der Auswahl der Positionen werden die offizielle Facharztliste der Bundesärztekammer (vgl. Stiftung Gesundheit 2014) sowie die landesrechtlich anerkannten Fachweiterbildungen des Gesundheits- und Krankenpflegers (vgl. Bundesagentur für Arbeit 2014) zugrunde gelegt. Allerdings sollten für jedes Krankenhaus nur die Positionen zur Auswahl stehen, die im Betrachtungszeitraum auch tatsächlich vorhanden sind bzw. sein werden. Wichtig ist, dass alle Führungskräfte das Gesamthaus betrachten, nicht nur ihren Bereich. Anschließend werden die Ergebnisse ausgewertet und den Teilnehmern erneut anonym zur Verfügung gestellt. Jeder hat die Chance, dem Ergebnis zuzustimmen oder seine Meinung nochmal zu ändern. Erst danach steht das Endergebnis fest. Mit dieser Methode kommt man sehr schnell zu einer komprimierten Expertenaussage, unter Einbezug mehrerer Sichtweisen und einer kritischen Würdigung. Die Abfrage der Expertenmeinungen erfolgt mittels eines Fragebogens, der elektronisch versandt wird. Dieses Instrument hat beispielsweise gegenüber einem moderierten Workshop den Vorteil, dass nur ganz konkrete Informationen abgefragt werden. Ein Abschweifen vom Thema ist nicht möglich. Außerdem sind die Fragen standardisiert, so dass sichergestellt ist, dass jedem exakt die gleichen Fragen gestellt werden. Da eine gemeinsame Anwesenheit zur Beantwortung der Fragen nicht erforderlich ist, ist die Beantwortung zeitlich flexibel und damit hoch effizient. Dazu wird der in Abb. 3.2 dargestellte Fragebogen empfohlen.

▶ An dieser Stelle sollten Sie Ihre Analyse in jedem Fall auf die Schlüsselpositionen des Ärztlichen Dienstes und der Krankenpflege beschränken. Erfassen Sie weitere Funktionen, wird Ihre Analyse deutlich komplexer und ggf. unübersichtlicher. Streichen Sie gerne Qualifikationen von der Liste, wenn Sie diese jetzt aber auch in fünf Jahren ganz sicher nicht in Ihrem Krankenhaus vorhalten werden.

Bei der Auswertung wird von einer Rücklaufquote von 90 % ausgegangen, da es sich bei der Bearbeitung der Fragen um einen dienstlichen Auftrag handelt. Lediglich Mitarbeiter

3.3 Schritt 2: Identifikation tatsächlich vorhandener personeller Risiken

---

Fragebogen zur Ermittlung der Bedarfslücke

Sehr geehrte Damen und Herren,

im Rahmen einer Messung der Personalrisiken unseres Krankenhauses bitten wir Sie, folgende Fragen nach Ihrer persönlichen Einschätzung zu beantworten. Gegenstand dieser Erhebung sind ausschließlich die Mitarbeiter der Krankenpflege mit der Berufsausbildung zum Gesundheits- und Krankenpfleger als Mindestqualifikation sowie der ärztliche Dienst mit Approbation als Mindestqualifikation. Alle anderen Berufsgruppen bleiben außen vor.
Bitte beziehen Sie bei Ihren Überlegungen immer das Gesamthaus mit ein, nicht nur Ihren Bereich.

Mit freundlichen Grüßen
Die Geschäftsleitung

Vielen Dank für Ihre Unterstützung!

---

1. Welches sind Ihrer Meinung nach in 5 Jahren die Schlüsselpositionen in unserem Krankenhaus? (Mehrfachnennungen möglich)

   a) im ärztlichen Dienst: Fachkraft für:

Anästhesiologie	Humangenetik	Neurochirurgie
Anatomie	Hygiene und Umweltmedizin	Neurologie
Arbeitsmedizin	Innere Medizin und Allgemeinmedizin	Nuklearmedizin
Augenheilkunde	Innere Medizin	Öffentliches Gesundheitswesen
Biochemie	Innere Medizin und Angiologie	Neuropathologie
Allgemeine Chirurgie	Innere Medizin und Endokrinologie und Diabetologie	Pathologie
Gefäßchirurgie		Klinische Pharmakologie
Herzchirurgie	Innere Medizin und Gastroenterologie	Pharmakologie und Toxikologie
Kinderchirurgie	Innere Medizin und Hämatologie und Onkologie	Physikalische und Rehabilitative Medizin
Orthopädie und Unfallchirurgie		
Plastische und Ästhetische Chirurgie	Innere Medizin und Kardiologie	Physiologie
Thoraxchirurgie	Innere Medizin und Nephrologie	Psychiatrie und Psychotherapie
Visceralchirurgie	Innere Medizin und Phneumologie	Psychosomatische Medizin und Psychotherapie
Frauenheilkunde und Geburtshilfe	Innere Medizin und Rheumatologie	
Hals-Nasen-Ohrenheilkunde	Kinder- und Jugendmedizin	Radiologie
Sprach-, Stimm- und kindliche Hörstörungen	Kinder- und Jugendpsychiatrie und -psychologie	Rechtsmedizin
Haut- und Geschlechtskrankheiten		Strahlentherapie
Mikrobiologie, Virologie und Infektionsepidemiologie	Urologie	Transfusionsmedizin
	Mund-Kiefer-Gesichtschirurgie	Laboratoriumsmedizin

2. Wie schätzen Sie den zukünftigen Bedarf und den Bestand der jeweiligen Schlüsselpositionen ein? (Angaben in Vollzeitkräften)

   a) im ärztlichen Dienst: Fachkraft für:

	Bedarf	Bestand		Bedarf	Bestand		Bedarf	Bestand
Anästhesiologie			Humangenetik			Neurochirurgie		
Anatomie			Hygiene und Umweltmedizin			Neurologie		
Arbeitsmedizin			Innere Medizin und Allgemeinmedizin			Nuklearmedizin		
Augenheilkunde			Innere Medizin			Öffentliches Gesundheitswesen		
Biochemie			Innere Medizin und Angiologie			Neuropathologie		
Allgemeine Chirurgie			Innere Medizin und Endokrinologie und Diabetologie			Pathologie		
Gefäßchirurgie						Klinische Pharmakologie		
Herzchirurgie			Innere Medizin und Gastroenterologie			Pharmakologie und Toxikologie		
Kinderchirurgie			Innere Medizin und Hämatologie und Onkologie			Physikalische und Rehabilitative Medizin		
Orthopädie und Unfallchirurgie								
Plastische und Ästhetische Chirurgie			Innere Medizin und Kardiologie			Physiologie		
Thoraxchirurgie			Innere Medizin und Nephrologie			Psychiatrie und Psychotherapie		
Visceralchirurgie			Innere Medizin und Phneumologie			Psychosomatische Medizin und Psychotherapie		
Frauenheilkunde und Geburtshilfe			Innere Medizin und Rheumatologie					
Hals-Nasen-Ohrenheilkunde			Kinder- und Jugendmedizin			Radiologie		
Sprach-, Stimm- und kindliche Hörstörungen			Kinder- und Jugendpsychiatrie und -psychologie			Rechtsmedizin		
Haut- und Geschlechtskrankheiten						Strahlentherapie		
Mikrobiologie, Virologie und Infektionsepidemiologie			Urologie			Transfusionsmedizin		
			Mund-Kiefer-Gesichtschirurgie			Laboratoriumsmedizin		

   b) in der Pflege: Fachkraft für:

	Bedarf	Bestand		Bedarf	Bestand		Bedarf	Bestand
Gesundheits- und Krankenpfleger			Nephrologie			Palliativ- und Hospizpflege		
Hygiene			Onkologie			Psychiatrie		
Intensivpflege/Anästhesie			Operations-/Endoskopiedienst			Rehabilitation/Langzeitpflege		
Klinische Geriatrie								

Abb. 3.2 Fragebogen zur Ermittlung der Bedarfslücke. (Quelle: Eigene Darstellung/Oeder)

im Krankenstand oder Urlaub werden sich nicht beteiligen. Die Grundgesamtheit der bearbeiteten Fragebögen wird mit der Anzahl N angegeben. Die meistgenannten Positionen (maximal zehn Stück) werden als Schlüsselpositionen identifiziert. Um eine Aussage über das Vorhandensein einer Bedarfslücke zu treffen, wird sich erneut der Methode des Benchmarkings bedient. Jede Schlüsselposition, für die von mindestens 50 % der Befragten ein negatives Missverhältnis zwischen zukünftigem Bedarf und Bestand prognostiziert wurde, wird als Bedarfslücke identifiziert. Die Höhe des Missverhältnisses ist zu diesem Zeitpunkt der Evaluation noch irrelevant, da es nur um das Vorhandensein einer Bedarfslücke geht, die Bewertung dieser erfolgt im Schritt 6. Die Gesamtzahl der zu betrachtenden Schlüsselpositionen sollte aus Gründen der Handhabbarkeit zehn Stück nicht überschreiten. Die zehn am häufigsten genannten Positionen werden als Schlüsselpositionen definiert. Zur Berechnung der gesamten Bedarfslücke wird bei der Gewichtung nicht zwischen dem ärztlichen Dienst und dem Krankenpflegepersonal unterschieden, da alle Bereiche nur durch das Zusammenspiel beider Berufsgruppen funktionieren. Damit ergibt sich Formel 3.2.

$$Bedarfslücke\,[\%] = \frac{Anzahl\ identifizierter\ Schlüsselpositionen\ mit\ neg.\ Missverhältnis\,[Stück] \times 100}{Anzahl\ der\ vorhandenen\ Schlüsselpositionen\ im\ Testkrankenhaus\,[Stück]} \quad (3.2)$$

Sollten mehr als 20 % aller Schlüsselpositionen eine Bedarfslücke, gleich welchen Ausmaßes, aufweisen, gilt ein steuerungspflichtiges Risiko als vorhanden.

▶ Es wird empfohlen, die maximale Zahl der Schlüsselpositionen auf zehn je Krankenhaus zu begrenzen, auch, wenn Sie spontan mehr als wichtig empfinden würden. In anderen Branchen sind ca. fünf Prozent der Belegschaft in Köpfen Schlüsselpersonen. An diesem Wert können Sie sich orientieren. Auch sollten Sie die Benchmark von 20 % nicht erhöhen, da schon jetzt ein Engpass vielfach vorhanden ist und die Betrachtung sich auf die Zukunft richtet, in der sich das Problem lt. Analyse in Abschn. 2.1.3 weiter verschärfen wird.

Das Engpassrisiko im Sinne einer *Potenziallücke* entsteht dann, wenn ein Krankenhaus nicht das komplette Potenzial seiner Mitarbeiter nutzt, weil es dieses nicht kennt. Hier stehen die Personen selbst im Fokus der Betrachtung (vgl. Kobi 2002, S. 38). Insbesondere dann, wenn bereits ein zahlenmäßiger Engpass existiert, kann sich keine Klinik leisten, vorhandenes Potenzial nicht zu nutzen (vgl. Klöti 2008, S. 51). Deshalb ist es notwendig, zu prüfen, ob in einem Haus nicht genutztes Potenzial vorhanden ist um Maßnahmen abzuleiten, dieses zu nutzen. Ähnlich wie bei der Bedarfslücke ist eine zukunftsorientierte Betrachtung (Zeitraum: + fünf Jahre) sinnvoll, so dass man das Ergebnis anschließend mit der Bedarfslücke vergleichen kann. Bei der Identifikation einer Potenziallücke wird zunächst die Pareto-Analyse angewandt: Diese besagt in Bezug auf die Potenziallücke, dass etwa 20 % aller Mitarbeiter 80 % des Potenzials in sich tragen (vgl. Anhang Nr. 2). Es ist unwahrscheinlich, dass ein Transporthelfer das Potenzial hat, mittelfristig die Stelle einer Fach- oder Führungskraft zu übernehmen, da häufig Mindestqualifikationen nachgeholt werden müssten. Deshalb konzentriert man sich, auch wegen des Grundsatzes der Wirtschaftlichkeit, auf die Schlüsselpositionen der Klinik. Diese Vorgehensweise hat den Vorteil, dass nicht unnötig viele Ressourcen auf die Analyse von Mitarbeitergruppen mit vermutlich wenig Potenzial aufgebracht werden. Die Schlüsselpositionen und deren geschätzte Anzahl liegen bereits aus der Analyse der Bedarfslücke vor. Als nächstes ist zu prüfen, inwieweit die Mitarbeiter dieser Positionen (Schlüsselkräfte) bereits ihr gesamtes Potenzial für die Ausübung ihrer aktuellen Tätigkeit ausschöpfen, oder ob es da noch Reserven gibt. Außerdem gilt es zu prüfen, ob es weitere Mitarbeiter gibt, zum Beispiel in Stellvertreterpositionen, die ggf. das Potenzial haben, im Falle eines Ausfalls einer Schlüsselkraft, deren Aufgaben zu übernehmen. Um diese Potenziallücke zu identifizieren wird das Instrument des Risikoportfolios in einer etwas abgewandelten Form angewandt (vgl. Anhang Nr. 2). Diese wird aus Wirtschaftlichkeitsgründen vom Personalbereich durchgeführt. Die möglicherweise entstehenden Ungenauigkeiten aufgrund des fehlenden direkten Kontakts mit den Einzelpersonen werden in Kauf genommen, da es sich hierbei lediglich um die Identifikation, nicht um die Bewertung der Potenziallücke handelt. Für jede in der Bedarfslückenanalyse genannte Schlüsselposition wird zunächst vom Personalbereich eine Liste der Stelleninhaber sowie deren Stellvertreter (falls vorhanden) erstellt. Anschließend wird geprüft, ob es weitere Mitarbeiter, wie beispielsweise Nachwuchskräfte, in den Bereichen der Schlüsselpositionen gibt, die ebenfalls potenzialträchtig sind. Diese werden ggf. mitgelistet. Danach werden alle Personen der Liste in ein Potenzial-Portfolio eingeordnet. Abbildung 3.3 zeigt beispielhaft ein solches Portfolio.

Auf der Vertikalen wird das geschätzte Potenzial jeder Person, auf der Horizontalen die gegenwärtige Leistung abgetragen. Jede Farbe repräsentiert einen anderen Mitarbeiter. Für die Einordnung wird eine 16-Felder-Matrix zugrunde gelegt. Hiermit ist eine einfache, prozentuale Verteilung möglich. Bei der Einordnung jedes einzelnen Mitarbeiters werden folgende Fragen als Leitfragen verwendet:

1. Übersteigen die Kompetenzen (Fach-, Sozial-, Methoden- und Persönlichkeitskompetenz) des Mitarbeiters (in Teilen) sein aktuelles Anforderungsprofil?
2. Verfügt der Mitarbeiter über außerordentlich viel Erfahrung in seinem Fachgebiet?
3. Sind die Beurteilungen des Mitarbeiters überdurchschnittlich?
4. Übt der Mitarbeiter die Funktion einer informellen Führungskraft aus?
5. Hat der Mitarbeiter in der Vergangenheit schon einmal den Wunsch nach Weiterbildung geäußert? (in Anlehnung an Wucknitz 2005, S. 120)

Diese Vorgehensweise hat den Vorteil, dass man mit vergleichsweise geringem Aufwand sehr schnell eine qualitative Einschätzung über das vorhandene und genutzte Potenzial erhält. Für die Berechnung der Potenziallücke wird erneut das Benchmarking verwendet: Gewertet werden ausschließlich Mitarbeiter, welche mehr als mittleres Potenzial (>50%) und mehr als eine mittlere Leistungsfähigkeit (>50%) aufweisen. Die Benchmark stellt

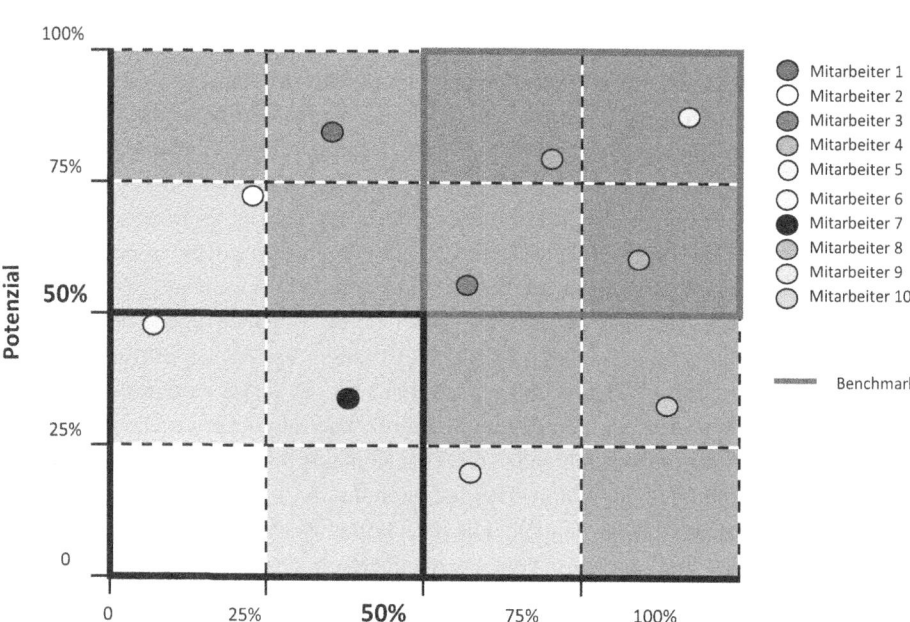

Abb. 3.3 Beispiel eines Potenzialportfolios. (Quelle: Oeder, S., Eigene Darstellung in Anlehnung an Kobi (2002), S. 38)

damit das Erreichen des ersten Quadranten dar. Für Mitarbeiter, die unter diesen Grenzen liegen, ist der Aufwand zu groß, das nicht genutzte Potenzial zu heben. Mitarbeiter, die ein überdurchschnittliches Potenzial haben, aber eine unterdurchschnittliche Leistung werden ebenfalls nicht berücksichtigt, da sie es offensichtlich nicht schaffen, ihr Potenzial in Leistung umzusetzen. Die Differenz zwischen Potenzial und Leistung ist so groß, dass der Aufwand zu groß wäre, um hier das Potenzial zu heben. Der potenzielle Nutzen stünde nicht im Verhältnis zum Aufwand. Im umgekehrten Fall ist die Potenzialgrenze des Mitarbeiters erreicht, auch wenn die aktuelle Leistung überdurchschnittlich ist. Eine Ausweitung ist daher nicht mehr zu erwarten.

Zur Identifikation der Potenziallücke wird der prozentuale Anteil der Mitarbeiter über der Benchmark an der Gesamtzahl der analysierten Mitarbeiter errechnet. Es ergibt sich Formel 3.3.

$$Potenziallücke\,[\%] = \frac{Anzahl\,Mitarbeiter\,über\,der\,Benchmark\,[Stück] \times 100}{Anzahl\,der\,Schlüsselkräfte\,[Stück]} \quad (3.3)$$

Da bei der Auswertung der aktuellen Situation deutscher Kliniken das allgemeine Engpassrisiko bereits jetzt ein spürbarer Risikofaktor zu sein scheint (siehe Abschn. 2.1.3), wird festgelegt, dass ab einer Bedarfslücke bzw. Potenziallücke von 20 % ein Engpassrisiko vorhanden ist, welches näher analysiert und letztendlich gesteuert werden muss.

▶ Hier obliegt es Ihrem Geschmack, ob Sie die Benchmark nach unten verändern und ggf. auch Mitarbeiter aus den anderen Quadranten berücksichtigen. Bei kleinen Krankenhäusern, in denen die einzelnen Mitarbeiter im Personalbereich gut bekannt sind, kann gern individuell entschieden werden. Für große Kliniken empfehlen sich die Portfoliomethode und die Konzentration auf den ersten Quadranten.

3.3.3 Identifikation des Anpassungsrisikos

Die Ökonomisierung der Medizin, die ständig steigenden Anforderungen an Dokumentation und Hygiene sowie die zunehmende Digitalisierung von Abläufen in Kliniken sind Beispiele für den ständigen Wandel, dem die Mitarbeiter in einem Krankenhaus ausgesetzt sind. Um den veränderten Anforderungen gerecht zu werden, ist eine ständige Anpassung der Mitarbeiterkompetenzen notwendig. Damit dies gelingt, ist ein gewisses Maß an persönlicher Flexibilität jedes Mitarbeiters unabdingbar (vgl. Klaffke 2009, S. 8). Ist dies nicht der Fall, nimmt die Employability, also die Beschäftigungsfähigkeit, ab. Aufgaben werden ineffektiv und ineffizient erledigt. In der Folge nimmt die Wettbewerbsfähigkeit des Krankenhauses ab. Um das Vorhandensein eines Anpassungsrisikos zu messen, wird zunächst die *fachliche Anpassung* untersucht. Hierfür wird ein Scoring-Modell eingesetzt. Anhand verschiedener Einflussfaktoren werden Punkte vergeben. Der Gesamtwert gibt Auskunft über die Risikosituation. Da es sich beim Anpassungsrisiko überwiegend um qualitative Aspekte handelt, ist es sinnvoll, diese mittels einer „qualitativen Klassifizierung" zur identifizieren. Der Vorteil dieser Vorgehensweise liegt darin, dass qualitative Aspekte gemessen werden können (vgl. Anhang Nr. 2). In der nachstehenden Übersicht werden vier Einflussfaktoren beschrieben. Für jeden Einflussfaktor, der in einer Klinik vorhanden ist, gibt es einen Scoring-Punkt. In der Summe können maximal vier Punkte erreicht werden. Da es in diesem Schritt ausschließlich um die Identifikation des Anpassungsrisikos und noch nicht um die Bewertung geht, werden alle vier Einflussfaktoren zunächst gleich gewichtet. Die Einflussfaktoren werden hierbei als Mindestmaß angesehen. Über diese Maßnahmen sollte jede Klinik verfügen. Folglich wird festgelegt, dass beim Fehlen von mindestens zwei Maßnahmen ein fachliches Anpassungsrisiko vorhanden ist (s. hierzu Tab. 3.6).

Zur Beurteilung der *persönlichen Flexibilität* der Mitarbeiter einer Testklinik wird aus oben beschriebenen Gründen ebenfalls das Scoringverfahren eingesetzt. Die Vorgehensweise ist analog. Betrachtet werden wiederum ausschließlich der Krankenpflege- sowie der ärztliche Dienst. Tabelle 3.7 zeigt die berücksichtigten Einflussfaktoren.

Da sich die beiden Einflussfaktoren gegenseitig bedingen, sind sie für die Identifikation des Anpassungsrisikos zusammen zu betrachten. Ohne eine gewisse persönliche Flexibilität der Mitarbeiter ist eine fachliche Anpassung unmöglich. Ohne fachliche An-

Tab. 3.6 Identifikation des Risikofaktors „fachliche Anpassung". (Quelle: Oeder, S., Eigene Darstellung)

Beschreibung des Risikofaktors „fachliche Anpassung" durch Einflussfaktoren	Scoringwert
Zahl der Weiterbildungstage je Mitarbeiter[a] je Jahr > 5 Tage[b]	X Punkte
Mitarbeiter haben uneingeschränkten Zugang zur Fachpresse/Fachliteratur	X Punkte
Es gibt systematische Maßnahmen für das Wissensmanagement (z. B. eine Wissensdatenbank, regelmäßige Fachgespräche, ein internes Weiterbildungsprogramm, …)	X Punkte
Mitarbeiter werden bei selbst initiierten Weiterbildungswünschen gefördert (z. B. mittels Freistellung, Finanzierung, …)	X Punkte
Summe:	**X Punkte**

[a]Nur Krankenpflegepersonal und ärztlicher Dienst
[b]Ergänzende Information: Der bundesweite Durchschnitt über alle Branchen lag 2010 bei 2,5 Tagen, vgl.: Kirch, J. / Pangritz, M. / Rutow, S. (2011), S. 5 m.w.N.

Tab. 3.7 Identifikation des Risikofaktors „persönliche Flexibilität". (Quelle: Oeder, S., Eigene Darstellung)

Beschreibung des Risikofaktors „persönliche Flexibilität" durch Einflussfaktoren	Scoringwert
Die Mehrzahl der offenen Stellen in den letzten 2 Jahren konnte im ersten Zug intern besetzt werden	X Punkte
> 25 % der Mitarbeiter verfügen über eine Doppel- oder Mehrfachqualifikation	X Punkte
> 25 % der Mitarbeiter haben während ihrer Beschäftigungszeit mindestens 1x ihren Arbeitsplatz innerhalb der Klinik gewechselt	X Punkte
Für den ärztlichen Dienst und das Krankenpflegepersonal gibt es eine systematische Zeiterfassung	X Punkte
Summe:	**X Punkte**

passung sinkt die persönliche Flexibilität der Mitarbeiter. Daraus ergibt sich, dass automatisch davon ausgegangen wird, dass ein Anpassungsrisiko vorhanden ist, sobald einer der beiden Einflussfaktoren auf ein solches hinweist.

▶ Hier können Sie die Einflussfaktoren individuell für Ihr Haus austauschen oder ergänzen. Allerdings sollten Sie darauf achten, dass Sie immer eine gerade Anzahl an Einflussfaktoren wählen, Sie realistische Benchmarks setzen und die Grenze für die Identifikation bei 50 % halten.

3.3.4 Identifikation des Austrittsrisikos

Bei der Identifikation des Austrittsrisikos einer Klinik werden erneut nur die Schlüsselkräfte betrachtet. Dies ist aus wirtschaftlichen Gründen notwendig, da diese Personen potenziell einen größeren Schaden für das Unternehmen verursachen, als „normale" Mitarbeiter und eine Analyse der gesamten Belegschaft zu aufwändig ist (vgl. Kobi 2002, S. 71). Zwar können Austritte bei Nicht-Schlüsselkräften auch ein Risiko darstellen, zum Beispiel wenn sie nicht zeitnah über interne oder externe Rekrutierung ersetzt werden können, dieser Faktor wird allerdings im Bellheimer Verfahren nicht als Austrittsrisiko behandelt, sondern zählt zum Engpassrisiko.

Kobi unterscheidet beim Austrittsrisikos nach dem altersbedingten Austritt, der Kündigung und dem Austritt durch den Tod (vgl. Kobi 2002, S. 71 ff.). Der partielle Ausfall von Schlüsselkräften aufgrund von längerer Krankheit, Unfallfolgen oder Elternzeit stellt jedoch ebenfalls ein gewisses Austrittsrisiko dar: Erstens stehen die Mitarbeiter während der Ausfallzeit dem Unternehmen nicht zur Verfügung und zweitens kehrt der Mitarbeiter nach solch einem Ausfall nicht automatisch mit einem Vollzeit-Arbeitsverhältnis wieder zurück. Aus diesem Grund wird dieses Risiko als partielles Ausfallrisiko in der weiteren Betrachtung zusätzlich berücksichtigt.

Es bedarf keiner wissenschaftlichen Analyse um zu erkennen, dass das Austrittsrisiko stark mit dem Motivationsrisiko korreliert: Je demotivierter Mitarbeiter sind, desto weniger fühlen sie sich an ihren Arbeitgeber gebunden und desto größer ist die Gefahr der Abwanderung (vgl. Kobi 2002, S. 74 f.). Da das Motivationsrisiko im nachfolgenden Abschnitt intensiv betrachtet wird, entfällt die Identifikation im Rahmen des Austrittsrisikos. Die Korrelation der beiden Risikoarten wird bei der Bewertung im Abschn. 3.8 explizit berücksichtigt.

Um das Vorhandensein eines *Austrittsrisikos aufgrund Erreichens der Altersgrenze* zu identifizieren, wird erneut das Scoring-Verfahren angewendet. Es ist in diesem Fall besonders gut geeignet, um weiche, weniger quantifizierbare Einflussfaktoren zu berücksichtigen (vgl. Anhang Nr. 2). Für die Identifikation wird die quantitative Zahl der Renteneintritte und Eintritte in die Freizeitphase der Altersteilzeit in den kommenden fünf Jahren berücksichtigt. Außerdem kann eine Klinik durch Präventionsmaßnahmen Punkte sammeln, um das Austrittsrisiko abzumildern. Tabelle 3.8 zeigt das Scoring, welches zugrunde gelegt wird.

Für jeden Einflussfaktor kann das Krankenhaus einen Punkt bekommen. Erreicht es nicht mindestens drei Punkte, ist davon auszugehen, dass altersbedingte Austritte für das Haus einen Risikofaktor darstellen.

Für die Identifikation des *Austrittsrisikos bedingt durch unerwartete Kündigungen* wird das Kennzahlensystem als Instrument verwendet. Da die hierfür ausgewählten Einflussfaktoren häufig im standardisierten Personalcontrolling einer Klinik verlässlich aufbereitet werden, sind diese in der Regel in einer guten Qualität und ohne größeren Aufwand verfügbar (vgl. Anhang Nr. 2).

Für die Identifikation werden die Einflussfaktoren Fluktuationsrate, Vakanzdauer bei Neubesetzungen und die durchschnittliche Betriebszugehörigkeit berücksichtigt (s. hierzu Tab. 3.9).

Da das Austrittsrisiko in Form von Kündigungen schon heute erheblich ist und sich durch das Aufkommen von Honoraragenturen stetig verschärft (siehe Abschn. 2.1.3), ist davon auszugehen, dass diesem schon dann Beachtung geschenkt werden muss, wenn nur zwei der sechs Indikatoren außerhalb der Bandbreite liegen.

Der *Austritt einer Schlüsselperson durch den Tod* kommt in der Regel unerwartet und sehr plötzlich (zum Beispiel Verkehrsunfall) und kann, in Abhängigkeit von der Bedeu-

Tab. 3.8 Identifikation des Risikofaktors „Austritt aufgrund Alter". (Quelle: Oeder, S., Eigene Darstellung)

Beschreibung des Risikofaktors „Austritt aufgrund Alter" durch Einflussfaktoren	Scoringwert
Zahl der altersbedingten Austritte der nächsten 5 Jahre liegt unter 10% der Belegschaft (ausschließlich bezogen auf Krankenpflegepersonal und Ärzte)	X Punkte
Es gibt ein systematisches Nachfolgemanagement	X Punkte
Es gibt ein schlüssiges, schriftlich fixiertes Personalentwicklungskonzept für die Fachkräfteentwicklung	X Punkte
Der Nachfolger einer ausscheidenden Schlüsselkraft steht mindestens 6 Monate vor dessen Austritt namentlich fest	X Punkte
Es gibt ein Förderprogramm für Nachwuchsführungskräfte	X Punkte
Summe:	**X Punkte**

Tab. 3.9 Identifikation des Risikofaktors „Austritt wegen Kündigung". (Quelle: Oeder, S., eigene Darstellung)

Beschreibung des Risikofaktors „Austritt wg. Kündigung" durch Einflussfaktoren	IST-Wert	SOLL-Bereich
Fluktuationsquote im Krankenpflegebereich	X%	5–10%
Fluktuationsquote im ärztlichen Dienst	X%	5–10%
Durchschnittliche Vakanzdauer bei Stellenneubesetzungen im Krankenpflegebereich	X Mon.	0–3 Monate
Durchschnittliche Vakanzdauer bei Stellenneubesetzungen im ärztlichen Dienst	X Mon.	0–6 Monate
Durchschnittliche Betriebszugehörigkeit im Krankenpflegebereich	X Jahre	>10 Jahre
Durchschnittliche Betriebszugehörigkeit im ärztlichen Dienst	X Jahre	>12 Jahre

tung der Person im Krankenhaus, ein erhebliches Risiko darstellen. Da die Ursachen für den Austritt ausschließlich nicht von der Klinik verschuldet und folglich auch nicht beeinflussbar sind, ist dieses Risiko immer latent vorhanden und variiert nicht von Klinik zu Klinik. Vor diesem Hintergrund wird im Bellheimer Verfahren auf eine spezifische, krankenhausindividuelle Identifikation verzichtet. Da das Risiko aber in jedem Fall vorhanden ist, wird es bei der späteren Bewertung mit einem standardisierten Faktor einbezogen.

Der letzte Aspekt, der betrachtet werden muss, um das Vorhandensein eines Austrittsrisikos zu identifizieren, ist das *partielle Ausfallrisiko*. Hierzu zählen längere Erkrankungen oder Unfälle mit langen Rehabilitationszeiten sowie jede Art des Elternzeitmodells. Um diese zu identifizieren wird erneut das Scoringverfahren genutzt, da ein Teil der Risikoindikatoren nicht quantitativ erfasst werden können. Bei der Identifikation geht es weniger darum, wie stark eine Klinik von einem solchen Ereignis bedroht ist, sondern vielmehr darum, ob es über entsprechende Mittel verfügt, solchen Ereignissen zu begegnen. Es lässt sich schwer abschätzen und noch schwerer beeinflussen, ob und wie schwer Schlüsselpersonen erkranken, sich verletzen oder die gesetzliche Elternzeit in Anspruch nehmen. Mit einem funk-

Tab. 3.10 Identifikation des Risikofaktors „partieller Ausfall". (Quelle: Oeder, S., eigene Darstellung)

Beschreibung des Risikofaktors „partieller Ausfall" durch Einflussfaktoren	Scoringwert
Es gibt ein schlüssiges, schriftlich fixiertes Stellvertreter-Management	X Punkte
Es gibt ein Gesundheitsmanagement mit präventiven Maßnahmen gegen typische Berufserkrankungen	X Punkte
Es gibt ein schriftlich fixiertes und gelebtes Konzept zur besseren Vereinbarkeit von Beruf und Familie	X Punkte
Summe:	**X Punkte**

tionierenden Stellvertretermanagement, einem präventiv aufgebauten Gesundheitsmanagement und einem Programm zur Vereinbarkeit von Beruf und Familie können diese partiellen Austritte aufgefangen und die Ausfallzeiten reduziert werden. Dies sind auch gleichzeitig die Einflussfaktoren, die für die Identifikation herangezogen werden (s. hierzu Tab. 3.10).

Auch hier kann das Krankenhaus im positiven Sinn für Präventionsmaßnahmen Punkte sammeln, die das Risiko verkleinern. Hat es zwei von drei Indikatoren erfüllt, so ist nicht von der Existenz eines Austrittsrisikos aufgrund partieller Ausfälle auszugehen.

▶ Auch hier können Sie die Einflussfaktoren und die Benchmarks beliebig variieren. Denken Sie aber daran, dass Sie sich derzeit erst in der Identifizierungsphase, nicht bei der Bewertung befinden. Achten Sie auch darauf, dass die Schwelle zwischen Vorhandensein und Nicht-Vorhandensein etwa den dargestellten Relationen entspricht.

Zur Beurteilung des gesamten Austrittsrisikos werden die beiden ersten Faktoren (A: Austritt aufgrund Alter und B: aufgrund Kündigung) im Verhältnis zu den beiden letzteren (C: Austritt durch Tod und D: partieller Ausfall) doppelt so stark gewichtet, falls vorhanden. Der Faktor C wird, wie beschrieben, als immer vorhanden gewertet. Diese Unterscheidung wird vorgenommen, weil die ersten beiden Faktoren stärker vom Personalmanagement des Krankenhauses abhängen und durch dieses auch stärker beeinflussbar sind, als die Faktoren C und D. Ist ein Faktor relevant, wird er mit 1 bewertet, ist er nicht relevant, wird er mit 0 bewertet. Damit ergibt sich die Identifikationsformel 3.4.

$$\textit{Austrittsrisiko [Scoringwert]} = (\textit{Faktoren A} + B) \times 2 + \textit{Faktor C} + \textit{Faktor D} \quad (3.4)$$

Der Scoringwert kann gemäß Beschreibung zwischen 0 und 6 Skalenpunkten liegen. Aufgrund der in Abschn. 2.1.3 geschilderten Bedeutung des Austrittsrisikos wird ein allgemeines Austrittsrisiko bereits ab einem Skalenwert von vier identifiziert.

▶ Es wird empfohlen, aus den genannten Gründen keine Abweichungen der Gewichtungen vorzunehmen.

3.3.5 Identifikation des Motivationsrisikos

Beim Motivationsrisiko geht man davon aus, dass die Mitarbeiter aufgrund ihrer Einstellung und ihres Verhaltens einen Teil ihrer Leistung zurückhalten (vgl. Kobi 2002, S. 117 und Wucknitz 2005, S. 60). Allein durch Krankheit, Unfall und Fehlzeiten entstand laut Bundesanstalt für Arbeitssicherheit und Arbeitsmedizin der deutschen Volkswirtschaft 2010 ein Schaden in Höhe von 68 Mrd. EUR (Ausfall an Bruttowertschöpfung) (vgl. Brenscheidt et al. 2012, S. 43). Hierin sind unproduktive Anwesenheitszeiten (zum Beispiel private Tätigkeiten) noch nicht mit eingerechnet. Je nach Ausmaß können Ausfallkosten aufgrund von Demotivation existenzbedrohlich werden. Dies ist der Fall, wenn ganze Gruppen und/oder Bereiche eines Krankenhauses demotiviert sind. Des Weiteren können im Gegensatz zur fachlichen Qualifikation die Einstellung und das Verhalten der Mitarbeiter nur in engen Grenzen und langfristig verändert werden, weshalb das Motivationsrisiko als besonders wichtig einzustufen ist (vgl. Wucknitz 2005, S. 59). Will man herausfinden, ob eine Klinik unter demotivierten Mitarbeitern „leidet", muss man vier Gruppen von Mitarbeitern als Risikofaktor betrachten:

a. *Mitarbeiter mit mangelnder Leistungsbereitschaft aufgrund des Alters*
a. *Mitarbeiter mit mangelndem bzw. fehlendem Leistungswille*
b. *Mitarbeiter mit mangelnder Leistungsbereitschaft aufgrund Überforderung/Ausgebrannt sein*
c. *Mitarbeiter, die innerlich gekündigt haben* („Innere Kündigung ist der bewusste oder unbewusste Verzicht auf Eigeninitiative und Engagement eines Mitarbeiters oder die stille, mentale Verweigerung engagierter Leistung", Kobi 2002, S. 117)

Um das Vorhandensein eines Motivationsrisikos festzustellen, eignen sich Gruppenauswertungen anstelle von Einzelanalysen deutlich besser, da häufig nicht sichtbare Stimmungen und Einstellungen aufgenommen werden müssen (vgl. Wucknitz 2005, S 63). Dies ist am ehesten möglich, indem man die Beteiligten direkt befragt. Zur Identifikation eines Motivationsrisikos wird deshalb die Durchführung eines Workshops mit dem Steckbrief aus Tab. 3.11 genutzt:

In einem moderierten Workshop begegnen sich die Teilnehmer auf Augenhöhe ohne hierarchische Abhängigkeiten. Ziel des Workshops ist es, gemeinsam neue Erkenntnisse oder eine Problemlösung zu erarbeiten. Hierbei dient der Moderator nur als Struktur- und Impulsgeber. Er beteiligt sich nicht aktiv an der Lösungsfindung und ist bei Diskussionen neutral.

Durch die Vielfalt der Teilnehmer wird das Unternehmen repräsentiert und viele Stimmungsbilder und Meinungen eingeholt. Es wird erwartet, dass auf diese Weise eine bessere Einschätzung der Situation möglich ist, da die Ergebnisse auf einer breiteren Basis beruhen, als dies bei der Evaluation durch eine einzelne Person möglich ist. Zudem können Meinungen in der Gruppe gleich kontrovers diskutiert werden. Damit erfolgt gleichzeitig eine Plausibilitätsprüfung.

Nachteilig könnte sein, dass die Meinung des Einzelnen nicht ausreichend stark berücksichtigt wird, sollte dieser sich überstimmt fühlen bzw. seiner Einschätzung nicht ausreichend

3.3 Schritt 2: Identifikation tatsächlich vorhandener personeller Risiken

Tab. 3.11 Steckbrief Workshop „Motivation". (Quelle: Oeder, S., eigene Darstellung)

Steckbrief Workshop „Motivation"	
Name	Workshop „Motivation"
Dauer	3 Stunden + Kaffeepause
Ziel	Identifikation eines Motivationsrisikos
Inhalte	*Überprüfung der 4 Risikofaktoren:*
	a) Alter
	b) fehlender Leistungswille
	c) Überforderung
	d) Innere Kündigung
Teilnehmerzahl	12 Personen
Teilnehmerzusammensetzung	Nur Krankenpflegepersonal und Ärzte
	Innerhalb dieser Gruppe so heterogen wie möglich hinsichtlich Dienstzugehörigkeit, familiärer Situation, ...
	Mind. 1 Mitarbeiter der Personalvertretung muss dabei sein
	Die Geschäftsleitung darf NICHT dabei sein (um Befangenheit zu verhindern)
Teilnahmebedingung	Teilnehmer werden aktiv angesprochen, Teilnahme ist aber freiwillig
Methoden	Ausschließlich kreative Suchmethoden (Brainstorming, Delphi-Methode, ...)
Moderation	Extern, um Neutralität zu wahren
Dokumentation	Via Fotoprotokoll

Gehör verschaffen können. Um diesen Nachteil etwas abzumildern wird ein externer Moderator mit der Leitung des Workshops betraut, der die Aufgabe hat, diese Ungleichgewichte auszugleichen. Außerdem geht es bei der Identifizierung von Motivationsrisiken hauptsächlich um die Gesamtsituation und -stimmung. Einzelne unzufriedene oder überforderte Mitarbeiter stellen noch keine Gefahr für das Unternehmen dar. Erst, wenn ganze Bereiche oder Mitarbeitergruppen ein Motivationsdefizit aufweisen, ist von einem ernsthaften Risiko auszugehen.

Die Effektivität und Effizienz erfordert eine Teilnehmerbeschränkung auf zwölf Personen. Eine freiwillige Teilnahme vermeidet Stimmungsverzerrungen. Die Dauer des Workshops ist auf vier Einheiten à 45 min zuzüglich Kaffeepause angesetzt.

Um möglichst alle relevanten Faktoren für die Identifikation zu erfassen, werden im Workshop nur kreative Suchmethoden verwendet (siehe Anhang Nr. 2). Da es hierbei zunächst nur um das Vorhandensein eines Motivationsrisikos geht, werden im Workshop ausschließlich qualitative Instrumente zur Einschätzung der Situation verwendet. Erst bei der späteren Bewertung sind quantitative Messmethoden notwendig. Besonders beleuchtet werden die beiden Risikofaktoren „Überforderung" und „Innerliche Kündigung", da diese bei den in Abschn. 2.1.3 analysierten Studien als besonders problematisch dargestellt wurden. Hierfür werden ein größerer Zeitanteil und eine doppelte Analysephase in zwei Gruppen angesetzt. Die Details hierzu sind dem Trainerleitfaden in Tab. 3.12 zu entnehmen.

Tab. 3.12 Trainerleitfaden Workshop „Motivation". (Quelle: Oeder, S., eigene Darstellung)

Zeit	Dauer in Min.	Thema / Bemerkung	Methode	Medien
1. – 2. Einheit 14:00 – 15:30	5	**Begrüßung** → Willkommen zum Workshop „Motivation"	MO	FC mit Begrüßungstext
	5	**Vorstellungsrunde** Selbstvorstellung des Moderators mit kurzem Lebenslauf		
	10	Vorstellung der Teilnehmer • Name, Vorname • Funktion im Haus • „Ich mache hierbei mit, weil …" • „Was ich sonst noch sagen möchte …"	MO	Klebeband als Namensschilder verteilen und beschriften lassen
	5	**Ziel des Workshops** • Findet statt im Rahmen einer externen Evaluation • Betrachtet wird das Personalrisiko dieser Klinik • Es steht im Fokus wegen der zunehmend ange-spannten Situation aufgrund der demografischen Entwicklung • Herausgefunden werden soll, ob die derzeitige personelle Situation für das Krankenhaus ein erhöhtes Risiko darstellt • Personelle Risiken kurz anschreiben und erläutern • Danach erklären, dass es heute um das Motiva-tionsrisiko geht. • Anhand des Risikokreislaufs (kurz ans FC schreiben) erläutern, dass es im Workshop konkret um die Identifikation eines Motivationsrisikos geht, falls vorhanden.	LV FC	FC

3.3 Schritt 2: Identifikation tatsächlich vorhandener personeller Risiken 69

Tab. 3.12 (Fortsetzung)

	Ablauf des Workshops und Spielregeln		
	Ablauf		
	• Dauer: 2 x 1,5 Stunden plus kurze Kaffeepause	LV	–
	• Verschiedene Fragestellungen werden in der Gruppe behandelt		
	• Dabei werden verschiedene Methoden eingesetzt		
	Spielregeln		
5	• Die Gruppe wurde willkürlich ausgewählt, alle sind frei-willig da. Es soll ein Querschnitt des Gesamtpersonals anwesend sein.	LV	–
	• Eine rege Beteiligung aller am Workshop ist erforderlich, um ein verlässliches Ergebnis zu erzielen		
	• Die Teilnehmer bitten, sich auf evtl. ungewöhnliche Methoden unvoreingenommen einzulassen		
	• In diesem Workshop stehen persönliche Meinungen, Einschätzungen und Erfahrungen im Vordergrund, ein „richtig" oder „falsch" gibt es nicht → JEDER Teilnehmerbeitrag wird gewürdigt, KEINER wird abgetan oder gar ausgelacht		
	Risikofaktor 1: Alter		
10	Frage 1: Wieso lässt die Motivation im Alter nach?	BS	Metaplanwand, Karten, Stifte
	• Frage an die Metaplanwand schreiben		
	• 5 Minuten Bedenkzeit geben		
	• Teilnehmer schreiben Antworten auf Karten		
	• Anschließend stellt jeder TN seine Antworten vor, der Moderator clustert diese thematisch an der Metaplanwand	MO	dto.
10	Frage 2: Welche der erarbeiteten Ursachenbereiche treffen für diese Klinik zu?	MO	Metaplanwand, Klebepunkte
	• Teilnehmer bekommen jeder so viele Klebepunkte wie Ursachenbereiche erarbeitet wurden		

Tab. 3.12 (Fortsetzung)

10	• Teilnehmer stimmen mittels Klebepunkten ab. Ein Bereich kann nur ein Mal markiert werden, es müssen aber nicht alle vergeben werden. Frage 3: Wie stark sind die einzelnen Ursachenbereiche in Ihrem Krankenhaus ausgeprägt? • Alle bepunkteten Ursachenbereiche werden auf das Flipchart übertragen und eine Tabelle angelegt. • Jeder Teilnehmer schätzt reihum lauf die Ausprägung ein (Schwach – Mittel – Stark) • Zur Kontrolle wird ein zweiter Durchlauf gestartet, wer möchte, kann sein Votum noch mal ändern (analog Delphi-Methode) → sind 25% oder mehr der Ursachenbereiche mit „Stark" oder mehr als 50% mit „Mittel" eingeschätzt worden, so gilt ein altersbed. Motivationsrisiko als identifiziert.	MO	FC
10	**Risikofaktor 2: fehlender Leistungswille** Frage 1: Wieso fehlt manchen Kollegen der Leistungswille? • Frage an die Metaplanwand schreiben • 5 Minuten Bedenkzeit geben • Teilnehmer schreiben Antworten auf Karten • Anschließend stellt jeder Teilnehmer seine Antworten vor, der Moderator clustert diese thematisch an der Metaplanwand	BS	Metaplanwand, Karten, Stifte
10	Frage 2: Welche der erarbeiteten Ursachenbereiche treffen für diese Klinik zu? • Teilnehmer bekommen jeder so viele Klebepunkte wie Ursachenbereiche erarbeitet wurden • Teilnehmer stimmen mittels Klebepunkten ab. Ein Bereich kann nur ein Mal markiert werden, es müssen aber nicht alle vergeben werden.	MO	Metaplanwand, Klebepunkte
10	Frage 3: Wie stark sind die einzelnen Ursachenbereiche in Ihrem Krankenhaus ausgeprägt?	MO	FC

3.3 Schritt 2: Identifikation tatsächlich vorhandener personeller Risiken

Tab. 3.12 (Fortsetzung)

		• Alle bepunkteten Ursachenbereiche werden auf das Flipchart übertragen und eine Tabelle angelegt. • Jeder Teilnehmer schätzt reihum lauf die Ausprägung ein (Schwach – Mittel – Stark) • Zur Kontrolle wird ein zweiter Durchlauf gestartet, wer möchte, kann sein Votum noch mal ändern (analog Delphi-Methode) → sind 25% oder mehr der Ursachenbereiche mit „Stark" oder mehr als 50% mit „Mittel" eingeschätzt worden, so gilt ein altersbed. Motivationsrisiko als identifiziert.		
15:30	**15**	**KAFFEEPAUSE**		
3. – 4. Einheit		**Risikofaktor 3: Überforderung**		
15:45 – 17:15	20	Schritt 1: Die Teilnehmer werden in 2 Gruppen eingeteilt und bearbeiten folgende Fragen: Gruppe 1: Welche Umstände führen in einem Krankenhaus zur Überforderung der Mitarbeiter? • Frage an die Metaplanwand schreiben • 15 Minuten Bedenkzeit geben • Teilnehmer diskutieren, schreiben die Gruppenergebnisse auf Karten und pinnen diese an ihre Wand Gruppe 2: Woran erkennt man, dass ein Mitarbeiter überfordert ist? • Frage an die Metaplanwand schreiben • 15 Minuten Bedenkzeit geben • Teilnehmer diskutieren, schreiben die Gruppenergebnisse auf Karten und pinnen diese an ihre Wand	GA	Metaplanwand, Karten, Stifte
	10	Schritt 2:	MO	Metaplanwand, Karten, Stifte

Tab. 3.12 (Fortsetzung)

10	Anschließend bewertet Gruppe 2 mittels Klebepunkten, inwiefern sie glaubt, dass die gelisteten Umstände von Gruppe 1 auf die eigene Klinik zutreffen. Gruppe 1 bewertet das Ergebnis von Gruppe 2 und prüft, ob die gelisteten Symptome in der Klinik erkennbar sind. Hinweis: Für das Kleben der Punkte gilt die gleiche Regel wie bei den ersten beiden Risikofaktoren. Schritt 3: Frage: Wie stark sind die einzelnen Umstände und Symptome in Ihrem Krankenhaus ausgeprägt? • Alle bepunkteten Ursachenbereiche werden auf das Flipchart übertragen und eine Tabelle angelegt. • Jeder Teilnehmer schätzt reihum lauf die Ausprägung ein (Schwach – Mittel – Stark). • Zur Kontrolle wird ein zweiter Durchlauf gestartet, wer möchte, kann sein Votum noch mal ändern (analog Delphi-Methode) → sind 50% oder mehr der Umstände und Symptome mit mindestens „Mittel" eingeschätzt worden, so gilt ein Motivationsrisiko aufgrund Überforderung als identifiziert.	MO	FC
20	**Risikofaktor 4: Innerliche Kündigung** Schritt 1: Die Teilnehmer werden in 2 Gruppen eingeteilt (neu gemischt) und bearbeiten folgende Fragen: Gruppe 1: Welche Umstände führen in einem Krankenhaus zur innerlichen Kündigung der Mitarbeiter? • Frage an die Metaplanwand schreiben • 15 Minuten Bedenkzeit geben	GA	Metaplanwand, Karten, Stifte

3.3 Schritt 2: Identifikation tatsächlich vorhandener personeller Risiken

Tab. 3.12 (Fortsetzung)

	- Teilnehmer diskutieren, schreiben die Gruppenergebnisse auf Karten und pinnen diese an ihre Wand Gruppe 2: Woran erkennt man, dass ein Mitarbeiter innerlich gekündigt hat? - Frage an die Metaplanwand schreiben - 15 Minuten Bedenkzeit geben - Teilnehmer diskutieren, schreiben die Gruppenergebnisse auf Karten und pinnen diese an ihre Wand Schritt 2: Anschließend bewertet Gruppe 2 mittels Klebepunkten, inwiefern sie glaubt, die gelisteten Umstände von Gruppe 1 treffen auf die eigene Klinik zu. Gruppe 1 bewertet das Ergebnis von Gruppe 2 und prüft, ob die gelisteten Symptome in der Klinik erkennbar sind. Hinweis: Für das Kleben der Punkte gilt die gleiche Regel wie bei den ersten beiden Risikofaktoren.	MO	Metaplanwand, Klebepunkte
10	Schritt 3: Frage: Wie stark sind die einzelnen Umstände und Symptome in Ihrem Krankenhaus ausgeprägt? - Alle bepunkteten Ursachenbereiche werden auf das Flipchart übertragen und eine Tabelle angelegt. - Jeder Teilnehmer schätzt reihum laut die Ausprägung ein (Schwach – Mittel – Stark) - Zur Kontrolle wird ein zweiter Durchlauf gestartet, wer möchte, kann sein Votum noch mal ändern (analog Delphi-Methode) → sind 50% oder mehr der Umstände und Symptome mit mindestens „Mittel" eingeschätzt worden, so gilt ein Motivationsrisiko aufgrund innerlicher Kündigung als identifiziert.	MO	FC

Tab. 3.12 (Fortsetzung)

5	**Zusammenfassung** • Ergebnisse kurz zusammenfassen • Teilnehmer fragen, ob jemand mit dem Ergebnis nicht einverstanden ist • Ausblick auf weitere Vorgehensweise im Projekt geben	LV	–
5	**Verabschiedung** • Bei Teilnehmern für Mitarbeiter bedanken • Bedeutung noch mal betonen • Um Verschwiegenheit hinsichtlich der Inhalte bitten (Gesamtergebnis wird nach Projektende ausführlich kommuniziert) • Verabschiedung	LV	–

BS Brainstorming, *FC* FlipChart, *GA* Gruppenarbeit, *LG* Lehrgespräch, *LV* Lehrvortrag, *MO* Moderation

Da das Motivationsrisiko erhebliche finanzielle Schäden verursachen kann, ist es mit besonderer Bedeutung zu betrachten. Vor diesem Hintergrund wird ein Motivationsrisiko identifiziert, sobald mind. einer der beiden gravierenderen Risikofaktoren (Innere Kündigung oder Überforderung) ausschlägt oder die beiden weniger wichtigen Faktoren (Alter und fehlender Leistungswille) beide ausschlagen.

▶ Es wird dringend empfohlen, den Workshop tatsächlich mit einem Mitarbeiterquerschnitt durchzuführen, da jegliche Schätzung einzelner Personen immer zu einer einseitigen Sichtweise führen. Damit würde man das wichtigste Risiko äußerst subjektiv bewerten. Weiter sollte der Workshop wirklich extern moderiert werden, um die Objektivität weiter zu erhöhen. Alternativ zu diesem Workshop kann eine Mitarbeiterzufriedenheitsbefragung als Datengrundlage herangezogen werden. Diese wäre deutlich zuverlässiger, jedoch auch erheblich teurer.

3.4 Schritt 3: Erstellung einer Inventurliste aller identifizierten Risiken

Nachdem die Identifikation der Risiken abgeschlossen ist, liegen qualitative Aussagen vor, welche der prinzipiell möglichen Personalrisiken für ein Testkrankenhaus relevant sind. Nur diese werden in einer Risikoinventurliste erfasst. Diese Liste stellt in keinem Fall eine quantitative Bewertung dar, sondern liefert nur einen qualitativen Überblick über die Vielfalt der vorhandenen Risiken (vgl. Ibers und Hey 2005, S. 103).

Da in diesem Buch ein Verfahren konzipiert wird, welches auf alle Kliniken übertragbar ist, werden alle möglichen Risiken aus der Risikoliste in der Inventurliste weiter berücksichtigt, da erst im konkreten Anwendungsfall klar wird, welche Risiken tatsächlich vorhanden sind und welche nicht weiter berücksichtigt werden müssen.

Die Risikoinventurliste wird wie folgt aufgebaut (siehe Tab. 3.13): Zunächst werden die fünf definierten Personalrisiken aufgelistet. Darunter finden sich die aus der Risikoliste (Tab. 3.1) entnommenen Risikofaktoren, welche die einzelnen Risiken definieren. Zu jedem Risikofaktor werden außerdem die im Abschn. 3.3 ermittelten Einflussfaktoren aufgelistet. Die nächste Spalte zeigt den ebenfalls in Abschn. 3.3 festgelegten Identifizierungsmechanismus je Risikofaktor. Anschließend wird für jeden Einflussfaktor die Relevanz festgehalten um dann festzustellen, ob ein Risikofaktor als bedeutsam eingestuft wurde und die übergeordnete Risikoart als identifiziert gilt (siehe rot unterlegte Felder). Zur Vereinfachung der Inventurliste können die Zeilen der Einflussfaktoren und die Spalten des Identifikationsmechanismus ausgeblendet werden. Es wird jedoch nicht gänzlich auf deren Darstellung verzichtet, da dies bei einer zeitlich versetzten Wiederholung der Evaluation eine gute Vergleichsmöglichkeit der Daten liefert und eine Entwicklung der Risikosituation leichter erkennbar macht. Bis hierhin ist die Inventurliste lediglich eine visualisierte Darstellung der entdeckten Risiken aus Abschn. 3.3. Neu hinzu kommt nun noch eine Information über mögliche Wechselwirkungen einzelner Risiken. Diese Information ist Teil des Identifikationsprozesses und für die spätere Berechnung der Korrelation der einzelnen Risiken im Rahmen des PeKRA-Indikators von Bedeutung. Abschließend wird die Information, ob

Tab. 3.13 Inventurliste der identifizierten Risiken. (Quelle: Oeder, S., eigene Darstellung)

Risikoinventurliste

Nr.	Risiko- und Einflussfaktoren	Identifizierungsmechanismus			Identifiziert		Wechselwirkungen	endogen	exogen
		gewichteter Mittelwert >= 50%			gew. Mittelwert X%	>=50% ja/nein			
1. Strukturrisiko									
1.1 ungünstiges wirtschaftliches Umfeld		- Expertenbefragung via Risikochecklisten - Einschätzung auf 5-stufiger Skala - Bildung eines einfachen Mittelwertes - bei >50% ist Risikofaktor relevant			Mittelwert	relevant	- Motivationsrisiko - Engpassrisiko - Austrittsrisiko - Anpassungsrisiko		x
		Prozentwert	Gewichtung						
1.1.1	niedrige Arbeitslosenquote Klinikpersonal	X%	1/3				- Bedarfslücke		
1.1.2	Konkurrenzsituation (hohe Dichte)	X%	1/3	0,20	X%	ja/nein	- Austritt aufgrund von Kündigung		
1.1.3	demografische Entwicklung	X%	1/3						
1.2 ungünstige Unternehmensstruktur		- Expertenbefragung via Risikochecklisten - Einschätzung afu 5-stufiger Skala - Bildung eines einfachen Mittelwertes - bei >50% ist Risikofaktor relevant			Mittelwert	relevant	- Bedarfslücke - Potenziallücke - Austritt aufgrund Kündigung - fehlender Leistungswille	x	
		Prozentwert	Gewichtung						
1.2.1	Aufbauorganisation	X%	1/3						
1.2.2	Komplexität von Geschäftsprozessen	X%	1/3	0,15	X%	ja/nein			
1.2.3	Gestaltung der Kommunikation	X%	1/3						
1.3 ungünstige Führungsstruktur		- Expertenbefragung via Risikochecklisten - Einschätzung afu 5-stufiger Skala - Bildung eines einfachen Mittelwertes - bei >50% ist Risikofaktor relevant			Mittelwert	relevant	- Potenziallücke - fachliche Anpassung nicht ausreichend - austritt aufgrund Kündigung - mangelnde Leistungsbereitschaft aufgrund Alter - fehlender Leistungswille - fehlende Leistungsbereitschaft aufgrund Überforderung - innere Kündigung	x	
		Prozentwert	Gewichtung						
1.3.1	Führungsprozess	X%	1/3						
1.3.2	Führungsinstrumente	X%	1/3	0,30	X%	ja/nein			
1.3.3	Führungsverhalten	X%	1/3						
1.4 unzureichendes Personalmanagement		- Expertenbefragung via Risikochecklisten - Einschätzung afu 5-stufiger Skala - Bildung eines einfachen Mittelwertes - bei >50% ist Risikofaktor relevant			Mittelwert	relevant	- Bedarfslücke - Potenziallücke - fachliche Anpassung nicht ausreichend - Austritt aufgrund Alter - mangelnde Leistungsbereitschaft aufgrund Überforderung	x	
		Prozentwert	Gewichtung						
1.4.1	Strategie und Steuerung	X%	1/3						
1.4.2	Qualität und Leistung	X%	1/3	0,35	X%	ja/nein			
1.4.3	Prozesse und Instrumente	X%	1/3						

3.4 Schritt 3: Erstellung einer Inventurliste aller identifizierten Risiken

Tab. 3.13 (Fortsetzung)

Risikoinventurliste

Nr.	Risiko- und Einflussfaktoren	Identifizierungsmechanismus				Identifiziert			Wechselwirkungen	endogen	exogen
		Bedarfs- ODER Potenziallücke >= 20%				Bedarfs-lücke	Potenzial-lücke	>= 20%			
						X%	X%	ja/nein			
2. Engpassrisiko									- Strukturrisiko - Motivationsrisiko - Austrittsrisiko		
2.1 mengenmäßig zu wenig Personal von bestimmten Qualifikationen (Bedarfslücke)		Anzahl Schlüsselpositionen mit neg. Miss-verhältnis zu Anzahl Positionen einer Klinik - bei >=20% ist Bedarfslücke relevant						relevant	- ungünstiges wirtschaftliches Umfeld - ungünstige Unternehmensstruktur - unzureichendes Personalmanagement - mangelnde Leistungsbereitschaft aufgrund Überforderung	x	
		Bedarf	Bestand		Gewichtung (bei 10 Stück)	Lücke					
2.1.1	Schlüsselposition 1	X	Y		0,1			ja/nein			
2.1.2	Schlüsselposition 2	X	Y		0,1			ja/nein			
2.1.3	Schlüsselposition 3	X	Y		0,1			ja/nein			
2.1.4	Schlüsselposition 4	X	Y		0,1			ja/nein			
2.1.5	Schlüsselposition 5	X	Y		0,1			ja/nein			
2.1.6	Schlüsselposition 6	X	Y		0,1			ja/nein			
2.1.7	Schlüsselposition 7	X	Y		0,1			ja/nein			
2.1.8	Schlüsselposition 8	X	Y		0,1			ja/nein			
2.1.9	Schlüsselposition 9	X	Y		0,1			ja/nein			
2.1.10	Schlüsselposition 10	X	Y		0,1			ja/nein			
2.2 vom Unternehmen nicht genutztes Potenzial (Potenziallücke)		Anzahl Schlüsselkräfte mit >=50% Leistung und >=50% Potenzial zu Anzahl Schlüsselkräfte gesamt - bei >=20% ist Potenziallücke relevant						relevant	- ungünstige Unternehmensstruktur - ungünstige Führungsstruktur - unzureichendes Personalmanagement - Austritt aufgrund von Kündigung	x	
		MA über Benchmark	MA-Schlüssel-position		Gewichtung (bei 10 Stück)	gewichteter prozent. Anteil MA über Benchmark					
2.2.1	Schlüsselposition 1	X	Y		0,1	X%		ja/nein			
2.2.2	Schlüsselposition 2	X	Y		0,1	X%					
2.2.3	Schlüsselposition 3	X	Y		0,1	X%					
2.2.4	Schlüsselposition 4	X	Y		0,1	X%					
2.2.5	Schlüsselposition 5	X	Y		0,1	X%					
2.2.6	Schlüsselposition 6	X	Y		0,1	X%					
2.2.7	Schlüsselposition 7	X	Y		0,1	X%					
2.2.8	Schlüsselposition 8	X	Y		0,1	X%					
2.2.9	Schlüsselposition 9	X	Y		0,1	X%					
2.2.10	Schlüsselposition 10	X	Y		0,1	X%					

Tab. 3.13 (Fortsetzung)

Risikoinventurliste

Nr.	Risiko- und Einflussfaktoren	Identifizierungsmechanismus bei mind. 1 Risikofaktor Scoringwert < 3 Punkten		Identifiziert			Wechselwirkungen	endogen	exogen
				Fachlicher Flex.	Identität, Plan.	1 Faktor < 3 Punkten ja/nein			
3. Anpassungsrisiko							- Strukturrisiko - Austrittsrisiko - Motivationsrisiko		
3.1	Fachliche Anpassung nicht ausreichend	- Scoringwert < 3 Punkten		Gewichtung	X	relevant	- ungünstige Führungsstruktur - unzureichendes Personalmanagement - mangelnde Leistungsbereitschaft aufgrund Überforderung	X	
		Punkte	Summe						
3.1.1	Weiterbildungstage je MA > 5 Tage	X	X Punkte						
3.1.2	Zugang zur Fachpresse bzw. Fachliteratur	X							
3.1.3	systematisches Wissensmanagement vorhanden	X							
3.1.4	Förderung selbst initiierter Weiterbildungen	X		unabhängig		ja/nein			
3.2	mangelnde persönliche Anpassungsfähigkeit/Flexibilität (hinsichtlich Zeit, Ort, Entgelt)	- Scoringwert < 3 Punkten		Gewichtung		relevant	- partieller Austritt - mangelnde Leistungsfähigkeit aufgrund Alter - mangelnde Leistungsbereitschaft aufgrund Überforderung	X	
		Punkte	Summe						
3.2.1	nicht intern besetzbare Stellen (innerhalb von 2 Jahren)	X	X Punkte						
3.2.2	> 25% Mitarbeiter verfügt über Doppelqualifikation	X							
3.2.3	> 25% Mitarbeiter wechselten mind. 1x Stelle	X							
3.2.4	systematische Zeiterfassung für Krankenpflegepersonal	X		unabhängig		ja/nein			
4. Austrittsrisiko		gewichteter Mittelwert > Skalenwert 4		Skalenwert X		Skalenwert ≥ 4 ja/nein	- Strukturrisiko - Engpassrisiko - Anpassungsrisiko - Motivationsrisiko		
4.1	Austritt aufgrund des Alters	- Scoringwert < 3 Punkten		Gewichtung der Faktoren (jeweils 1 oder 0)		relevant	unzureichendes Personalmanagement	X	X
		Punkte	Summe						
4.1.1	altersbedingte Austritte in 5 Jahren < 10%	X	X Punkte						
4.1.2	systematisches Nachfolgemanagement	X							
4.1.3	schriftliches PE-Konzept für Fachkräfteentwicklung	X		2		ja/nein			
4.1.4	Nachfolger steht mind. 6 Monate vor Austritt fest	X							
4.1.5	Förderprogramm für Nachwuchskräfte vorhanden	X							
4.2	Austritt aufgrund von Kündigung	> 2 Einflussfaktoren außerhalb der Bandbreite		Gewichtung		relevant	- ungünstiges wirtschaftliches Umfeld - ungünstige Unternehmensstruktur - ungünstige Führungsstruktur - Potenziallücke - mangelnde Leistungsbereitschaft aufgrund Überforderung - fehlender Leistungswille - innere Kündigung	X	
		Ist-Wert	Soll-Bereich	außerhalb der Bandbreite?					
4.2.1	Fluktuationsquote im Krankenpflegebereich	X	5 - 10 %	ja/nein					
4.2.2	Fluktuationsquote im ärztlichen Dienst	X	5 - 10 %	ja/nein	2	ja/nein			
4.2.3	Ø Vakanzdauer bei Neubesetzungen Krankenpflege	X	0 - 3 Monate	ja/nein					
4.2.4	Ø Vakanzdauer bei Neubesetzungen ärztlicher Dienst	X	0 - 6 Monate	ja/nein					
4.2.5	Ø Betriebszugehörigkeit Krankenpflege	X	> 10 Jahre	ja/nein					
4.2.6	Ø Betriebszugehörigkeit ärztlicher Dienst	X	> 12 Jahre	ja/nein					

3.4 Schritt 3: Erstellung einer Inventurliste aller identifizierten Risiken

Tab. 3.13 (Fortsetzung)

Risikoinventurliste

Nr.	Risiko- und Einflussfaktoren	Identifizierungsmechanismus			Identifiziert			Wechselwirkungen	endogen	exogen
4.3	Austritt aufgrund des eigenen Todes	immer latent vorhanden			Gewichtung		relevant			x
		Ist-Wert	Soll-Wert	Wert > 0?			ja/nein			
	wird nicht krankenhausindividuell ermittelt	x	0	ja/nein	1		ja/nein			
4.4	partieller Austritt (z. B. durch lange Krankheit, Unfallfolgen, Elternzeit,…)	Scoringwert < 2 Punten			Gewichtung		relevant	- mangelnde persönliche Anpassungsfähigkeit		x
		Punkte		Summe			ja/nein			
4.4.1	schriftliches Stellvertreter-Management	x		X Punkte	1		ja/nein			
4.4.2	Gesundheitsmanagement mit Präventivmaßnahmen	x								
4.4.3	Konzept zur Vereinbarkeit von Beruf & Familie	x								
5.	**Motivationsrisiko**	Ausschlag der beiden Faktoren 5.1 und 5.2 oder eines der beiden Faktoren 5.3 oder 5.4			Ausschlag 5.3 od. 5.4		Ausschlag Risikofaktoren	- Strukturrisiko - Engpassrisiko - Anpassungsrisiko - Austrittsrisiko		
		Ausschlag 5.1 + 5.2			ja/nein		ja/nein			
5.1	mangelnde Leistungsbereitschaft aufgrund Alter	Ausprägung des Ursachenbereichs (relevant wenn > 25% stark oder > 50% mittel)			relevant	Gewichtung	relevant	- ungünstige Führungsstruktur - mangelnde persönliche Anpassungsfähigkeit	x	
		Schwach	Mittel	Stark						
5.1.1	Ursachenbereich 1				ja/nein	0,5	ja/nein			
5.1.2	Ursachenbereich 2									
5.1.3	Ursachenbereich 3									
5.2	fehlender Leistungswille	Ausprägung des Ursachenbereichs			relevant	Gewichtung	Nein	- ungünstige Unternehmensstruktur - ungünstige Führungsstruktur - Austritt aufgrund Kündigung	x	
		Schwach	Mittel	Stark						
5.2.1	Ursachenbereich 1				ja/nein	0,5				
5.2.2	Ursachenbereich 2									
5.2.3	Ursachenbereich 3									
5.3	mangelnde Leistungsbereitschaft aufgrund Überforderung / Ausgebrannt sein	Ausprägung des Ursachenbereichs (relevant wenn > 50% mittel)			relevant	Gewichtung	relevant	- ungünstige Führungsstruktur - unzureichendes Personalmanagement - Bedarfslücke - fachliche Anpassung nicht ausreichend - mangelnde persönliche Anpassungsfähigkeit - Austritt aufgrund Kündigung	x	
		Schwach	Mittel	Stark						
5.3.1	Ursachenbereich 1				ja/nein	unabhängig				
5.3.2	Ursachenbereich 2									
5.3.3	Ursachenbereich 3									

das jeweilige Personalrisiko endogen oder exogen verursacht ist, aus der Risikoliste übernommen. Diese gibt erste Hinweise auf die Beeinflussbarkeit und die Art der Steuerung.

▸ Besonders für revolvierende Betrachtungen der personellen Risiken und die spätere Simulation mit veränderten Benchmarks ist es sehr hilfreich, die Inventurliste nach gezeigtem Vorbild aufzubauen. Auch die hier erfassten Wechselwirkungen sind aufzunehmen. Es wird empfohlen, an dieser Stelle keine Änderungen der dargelegten Wechselwirkungen vorzunehmen.

3.5 Schritt 4: Bildung einer Rangfolge aller identifizierten Risiken

Im nächsten Schritt müssen die identifizierten Risiken nach ihrer Bedeutung sortiert werden (vgl. Ibers und Hey 2005, S. 106). Betrachtet wird hierbei die Ebene der Risikofaktoren, wie sie bereits in der Risikoliste (siehe Tab. 3.1) erfasst sind. Eine Sortierung nach Bedeutung ist deshalb erforderlich, da häufig bei der Erstevaluation nicht allen identifizierten Risiken sofort gegengesteuert werden kann. Hierfür fehlen meist die personellen Ressourcen sowie geeignete Instrumente. Mit der Sortierung nach Bedeutung geht man sicher, sich zuerst mit den schwerwiegendsten Risiken zu befassen und weniger bedeutsame hinten anzustellen.

Da zu diesem Zeitpunkt noch keinerlei quantitative Bewertungen der einzelnen Risiken vorliegen, erfolgt die Rangfolgebildung zunächst mittels einer qualitativen Einordnung nach ihrer Existenzbedrohlichkeit. Hierfür wird eine Kombination der Instrumente „Expertenbefragung", „Fragebogen" und Elementen der „Delphi-Methode" eingesetzt (vgl. Anhang Nr. 2). Mangels objektiver Bewertungskriterien kommt eine Begutachtung durch externe Berater nicht in Frage. Vielmehr kommt es auf die Erfahrungen interner Fach- und Führungskräfte an, die Aussagen über die mögliche bzw. erwartete Entwicklung treffen können und zudem ihre Branche genau kennen. Deshalb erfolgt die Rangfolgebildung im Rahmen einer Expertenbesprechung. In dieser Runde sollte der Verwaltungsleiter bzw. Geschäftsführer (ggf. ergänzt durch den Leiter Controlling), der ärztliche Leiter, die Pflegedienstleitung, der Personalleiter sowie ein Repräsentant der Mitarbeitervertretung anwesend sein. Anhand folgender Leitfragen (in Anlehnung an einen Fragebogen) sollen alle 16 Risikofaktoren auf ihre Existenzbedrohung für das Testkrankenhaus eingeschätzt werden (in Anlehnung an Ibers und Hey 2005, S. 106 ff.):

a. Welcher Faktor hat die größten positiven wie negativen Auswirkungen auf Kosten und Ertrag?
b. Könnte sich der Faktor durch zukünftige Entwicklungen stark positiv oder negativ verändern? Wenn ja, wie wird sich die Bedeutung verändern?
c. Wie verändert sich die Bedeutung eines Risikofaktors, wenn man ihn mit anderen Risikofaktoren kumuliert?
d. Wie verändert sich die Bedeutung der Risikofaktoren vor dem Hintergrund der Beeinflussbarkeit (endogen/exogen)?

Da es um die Bildung einer Reihenfolge geht, ist die absolute Bedeutung irrelevant, weshalb keine Auswahlkategorien (zum Beispiel klein – mittel – groß) genutzt werden. Für jede

3.5 Schritt 4: Bildung einer Rangfolge aller identifizierten Risiken

Tab. 3.14 Beispielhafte Rangfolgebildung aller identifizierten Risiken. (Quelle: Oeder, S., eigene Darstellung)

Rangfolge aller identifizierten Risiken						
Art des Risikos	Frage a)	Frage b)	Frage c)	Frage d)	Summe:	Rang:
1. Strukturrisiko						
1.1 ungünstiges wirtschaftliches Umfeld			1		1	16
1.2 ungünstige Unternehmensstruktur	3				3	14
1.3 ungünstige Führungsstruktur				7	7	10
1.4 unzureichendes Personalmanagement		5			5	12
2. Engpassrisiko						
2.1 mengenmäßig zu wenig Personal von bestimmten Qualifikationen (Bedarfslücke)		9			9	8
2.2 vom Unternehmen nicht genutztes Potenzial (Potenziallücke)	6				6	11
3. Anpassungsrisiko						
3.1 fachliche Anpassung nicht ausreichend			10		10	7
3.2 mangelnde persönliche Anpassungsfähigkeit/Flexibilität (hinsichtlich Zeit, Ort, Entgelt)		12			12	5
4. Austrittsrisiko						
4.1 Austritt aufgrund des Alters				16	16	1
4.2 Austritt aufgrund von Kündigung		8			8	9
4.3 Austritt aufgrund des eigenen Todes	11				11	6
4.4 partieller Austritt (z.B. durch lange Krankheit, Unfallfolgen, Elternzeit, …)			14		14	3
5. Motivationsrisiko						
5.1 mangelnde Leistungsbereitschaft aufgrund Alter		13			13	4
5.2 fehlender Leistungswille			15		15	2
5.3 mangelnde Leistungsbereitschaft aufgrund Überforderung / Ausgebrannt sein	2				2	15
5.4 innere Kündigung				4	4	13

Fragestellung wird eine separate Rangliste der 16 Risikofaktoren erstellt. Je negativer die Beurteilung, desto höher die Rangnote. Rang 1 ist folglich der harmloseste Fall. Bei der Festlegung der Ränge sollen sich die Experten ausdrücklich untereinander abstimmen und so viele Aspekte wie möglich berücksichtigen. Diese Vorgehensweise ähnelt der Delphi-Methode und ermöglicht eine kritische Hinterfragung und Abwägung aller Einflussfaktoren. Anschließend wird mittels des klassischen Rangfolgeverfahrens durch einfache Summierung der Ränge eine endgültige Rangfolge erstellt. Tabelle 3.14 zeigt das Rangfolgeverfahren beispielhaft.

Nach diesem Schritt liegt eine qualitative Einschätzung der personellen Risikosituation einer Klinik vor (vgl. Ibers und Hey 2005, S. 106).

▶ Dieses Verfahren ist zeitaufwändig. Sie sollten Ihre Führungskräfte bitten, sich diese Zeit zu nehmen, da sie die beste Einschätzung zu ihrem Krankenhaus haben. Evtl. lohnt sich auch hier eine Moderation, damit Diskussionen nicht zu stark abschweifen und bei der Rangfolgebildung jeweils ein für alle tragfähiger Konsens gefunden werden kann.

3.6 Schritt 5: Analyse der Ursachen der jeweiligen Einzelrisiken

3.6.1 Bestimmung der Ursachen des allgemeinen Strukturrisikos

An die qualitative Einschätzung der Risikosituation einer Klinik schließt sich deren (quantitative) Bewertung an. Um eine realistische Bewertung durchzuführen, müssen zunächst für jeden Risikofaktor einer jeden Risikoart die Ursachen festgestellt werden (vgl. Martin und Bär 2002, S. 96). Für die Identifizierung von vorhandenen Risiken wurden in Abschn. 3.3 bereits Einflussfaktoren ermittelt, die entweder Symptome eines Risikos oder sogar schon Ursachen eines Risikos beschreiben und anhand derer das Vorhandensein eines Risikos qualitativ ermittelt wurde. In den Fällen, in denen bereits Ursachen beschrieben wurden, sind diese zu übernehmen und ggf. an dieser Stelle klar voneinander zu separieren. Wurden bisher zur Identifikation ausschließlich Symptome herangezogen, gilt es jetzt, in diesen Fällen die Ursachen zu ermitteln.

Bei der Identifizierung des Strukturrisikos wurden die Risikofaktoren wirtschaftliches Umfeld, Unternehmensstruktur, Führungsstruktur und Personalmanagement festgelegt. Diese wurden via Experten-Checklisten abgefragt. In diesen Checklisten wurden bereits Ursachenbeschreibungen genutzt, um das Vorhandensein eines Risikos zu bestimmen. Aus diesem Grund müssen die beschriebenen und zum Teil zusammengefassten Ursachenkomplexe lediglich separiert werden, um folgende Ursachenliste zu erhalten:

Risikofaktor: wirtschaftliches Umfeld

- Vollbeschäftigung des Krankenpflegepersonal im Einzugsgebiet
- Vollbeschäftigung der Ärzte im Einzugsgebiet
- Hohe Konkurrenzdichte im Einzugsgebiet
- Rückläufige Geburtenrate und mangelnder Ausgleich durch Migration im Einzugsgebiet
- Anstieg des Durchschnittsalters der Bevölkerung im Einzugsgebiet

Risikofaktor: Unternehmensstruktur

- Stark zergliederte Aufbauorganisation
- Aufbauorganisation mit vielen Hierarchiestufen
- Komplexe und wenig standardisierte Ablauforganisationen
- viele Schnittstellen bei den Geschäftsprozessen
- Wenig standardisierte Unternehmenskommunikation in alle Richtungen

Risikofaktor: Führungsstruktur

- Führungsleitlinien fehlen
- Führungskräfte sind unzureichend ausgebildet
- Führungsprozesse sind nicht standardisiert
- Es werden viele unterschiedliche Führungsinstrumente eingesetzt
- Die Mehrzahl der Mitarbeiter führt nicht situativ sondern nach einem anderen Stil

Risikofaktor: Personalmanagement

- Personalfunktion wird nicht als Stabsfunktion geführt/angesehen
- Eine auf die Geschäftsstrategie abgestimmte Personalstrategie existiert nicht
- Mitarbeiter des Personalbereichs sind fachlich nicht ausreichend qualifiziert
- Die Mitarbeiterkapazität für den Personalbereich ist zu gering bemessen
- Die Instrumente im Bereich Recruiting sind veraltet bzw. nicht zielgruppenorientiert
- Die Instrumente im Bereich Personalentwicklung sind veraltet

▶ Haben Sie in Schritt 2 die dargestellten Einflussfaktoren übernommen, so ist diese Liste der Ursachen für Ihre Evaluation abschließend. Haben Sie jedoch eigene Einflussfaktoren hinzugefügt, so müssen Sie jetzt hierfür Ursachen ermitteln. Eine Möglichkeit für die Ermittlung ist die in Abschn. 3.6.2 beschriebene „Warum-Fragetechnik".

3.6.2 Bestimmung der Ursachen des Engpassrisikos

Zur Identifikation der beiden Risikofaktoren „Bedarfslücke" und „Potenziallücke", die das Engpassrisiko bestimmen, wurde eine symptomatische Betrachtung durch Experten vorgenommen (vgl. Abschn. 3.3.2). Für diese Symptome werden jetzt Ursachen ermittelt. Hierfür wird die von Kobi empfohlene „Warum-Fragetechnik" eingesetzt. Diese besagt, dass man den wahren Grund eines Sachverhalts erst durch das mehrmalige Fragen nach dem „Warum" erfährt (vgl. Kobi und Backhaus 2001, S. 96). Um die Ursachensuche nicht zu stark zu verkomplizieren, werden die Ursachen für das Engpassrisiko durch das zweimalige Fragen nach dem „Warum" bestimmt.

Stellt man sich die Frage, weshalb eine Bedarfslücke bei Schlüsselpositionen entsteht, dann könnte das daraus resultieren, dass diese schlichtweg nicht erkannt wurde, die entsprechende Zahl an Fach- und Führungskräften am externen Markt nicht rekrutiert werden konnte oder es versäumt wurde, Potenzialträger entsprechend zu qualifizieren.

Wurde die Lücke nicht erkannt, so könnte eine unzureichende Qualifikation der Mitarbeiter im Personalcontrolling die Ursache sein. Mangelhafte technische Unterstützung bei der Kalkulation und/oder unzureichende Datengrundlagen bzw. fehlende Informationen könnten ebenfalls eine Ursache darstellen. Ist die entsprechende Zahl an qualifizierten Mitarbeitern am Arbeitsmarkt nicht verfügbar, so könnte einerseits das Arbeitgeberimage schuld sein, andererseits könnte es aber auch sein, dass das Personalmarketing zu wenig bzw. nicht zielgruppenorientiert durchgeführt wird. Eine dritte Ursache könnte sein, dass es einen generellen Engpass auf dem Arbeitsmarkt gibt, weil die Branche/die Berufe für gute Schulabgänger unattraktiv sind. Möglicherweise können die benötigten Kräfte nicht aus den eigenen Reihen entwickelt werden. Dies könnte entweder daran liegen, dass entsprechende Potenzialträger fehlen, die man zu Schlüsselkräften entwickeln kann, oder die Personalentwicklung des Krankenhauses ineffektiv arbeitet.

Nach dieser Analyse werden folgende Ursachen für ein Engpassrisiko im Sinne der Bedarfslücke festgehalten:

Risikofaktor: Bedarfslücke

- *Lücke wurde nicht erkannt*
- mangelnde Qualifikation der Personalcontroller
- mangelhafte technische Unterstützung für die Kalkulationen
- unzureichende Datengrundlagen bzw. fehlende Informationen
- *Entsprechende Zahl an Mitarbeitern ist am Arbeitsmarkt nicht verfügbar*
- schlechtes Arbeitgeberimage
- fehlendes oder nicht zielgruppenorientiertes Bewerbermarketing
- Ausbildungsdefizit aufgrund mangelndem Interesse an den Berufen
- *Benötigte Kräfte können nicht aus den eigenen Reihen entwickelt werden*
- Potenzialträger fehlen
- ineffektive Personalentwicklung

Bei einer Potenziallücke verfügen einzelne Mitarbeiter mit Schlüsselqualifikationen über mehr Potenzial als sie bei ihrer aktuellen Tätigkeit nutzen können. Eine solche entsteht, wenn der Potenzialüberhang entweder nicht erkannt, oder dieser zwar erkannt, aber nicht genutzt wird. Ist der Potenzialüberhang nicht bekannt, so könnte dies daran liegen, dass die Klinik keinerlei Analysen in diese Richtung unternommen hat, die Analyse zwar gemacht wird, aber anhand schlechter Daten oder aufgrund nicht kommunizierter Beobachtungen keinerlei Daten hinsichtlich der Leistung und des Potenzials der Schlüsselkräfte vorliegen. Ist der Potenzialüberhang bekannt, wird aber nicht genutzt, so könnte dies daran liegen, dass mittelfristig keine höher qualifizierten Stellen zur Verfügung stehen.

Alternativ könnte auch eine ineffiziente Personalentwicklung hierfür verantwortlich sein. Als dritte Möglichkeit kommt in Betracht, dass es mittelfristig zu viele Potenzialträger und zu wenig Aufstiegsmöglichkeiten gibt.

Zusammengefasst ergeben sich folgende Ursachen für die Bestimmung einer Potenziallücke:

Risikofaktor: Potenziallücke

- *Potenzialüberhang wurde nicht erkannt*
  - Sachverhalt wird nicht analysiert
  - unzureichende Datengrundlagen
  - fehlende Kommunikation der Leistung und des Potenzials der Schlüsselkräfte
- *Potenzialüberhang wurde erkannt, wird aber nicht genutzt*
  - keine adäquate Stelle(n) frei
  - ineffiziente Personalentwicklung
  - zu viele Potenzialträger stehen zu wenigen Aufstiegsmöglichkeiten gegenüber

▶ Die Ursachen für die Bedarfs- und die Potenziallücke können Sie in jedem Fall so übernehmen. Da die Identifikation symptomatisch vorgenommen wurde, spielen individuelle Anpassungen, die Sie ggf. in Schritt 2 vorgenommen haben, keine Rolle.

3.6.3 Bestimmung der Ursachen des Anpassungsrisikos

Für das Anpassungsrisiko wurden die beiden Risikoindikatoren „fachliche Anpassungsfähigkeit" und „persönliche Flexibilität" definiert. Die Identifikation beider Faktoren erfolgte mit einem überwiegend ursachenbasierten Scoringverfahren, so dass sich an dieser Stelle das Ishikawa-Verfahren als Instrument zur Ursachendefinition anbietet. Das Ishikawa-Verfahren ist eine Sonderform des Ursache-Wirkungs-Diagramm aus der Gruppe der analytischen Suchmethoden. Mit dieser Form der Visualisierung lassen sich Kausalitätsbeziehungen, die zu einem bestimmten Ergebnis führen, sehr gut darstellen. Ein Vorteil dieses Instruments ist die kostengünstige und nicht aufwändige Einzelproblemanalyse. Nachteilig ist die mangelnde Möglichkeit, Wechselwirkungen darzustellen (siehe Anhang Nr. 2). Nach Trennung der aufgeführten Ursachenkomplexe lassen sich folgende Ursachen separieren:

Risikofaktor: fachliche Anpassungsfähigkeit

- Keine/kaum fachlich notwendigen Anpassungsweiterbildungen
- Keine/kaum fachlich erweiternde Anpassungsweiterbildungen
- Kein/kaum Kenntnisse zu aktuellen Entwicklungen im eigenen Fachgebiet
- Fehlender/mangelhafter Wissensaustausch im Unternehmen, horizontal und vertikal

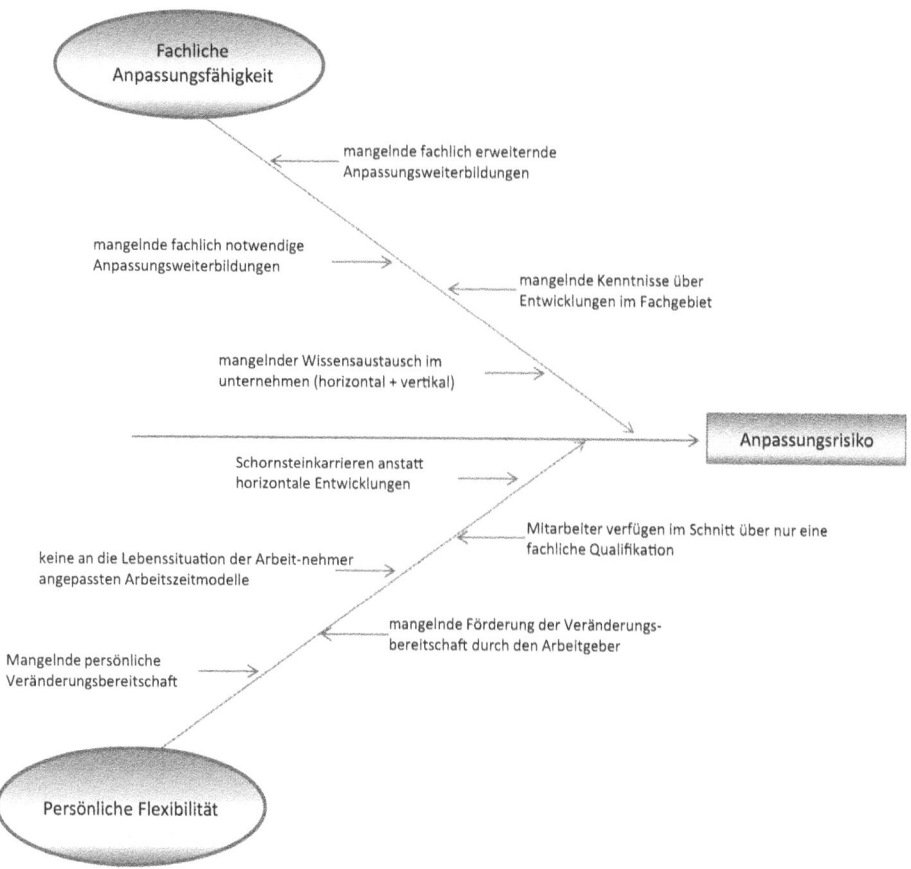

Abb. 3.4 Ishikawa-Diagramm zu den Ursachen des Anpassungsrisikos. (Quelle: Eigene Darstellung/Oeder)

Risikofaktor: persönliche Flexibilität

- Keine/mangelnde persönliche Veränderungsbereitschaft
- Keine/mangelnde Förderung der Veränderungsbereitschaft durch den Arbeitgeber
- Überwiegend „Schornsteinkarrieren" (berufliche Fach- oder Führungsentwicklung innerhalb eines bestimmten Fachgebietes) anstatt horizontale Entwicklungen
- Mitarbeiter verfügen durchschnittlich nur über eine fachliche Qualifikation
- Keine/wenige an die Lebenssituation der Mitarbeiter angepassten Arbeitszeitmodelle

Das entsprechende Ishikawa-Diagramm (siehe Abb. 3.4) stellt sich wie folgt dar:

▶ Sollten Sie zu diesem Risiko in Schritt 2 weitere Einflussfaktoren ergänzt haben, müssen Sie auch jetzt diese in das Ursache-Wirkungs-Diagramm aufnehmen. Sie können sich aber auch dazu entscheiden, diese für die Bewertung nicht zu berücksichtigen, dann reicht es, wenn Sie die hier gelisteten Ursachen übernehmen.

3.6.4 Bestimmung der Ursachen des Austrittsrisikos

Im Rahmen der Identifizierung des Austrittsrisikos wurden das Erreichen der Altersgrenze, unerwartete Kündigung, plötzlicher Tod und der partielle Ausfall aufgrund Krankheit, Elternzeit etc. als Risikoindikatoren festgestellt. Die Betrachtung konzentrierte sich aus wirtschaftlichen Gründen erneut ausschließlich auf die Schlüsselkräfte. Für die einzelnen Faktoren wurden sowohl ursachen- als auch symptombasierte Instrumente eingesetzt. Dies führt dazu, dass bei der Ursachenbestimmung des Austrittsrisikos die einzelnen Indikatoren differenziert betrachtet werden müssen.

Dass Mitarbeiter aufgrund des Erreichens des Renteneintrittsalters ausscheiden, ist langfristig bekannt. Es stellt erst dann ein Risiko dar, wenn mit dem Austritt ein Know-how- und Arbeitskraftverlust verbunden ist, auf den das Krankenhaus nicht vorbereitet ist. Zur Identifikation wurde für diesen Risikofaktor ein ursachenbasiertes Scoring-Verfahren genutzt. Separiert man die einzelnen Ursachenkomplexe, ergeben sich folgende Einzel-Ursachen:

Risikofaktor: Erreichen der Altersgrenze

- Viele Mitarbeiter treten innerhalb eines kurzen Zeitraumes in den Ruhestand ein
- Kein/mangelhaftes Nachfolgemanagement
- Keine/mangelhafte Nachwuchs-Fachkräfteentwicklung
- Keine/mangelhafte Nachwuchs-Führungskräfteentwicklung
- Zu geringer Know-how-Transfer durch zu kurze Einarbeitungszeit des Nachfolgers

▶ Auch hier gilt: Zusätzlich hinzugefügte Einflussfaktoren müssen jetzt weiter berücksichtigt oder wieder gestrichen werden.

Für den Risikofaktor „Austritt aufgrund unerwarteter Kündigung" wurde das Kennzahlensystem als Instrument zur Identifikation genutzt. Da dieses ausschließlich symptombasiert ist, müssen die Ursachen für Kündigungen an dieser Stelle ermittelt werden. Hierfür wird eine branchenübergreifende Studie herangezogen, die folgende Ergebnisse liefert (s. hierzu Abb. 3.5).

Die häufigsten Kündigungsgründe sind:

Unzufriedenheit mit dem Chef:	48 %
Fehlende Aufstiegschancen:	43 %
Zu viel Arbeit:	30 %
Unfreundliche Kollegen:	27 %
Inkompetente Kollegen:	17 %
Schlechte Vereinbarkeit von Beruf und Familie:	17 % (vgl. o. V./dpa 2010)

Anhand der Tatsache, dass 48 % der Kündigungsgründe auf die Unzufriedenheit mit dem direkten Vorgesetzten zurückzuführen sind, lässt sich bereits an dieser Stelle vermuten, dass die Führungsstruktur und die Fähigkeiten der Führungskräfte einen starken Hebel für

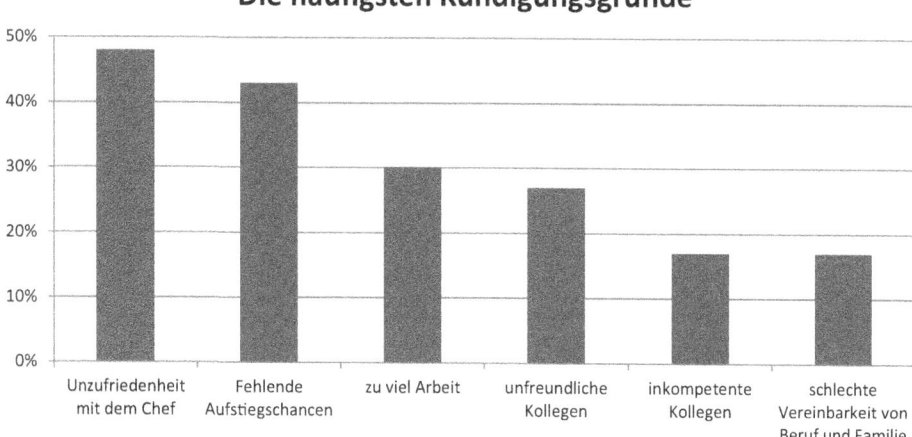

Abb. 3.5 Die häufigsten Kündigungsgründe. (Quelle: Eigene Darstellung/Oeder)

die Reduktion des Austrittsrisikos darstellen. Dieser Zusammenhang muss bei der späteren Bestimmung der Korrelation der beiden Risiken berücksichtigt werden.

Auffällig ist, dass die Unzufriedenheit mit der Vergütung scheinbar keine bzw. eine nur untergeordnete Rolle spielt. Die zitierte Studie liefert zumindest hierzu keine Informationen. An dieser Stelle wird angenommen, dass die Kündigungsgründe von Mitarbeitern eines Krankenhauses zwar nicht signifikant von o.g. Studienergebnissen abweichen, allerdings besteht der dringende Verdacht, dass die Vergütung der Mitarbeiter eines Krankenhauses auch ein Kündigungsgrund darstellt. Dies ergibt sich aus der Analyse in Abschn. 2.1.3. Deshalb werden folgende Ursachen für den Risikofaktor der unerwarteten Kündigung bestimmt:

Risikofaktor: unerwartete Kündigung

- Unzufriedenheit mit dem direkten Vorgesetzten
- Mangelnde Aufstiegschancen
- Arbeitsüberlastung
- Schlechtes Betriebsklima
- Inkompetente Kollegen
- Schlechte Vereinbarkeit von Beruf und Familie
- Unzufriedenheit mit der Vergütung

▶ Die Ursachen hier können unabhängig von Ihren Anpassungen aus der Identifizierungsphase übernommen werden.

Da der Risikofaktor „Austritt aufgrund plötzlichem Tod" ein nicht zu beeinflussender Faktor ist, obwohl er ein latentes Risiko darstellt, wurde dieser bei der Identifikation als generell vorhanden eingestuft, aber nicht krankenhausspezifisch analysiert. Vor diesem Hintergrund erübrigt sich auch die Ursachenanalyse.

Für die Ursachenbestimmung des Risikofaktors „partielles Ausfallrisiko" kann erneut das ursachenbasierte Scoring aus der Identifizierung als Grundlage verwendet werden. Da Häufigkeit und Dauer der Inanspruchnahme von Elternzeiten oder die Häufigkeit und Dauer von Ausfällen aufgrund Unfällen und Erkrankungen von einem Krankenhaus weder genau berechnet noch positiv beeinflusst werden können, wird davon ausgegangen, dass das Risiko kleiner wird, je besser ein Krankenhaus auf solche Ereignisse reagieren kann. Umgekehrt bedeutet das, dass die Ursachen für ein erhöhtes partielles Ausfallrisiko im Fehlen von Präventionsmaßnahmen liegen. Die Untersuchung und Separation der Einflussfaktoren dieses Risikofaktors ergibt folgende Ursachen:

Risikofaktor: partielles Ausfallrisiko

- Fehlendes/mangelhaftes Stellvertretermanagement
- Fehlendes/mangelhaftes Gesundheitsmanagement
- Insbesondere Fehlen von Präventionsmaßnahmen für typische Berufserkrankungen
- Fehlendes/mangelhaftes Konzept zur beruflichen Wiedereingliederung
- Fehlendes/mangelhaftes Konzept zur besseren Vereinbarkeit von Beruf und Familie

▶ Auch hier gilt: Zusätzlich hinzugefügte Einflussfaktoren müssen jetzt weiter berücksichtigt oder wieder gestrichen werden.

3.6.5 Bestimmung der Ursachen des Motivationsrisikos

Zur Identifizierung eines Motivationsrisikos in einer Klinik wurde in Abschn. 3.3.5 ein dreistündiger Workshop mit einer heterogenen Mitarbeitergruppe durchgeführt. Mit diesem Workshop wurden die Risikofaktoren „mangelnde Leistungsbereitschaft aufgrund des Alters", „mangelnder/fehlender Leistungswille", „mangelnde Leistungsbereitschaft aufgrund Überforderung/Ausgebrannt sein" und „innerlich Gekündigte" untersucht. Für die beiden erstgenannten Risikofaktoren wurden bereits bei der Identifizierung in einem Drei-Schritt-Verfahren die krankenhausspezifischen Ursachenkomplexe herausgefunden. Da die Art der Ursachen sowie deren Ausprägung für jede Klinik unterschiedlich sein dürften und zum jetzigen Entwicklungsstand des Bellheimer Verfahrens noch keine umfangreichen Ergebnisse aus Testkliniken vorliegen, können an dieser Stelle keine konkreten Ursachen formuliert werden.

Es wird empfohlen, die Ursachenkomplexe aus der Identifizierungsphase zu übernehmen. Die beiden zuletzt genannten Risikofaktoren erscheinen nach der Auswertung diverser Studien in Abschn. 2.1.3 etwas bedeutender zu sein, als die ersten beiden, weshalb bei der Identifikation sowohl ursachenbezogen als auch symptombezogen vorgegangen wird. Die Kombination beider Methoden ermittelt die möglichen Ursachen, welche ein Motivationsrisiko begründen könnten. Da auch hier die Art der Ursachen sowie deren Ausprägung für jede Klinik unterschiedlich sein dürften, wird an dieser Stelle erneut auf eine konkrete Ursachenfixierung verzichtet. Vielmehr sollen diese nach Abschluss der Identifikationsphase klinikindividuell übernommen werden. Erst nach der wiederholten

Anwendung des Verfahrens in unterschiedlichen Kliniken kann eine Tendenz hinsichtlich der meistgenannten Ursachenkomplexe erkannt werden.

3.7 Schritt 6: Ermittlung von Messgrößen zur Bewertung der personellen Risiken

3.7.1 Bewertung des allgemeinen Strukturrisikos

An die Ursachenbestimmung schließt sich mit Schritt 6 die Messung der Risiken an. Ziel der Bewertung ist es, die Risiken zu quantifizieren (vgl. Wolf und Runzheimer 2003, S. 57 m. w. N.). Ähnlich wie bei der Identifizierung der Risiken gibt es für deren Bewertung ebenso viele verschiedene Verfahren mit unterschiedlichen Anforderungen an die vorliegende Datenbasis. Es muss jeweils genau abgewogen werden, welches Bewertungsverfahren für das jeweilige Risiko am besten geeignet ist (vgl. Wolf und Runzheimer 2003, S. 128). Hierfür wird erneut die Instrumentenübersicht (Anhang Nr. 2) eingesetzt. Es ist vorauszuschicken, dass kein Bewertungsinstrument hundertprozentig genau passt, denn Menschen lassen sich nicht exakt berechnen, weshalb immer Annahmen, Schätzungen und Interpretationen notwendig sind (vgl. Paul 2011, S. 174 und 183). Die generelle Messung erfolgt in allen Risikoklassen via Scoringverfahren (siehe Anhang Nr. 2). Zu jedem Einflussfaktor wird ein Referenzwert ermittelt, mit welchem der für das untersuchte Krankenhaus ermittelte Wert verglichen wird. Abweichungen nach unten bzw. oben werden entsprechend bepunktet. Die Intervalle werden so festgelegt, dass möglichst eine Verteilung der Kliniken erkennbar ist, so dass das Verfahren am Ende aussagekräftig ist. Mit dieser Vorgehensweise fällt die anschließende Komprimierung der Bewertungsergebnisse zum PeKRA-Indikator leichter.

Beim allgemeinen Strukturrisiko wurden in Abschn. 3.2 die Risikofaktoren „ungünstiges wirtschaftliches Umfeld", „ungünstige Unternehmensstruktur", „ungünstige Führungsstruktur" und „unzureichendes Personalmanagement" erfasst. Zu diesen Faktoren werden im Folgenden Messinstrumente festgelegt, die die in Abschn. 3.3.1 definierten Einflussfaktoren sowie die in Abschn. 3.6.1 ermittelten Ursachen berücksichtigen.

Für die Einflussfaktoren des Risikofaktors „ungünstiges wirtschaftliches Umfeld" wird die Methode „externe Daten/Gutachten" eingesetzt. Bei dieser Methode wird Expertenwissen aus extern erstellten Gutachten und Statistiken zur Bewertung herangezogen. Diese Methode eignet sich besonders für die Bewertung von externen Einflüssen auf eine Klinik, da hierüber selten selbst erhobene Daten vorliegen. Sofern die Daten von öffentlichen Einrichtungen (zum Beispiel der Agentur für Arbeit) stammen, kann von einer guten Datenqualität ausgegangen werden. Für den Risikofaktor „ungünstiges wirtschaftliches Umfeld" werden die in Tab. 3.15 dargestellten Kennzahlen zur Bewertung ausgewählt.

Vor der Messung ist zunächst mit der Klinikleitung das Einzugsgebiet des zu untersuchenden Krankenhauses festzulegen. Stimmt dies nicht mit einem Landkreis oder einer kreisfreien Stadt überein, sind entsprechende Mittelwerte der betroffenen Kreise/Städte zu

3.7 Schritt 6: Ermittlung von Messgrößen zur Bewertung der personellen Risiken

Tab. 3.15 Bewertung des Risikofaktors „wirtschaftliches Umfeld". (Quelle: Oeder, S., Eigene Darste'llung)

ungünstiges wirtschaftliches Umfeld					
	Referenz-wert	Wert	> 100 AL je 100 gemeldete Stellen	< 100 AL je 100 gemeldete Stellen	< 60 AL je 100 gemeldete Stellen
Arbeitslosenquote der Ärzte im Einzugsgebiet	84 AL auf 100 gem. Stellen				
Arbeitslosenquote der Gesundheits- und Krankenpfleger im Einzugsgebiet	88 AL auf 100 gem. Stellen				
Anzahl Kliniken mit gleichem Dienstleistungs-angebot im Einzugsgebiet	5,1 Kliniken je Kreis/Stadt		< 4 Kliniken	< 6 Kliniken	> 6 Kliniken
Saldo Bevölkerungswachstum abzüglich Migration im Einzugsgebiet	Bev.-Schrump-fung = 7,69%		< 5% Schrumpfung	< 10% Schrumpfung	> 10% Schrumpfung
Durchschnittsalter der Bevölkerung in +30 Jahren im Einzugsgebiet	51 Jahre		< 48,5	< 53,5	> 53,5
zu vergebende Scoringpunkte je Einflussfaktor und zutreffender Rubrik:			0	1	2
Gesamtsumme:					X Punkte

bilden. Laut Bundesagentur für Arbeit kommen derzeit bundesweit im Durchschnitt auf jeweils 100 gemeldete Stellen 84 arbeitslose Humanmediziner und 88 arbeitslose Gesundheits- und Krankenpfleger (vgl. Bundesagentur für Arbeit 2011, S. 9). Da die Zahl der Arbeitslosen die Zahl der gemeldeten Stellen nicht übersteigt, besteht schon jetzt ein Mangel. Vor diesem Hintergrund wurden die Grenzen 60 und 100 für die Verteilung der Scoringpunkte gewählt (der untere Wert wurde auf 60 gesetzt, da dies der unterste Aggregatwert ist, ab dem die Agentur für Arbeit Relationen bildet. Weiter ist zu beachten, dass die gemeldeten Stellen nicht die Gesamtzahl der Stellen repräsentiert. Daher ist die Zahl nicht für eine valide Marktanalyse tauglich. Der Wert wird dennoch als Referenzwert angenommen, da dieser für die Mehrzahl der deutschen Landkreise und kreisweiten Städte erhoben wird und damit gut auf andere Kliniken anwendbar ist). Der Durchschnitt wird dabei als „mittelmäßig" angesehen und mit einem Punkt bewertet. Bei 2017 Krankenhäusern und 402 Landkreisen und kreisfreien Städten kommen auf jedes Einzugsgebiet im Schnitt 5,0 Kliniken (vgl. Statistisches Bundesamt 2012). Eine niedrigere Klinikdichte wird demnach als positiv gewertet, eine höhere wird stärker bepunktet. Das durchschnittliche Netto-Bevölkerungswachstum in Deutschland ist mit 7,69 % negativ (Prognosezeitraum: 2030; vgl. Statistisches Bundesamt 2011, S. 21). Dies ist der Referenzwert für den Einflussfaktor des Bevölkerungswachstums. Da die Werte bundeslandspezifisch stark schwanken, wurden die Intervalle entsprechend weit gestaltet. Für den Einflussfaktor der Überalterung der Bevölkerung wird das Durchschnittsalter der Deutschen per 2030 als Referenzwert angegeben. Dieser wird von 45,7 Jahren in 2013 auf 51 Jahre in 2030 steigen (vgl. Statista 2014). Entsprechend dieser Differenz und des träge reagierenden Wertes werden Intervalle von 2,5 Jahre um diesen Wert festgelegt. Der mögliche Scoringwert liegt folglich zwischen 0 und 10 Punkten.

▶ Wenn Sie hier weitere eigene Einflussfaktoren bzw. Ursachenkomplexe aufgenommen haben, müssen Sie an dieser Stelle auch Bewertungsregeln festlegen. Es wird empfohlen, in jedem Fall die Systematik des Scorings beizubehalten, da nur damit der Superindikator PeKRA am Ende gebildet werden kann. Weiter wird empfohlen, nur Werte zu nutzen, die auch in Zukunft sicher und in dieser Form kostenfrei zur Verfügung stehen. Nur so können Sie zukünftig Zeitreihenanalysen durchführen. Die Referenzwerte und die Bandbreiten der Verteilung der Scoringpunkte können Sie beliebig verändern. Achten Sie aber darauf, dass diese realistisch bleiben und nicht zu weit gestaltet sind.

Für die Beurteilung des zweiten Einflussfaktors, der Unternehmensstruktur, gibt es keine bundesweit einheitlichen Standards, anhand derer gemessen werden kann. Aus diesem Grund werden hier Schätzwerte der Autorin angesetzt, die als Referenzwert gelten, um erneut im Scoringverfahren Punkte zu vergeben. Ggf. müssen die hier angesetzten Referenzwerte nach einigen Testläufen kritisch hinterfragt und evtl. angepasst werden. Zusätzlich wird die Betriebsbesichtigung anhand eines Beobachtungsbogens (siehe Tab. 3.17) als Diagnoseinstrument eingesetzt. Tabelle 3.16 zeigt die Kriterien, die zur Bewertung herangezogen werden.

3.7 Schritt 6: Ermittlung von Messgrößen zur Bewertung der personellen Risiken

Tab. 3.16 Bewertung des Risikofaktors „Unternehmensstruktur". (Quelle: Oeder, S., Eigene Darstellung)

ungünstige Unternehmensstruktur	Referenzwert	Wert		
		< 1 Tochtergesellschaft	< 5 Tochtergesellschaften	> 5 Tochtergesellschaften
Die Unternehmensstruktur ist mit vielen Tochtergesellschaften und/oder Teilbereichen stark zergliedert.	maximal 1 eigene Tochtergesellschaft			
Die Aufbauorganisation ist durch viele Hierarchiestufen gekennzeichnet.	maximal 4 Stufen auf Klinikebene	< 4 Stufen	< 6 Stufen	> 6 Stufen
Die Ablauforganisation ist komplex und wenig standardisiert.	2 Punkte	> 2 Punkte	1 Punkt	0 Punkte
Die Ablauforganisation ist durch viele Schnittstellenproblematiken gekennzeichnet.	2 Punkte	> 2 Punkte	1 Punkt	0 Punkte
Die Kommunikation in alle Richtungen ist wenig standardisiert.	3 Punkte	> 3 Punkte	2 Punkte	< 2 Punkte
zu vergebende Scoringpunkte je Einflussfaktor und zutreffender Rubrik:		0	1	2
Gesamtsumme:				X Punkte

Tab. 3.17 Beobachtungsbogen zur Bewertung der Unternehmensstruktur. (Quelle: Oeder, S., eigene Darstellung)

Beobachtungsbogen zur Ablauforganisation und Kommunikation	
Zielgruppe:	Mehrere Mitarbeitende (Zufallsauswahl)
Fragetechnik:	Einzelinterview (ggf. mehrere Mitarbeiter zu unterschiedlichen Bereichen befragen)

A Ablauforganisation (Standardisierung von Prozessen)	max. 4 P.
Gibt es ein schriftlich fixiertes, IT-gestütztes Patientenmanagement?	
Sind die Aufgaben klar definiert und zugeordnet?	
Werden Prozesse bereichsübergreifend geplant?	
Gibt es ein Wartezeitenmanagement?	
B Ablauforganisation (Schnittstellenmanagement)	max. 4 P.
Gibt es Regeln für die Schnittstelle zwischen OP und den Stationen?	
Gibt es Regeln für die Schnittstelle zwischen der AMbulanz und den Stationen?	
Gibt es Regeln für die Schnittstelle zwischen den Funktionsbereichen (Radiologie, EKB, Labor,...) und den Stationen?	
Werden diese Regeln (falls vorhanden) auch tatsächlich gelebt?	
C Kommunikation	max. 6 P.
Gibt es regelmäßige und systematisierte Teambesprechungen? In allen Stationen?	
Werden über Teambesprechungen Protokolle angefertigt und hinterher verteilt?	
Werden absesende Mitarbeiter (Dienstfrei, OP-Dienst, Urlaub,...) informiert?	
Gibt es schriftliche Rundschreiben über gravierende Veränderungen?	
Gibt es für Übergabebesprechungen einen standardisierten Ablauf?	
Gibt es regelmäßige Beurteilungsgespräche?	
Gesamtsumme (von max. 14 P.):	**X Punkte**

Zunächst ist zu berücksichtigen, dass die Bewertung auf Klinikebene erfolgt. Eventuelle übergeordnete Konzernstrukturen bleiben außen vor. Deshalb wird beim ersten Einflussfaktor davon ausgegangen, dass ein einzelnes Krankenhaus in der Regel keine Tochtergesellschaften hat. Für die Bewertung ist jedoch eine Gesellschaft nicht schädlich, erst ab zwei vorhandenen Gesellschaften würde das Scoring mit einem Punkt ausschlagen. Hinsichtlich der Hierarchiestufen hat die Analyse verschiedener Kliniken ergeben, dass sich auf der Ebene eins in der Regel der ärztliche Leiter, der kaufmännische Leiter und die Pflegedienstleitung befinden. Darunter gibt es häufig Fachbereichsleiter bzw. Abteilungsleiter, die Ebene drei ist durch Gruppenleiter bzw. Schichtleiter gestaltet. In größeren Kliniken findet man nach dem ärztlichen Direktor in der Regel einen Chefarzt, der mehreren Oberärzten vorgesetzt ist, welche zusätzlich Assistenzärzte haben, die ihnen zuarbeiten. Dies wäre ein vierstufiger Aufbau. Dies wird als die Regel angesehen und nicht bepunktet. Erst ab der Ebene fünf gibt es Punkte. In sehr großen Häusern müssen aus Effizienzgründen weitere Ebenen eingezogen werden. Dies wird dennoch negativ zu Buche schlagen, da große Kliniken per se schon unflexibler auf Veränderungen reagieren können. Die Bewertung der Standardisierung der Prozesse, die Anzahl der Schnittstellen und die Kommunikation werden anhand des in Tab. 3.17 dargestellten Beobachtungsbogens vorgenommen. Dieser ist nur für den Einsatz in Mitarbeitergruppen im Kerngeschäft, also mit Patienten-

3.7 Schritt 6: Ermittlung von Messgrößen zur Bewertung der personellen Risiken

Tab. 3.18 Bewertung des Risikofaktors „Führungsstruktur". (Quelle: Oeder, S., eigene Darstellung)

ungünstige Führungsstruktur					
	Referenzwert	Wert	> 1 Punkt	1 Punkt	0 Punkte
Führungsleitlinien	1 Punkt				
			> 2 Punkte	1 Punkt	0 Punkte
Ausbildung der Führungskräfte	2 Punkte				
			> 2 Punkte	1 Punkt	0 Punkte
Standardisierung der Führungsprozesse	2 Punkte				
			> 1 Punkt	1 Punkt	0 Punkte
Vielfalt der Führungsinstrumente	1 Punkt				
			> 1 Punkt	1 Punkt	0 Punkte
Einsatz des situativen Führungsstils	1 Punkt				
zu vergebende Scoringpunkte je Einflussfaktor und zutreffender Rubrik:			0	1	2
Gesamtsumme:					**X Punkte**

kontakt, zu verwenden. Durch aktive Beobachtung und Befragung zufällig angetroffener Mitarbeiter in den Stationen wird der Bogen ausgefüllt. Auch hier kann ein Krankenhaus Punkte sammeln. 50 % Zielerreichung führen zu einem neutralen Scoringergebnis. Für Abweichungen nach unten und oben wurden entsprechende Bandbreiten festgelegt. Der mögliche Scoringwert liegt folglich ebenfalls zwischen null und zehn Punkten.

▶ Auch hier müssen Sie für neue Einflussfaktoren sowohl eine Bewertungsmethode als auch Richtwerte festlegen. Dies entfällt, wenn Sie nur die hier dargestellten Einflussfaktoren berücksichtigen. Bei den Referenzwerten sind Sie erneut frei in der Festlegung. Da an dieser Stelle mit Schätzwerten gearbeitet wird, wird dringend empfohlen, die genannten Referenzwerte für Ihr Haus zu verproben und ggf. anzupassen. Hinsichtlich des Einsatzes des Beobachtungsbogens, so wird empfohlen, diesen tatsächlich durch Betriebsbegehung und nicht durch Vermutung auszufüllen. Testen Sie doch einfach mal Ihr Gefühl. Gerne können mehrere Beobachtungsbögen durch mehrere Personen eingesetzt und dann zu einem Ergebnis zusammengeführt werden.

Für die Bewertung der Führungsstruktur einer Klinik als Einflussfaktor wird das Instrument des Fragebogens eingesetzt (siehe Anhang Nr. 2). Befragt wird die Geschäftsleitung als Gruppe, bestehend aus ärztlichem Leiter, kaufmännischem Leiter und Pflegedienstleitung, denn diese Personen sollten im besten Fall das Führungsleitbild vorleben und von den darunter liegenden Führungsebenen aktiv einfordern. Eine Differenzierung zwischen Bereichen mit und ohne Patientenkontakt wird in diesem Fall nicht vorgenommen, da nur einheitlich angewandte Führungsleitbilder den gewünschten Effekt erzielen. Mit geschlossenen Fragen (siehe Tab. 3.19) werden fünf relevante Bereiche geprüft. Für positive Antworten werden Punkte verteilt. Werden je Bereich mehr als 50 % der maximal möglichen Punkte erreicht, steigt der Scoringwert nicht an.

Erst ab weniger Zielerreichung schlagen Scoringpunkte wie folgt zu Buche (s. hierzu Tab. 3.18).

Tab. 3.19 Fragebogen zur Bewertung der Führungsstruktur. (Quelle: Oeder, S., eigene Darstellung)

Fragebogen zur Führungsstruktur	
Zielgruppe:	Geschäftsleitung (äztlicher Leiter, kaufmännischer Leiter, Pflegdienstleitung)
Fragetechnik:	Gruppeninterview

A Führungsleitlinien	max. 2 P.
Gibt es schriftlich fixierte Führungsleitlinien für das Gesamthaus?	
Gibt es eine gelebte Führungskultur? (ggf. Beispiele nennen lassen)	
B Ausbildung der Führungskräfte	**max. 3 P.**
Haben alle Führungskräfte mit disziplinarisch Unterstellten eine Führungsgrundausbildung?	
Haben alle Führungskräfte ab der 2. Ebene aufwärts Vertiefungsschulungen in Führungsthemen besucht?	
Finden regelmäßige Fresh-Ups statt?	
C Standardisierung der Führungsprozesse	**max. 4 P.**
Gibt es schriftliche Anweisungen zu konkreten Führungsprozessen?	
Gibt es Führungsmaßnahmen, die regelmäßig eingefordert werden (z. B. regelmäßige Mitarbeitergespräche, Jour-Fix,...)?	
Werden Führungsaufgaben in Zielvereinbarungen verankert?	
Werden Führungsausgaben controllt?	
D Vielfalt der Führungsinstrumente	**max. 2 P.**
Gibt es Empfehlungen, welche Instrumente zur Steuerung eingesetzt werden sollen? (Beispiele nennen lassen)	
Ist die Anzahl der einzusetzenden Instrumente begrenzt?	
E Einsatz des situativen Führungsstils	**max. 2 P.**
Setzen mehr als 50% der Führungskräfte einen situativen Führungsstil ein? (Schätzung genügt)	
Wird der Einsatz des situativen Führungsstils gefördert/unterstützt? (ggf. erklären lassen wie dies erfolgt)	
Gesamtsumme (von max. 13 P.):	**X Punkte**

Der mögliche Scoringwert liegt folglich wieder zwischen 0 und 10 Punkten.

▶ Auch hier gilt: Zusätzlich eingefügte Einflussfaktoren bzw. Ursachen müssen hier Berücksichtigung finden. Am einfachsten geht dies, wenn Sie den Fragebogen entsprechend anpassen. Achten Sie aber auch hier immer auf die Anpassung der Scoringpunktevergabe: Erst bei weniger als 51 % Zielerreichung schlägt das Scoring aus.

Die Bewertung des Personalmanagements als vierter Einflussfaktor des Strukturrisikos erfolgt mittels dem bereits bekannten Scoringverfahren, in Kombination mit einer Checkliste (siehe Anhang Nr. 2). Entsprechend der in Abschn. 3.6.1 bestimmten Ursachen werden die in Tab. 3.20 genannten Kriterien zur Bewertung herangezogen.

Zur Ermittlung der Ist-Werte wird die in Tab. 3.21 dargestellte Checkliste mit zwölf Kriterien eingesetzt. Diese kann entweder im Einzelinterview mit der Personalleitung oder durch selbstständiges Ausfüllen bearbeitet werden. Für jedes vorhandene Merkmal

3.7 Schritt 6: Ermittlung von Messgrößen zur Bewertung der personellen Risiken

Tab. 3.20 Bewertung des Risikofaktors „Personalmanagement". (Quelle: Oeder, S., eigene Darstellung)

Personalmanagement					
	Referenzwert	Wert	> 1 Punkt	1 Punkt	0 Punkte
Personalfunktion wird als Stabsfunktion geführt	1 Punkt				
			> 2 Punkte	1 Punkt	0 Punkte
Existenz einer Personalstrategie	2 Punkte				
			> 2 Punkte	1 Punkt	0 Punkte
Qualifikation der Personalmitarbeiter	2 Punkte				
			> 1 Punkt	0 Punkte	---
Personalbemessung der Personalfunktion	1 Punkt				
			> 1 Punkt	0 Punkte	---
Instrumenteneinsatz im Personalbereich	1 Punkt				
zu vergebende Scoringpunkte je Einflussfaktor und zutreffender Rubrik:			0	1	2
Gesamtsumme:					X Punkte

gibt es einen Punkt. Bei jeweils mindestens 51-prozentiger Zielerreichung wirkt sich das Ergebnis nicht negativ auf das Scoring aus. Für die Abweichungen wurden entsprechende Bereiche festgelegt. Auch hier gibt es keine bundesweit allgemeingültigen Referenzwerte, anhand derer das Risiko eingeschätzt werden kann. Ggf. muss auch hier der auf Erfahrungen beruhende Grenzwert im Zeitablauf angepasst werden. Der mögliche Scoringwert liegt folglich wieder zwischen 0 und 10 Punkten.

▶ Gerne können Sie hier ebenfalls weitere relevante Einflussfaktoren in die Checkliste integrieren und so Ihre individuellen Schwerpunkte setzen. Achten Sie aber auch hier wieder auf die richtige Verteilung der Scoringpunkte. Bei den Referenzwerten sind Sie ebenfalls angehalten, diese kritisch zu würdigen und ggf. für Ihr Haus anzupassen, da es sich erneut nur um Schätzwerte handelt.

3.7.2 Bewertung des Engpassrisikos

Für das Engpassrisiko wurden in Tab. 3.1 die beiden Risikofaktoren „Bedarfslücke" und „Potenziallücke" unterschieden. Bei der Bewertung werden diese separat voneinander betrachtet und die in Abschn. 3.6.2 ermittelten Ursachen berücksichtigt. Für die Bewertung der Bedarfslücke werden je Einflussfaktor unterschiedliche Bewertungsinstrumente eingesetzt. Zunächst könnte es sein, dass eine Bedarfslücke entsteht, weil ein veränderter Bedarf durch das Personalcontrolling nicht erkannt wird. Ursachen hierfür könnten schlecht qualifiziertes Controllingpersonal, mangelhafte Technik oder unzureichendes Datenmaterial sein. Um dies zu evaluieren wird das Kennzahlensystem als Bewertungsinstrument eingesetzt (siehe Anhang Nr. 2). Das System eignet sich für diese Bewertung gut, da die benötigten Daten in der Regel in allen deutschen Kliniken routinemäßig erhoben werden.

Tab. 3.21 Checkliste zur Personalfunktion. (Quelle: Oeder, S., eigene Darstellung)

Checkliste zur Personalfunktion

Zielgruppe: Personalleitung
Fragetechnik: Einzelinterview bzw. selbstständige Bearbeitung

	max. 2 P.	
A Personalfunktion als Stabsfunktion	JA	NEIN
Die Personalfunktion ist im Organigramm als Stabsstelle markiert.		
Die Personalfunktion wird bei strategischen Entscheidungen im Vorfeld involviert.		
B Personalstrategie	max. 3 P.	
	JA	NEIN
Es gibt eine schriftlich fixierte Personalstrategie.		
Diese Strategie ist von der allgemeinen Geschäftsstrategie abgeleitet.		
Diese Strategie wird umgesetzt und gelebt.		
C Qualifikation Mitarbeiter	max. 4 P.	
	JA	NEIN
Die Mehrzahl der Mitarbeiter in der Personalfunktion hat eine betriebswirtschaftliche Ausbildung.		
Es gibt Spezialisten für die Bereiche Abrechnung, Personalentwicklung und Ausbildung.		
Gibt es ein systematisches Personalcontrolling inkl. Personalplanung?		
D Personalbemessung	max. 2 P.	
	JA	NEIN
Aktuell bestehen Rückstände im Bereich Personal.		
Die Mehrzahl der Mitarbeiter hat > 50 Überstunden.		
E Instrumenteneinsatz im Personalbereich	max. 2 P.	
	JA	NEIN
Das Recruiting erfolgt über mehr als 5 Marketing-Kanäle.		
Mindestens 2 Kanäle sind vollelektronisch. (Bitte nennen)		
Es werden mindestens 4 der genannten PE-Instrumente eingesetzt: - Entwicklungsprogramm für Nachwuchskräfte - Mentoring - Hospitation - Kontakthalteprogramm zu Mitarbeitern in Elternzeit - Kooperationen mit Unis, anderen Kliniken und/oder Unternehmen - internes Weiterbildungsprogramm - berufsbegleitende Weiterbildungsprogramme - Instrumente zum Wissensmanagement		
Gesamtsumme (von max. 13 P.):	X Punkte	

Für die Berechnung wird der Netto-Personalbedarf für den Zeitpunkt T_{0+5} Jahre errechnet. Hierfür wird Formel 3.5 nach Hentze eingesetzt (vgl. Hentze und Kammel 2010, S. 189 f.):

$$\textit{Netto-Personalbedarf in } T_{+5} = \textit{Brutto-Personalbedarf in } T_{+5} - \textit{Personalbestand in } T_0 + \textit{Abgänge} - \textit{feststehende Zugänge} \quad (3.5)$$

Gemessen werden ausschließlich die Berufsgruppen der examinierten Gesundheits- und Krankenpfleger sowie die Ärzte mit Approbation in Mitarbeiterkapazitäten (MAK), also Vollzeitkräften. Bei einer negativen Abweichung hätte das Krankenhaus einen Personalüberhang zu erwarten. Beträgt das Ergebnis 0, so wäre eine optimale Personalplanung gegeben. Bei einer positiven Abweichung bestünde eine Bedarfslücke. Um die Berechnung zu validieren wird das Ergebnis mit der Einschätzung der Experten aus der Identifikation verglichen. Zwar werden bei der Identifikation aus Effizienzgründen ausschließlich die prozentuale Bedarfslücke der Schlüsselkräfte gemessen, da jedoch die Schlüsselkräfte eine repräsentative Stichprobe der Gesamtheit der qualifizierten Pflegekräfte und Ärzte darstellt, können diese beiden Werte miteinander verglichen werden. Beträgt die Differenz der beiden Werte weniger als zehn Prozentpunkte der Expertenschätzung, so gilt die Bedarfslücke als richtig erkannt und wird als solche bewertet. Ist die Abweichung größer, so wird aus Sicherheitsgründen der höhere Wert als richtig erachtet und für die weitere Betrachtung als Abweichungswert ausgewählt. In diesem Fall ist im Nachgang an die Evaluation unbedingt das Berechnungsverfahren des Netto-Personalbedarfs zu überprüfen. Dementsprechend wird die Bedarfslücke anhand Formel 3.6 als prozentuale Größe des Netto-Personalbestands berechnet.

$$Bedarfslücke\ [\%] = \frac{Abweichung\ [MAK] \times 100}{Netto\text{-}Personalbestand\ in\ T_0\ [MAK]} \quad (3.6)$$

Um das Ergebnis der Evaluation im weiteren Verlauf vergleichbar zu machen, werden in Abhängigkeit von der Höhe der prozentualen Abweichung vom Optimalzustand Scoringpunkte gemäß Tab. 3.24 vergeben.

▶ Nehmen Sie diese Bewertung sehr ernst, auch, wenn Ihnen dies auf den ersten Blick komplex erscheint. Gehen Sie entsprechend der Beschreibung Schritt für Schritt vor und greifen Sie auf Ihre Ergebnisse aus der Identifizierungsphase zurück. Jetzt profitieren Sie davon, wenn Sie alles elektronisch erfasst haben. Dieses Risiko ist nach meiner Einschätzung derzeit das brisanteste. Nehmen Sie das Ergebnis zum Anlass, ggf. Ihr aktuelles Personalbemessungsverfahren zu überprüfen.

Ein weiterer Einflussfaktor auf die Größe der Bedarfslücke ist die Zahl der Mitarbeiter, die einem Krankenhaus auf dem Arbeitsmarkt zur Verfügung steht. Da der Fachkräftemangel im Gesundheitsbereich bereits aktuell vorhanden ist (siehe Abschn. 2.1.3), stellt sich für eine Klinik die Frage, weshalb sich die noch verfügbaren Kräfte ggf. für eine andere Einrichtung stärker interessieren als für die eigene. Ein entscheidender Faktor spielt hierbei das Arbeitgeberimage, welches im Folgenden zu untersuchen ist. Das Bewerbermarketing der Klinik sowie sinkende Ausbildungszahlen aufgrund des allgemein negativen Berufsimages sind weitere Einflussfaktoren. Da das Berufsimage nicht von einer einzelnen Klinik beeinflusst werden kann, werden für die Bewertung nur die beiden erstgenannten Faktoren herangezogen. Für deren Bewertung würde sich eine Marktforschungsstudie im Einzugsgebiet eignen, um Aufschluss über den Ruf und das Image der Klinik als Arbeitgeber zu bekommen. Dies wäre im Rahmen einer Evaluation der personellen Risiken zu kosten- und zeitintensiv. Aus diesem Grund wird das Instrument der Checkliste verwendet (siehe Tab. 3.22). Je mehr Maßnahmen ein Krankenhaus unternimmt, um seine Attraktivität als Arbeitgeber zu steigern und dies entsprechend auch vermarktet, desto geringer fällt

Tab. 3.22 Checkliste zum Image und Bewerbermarketing. (Quelle: Oeder, S., eigene Darstellung)

Checkliste zum Image und Bewerbermarketing		
Zielgruppe: Personalleitung + Marketingleitung		
Fragetechnik: Einzelinterview bzw. selbstständige Bearbeitung		
A Image als Arbeitgeber	**max. 11 P.**	
	JA	NEIN
Die Vergütung ist mindestens branchnüblich.		
Es gibt eine Form der betrieblichen Alersvorsorge.		
Es gibt flexiable Arbeitszeitmodelle.		
Es gibt ein schriftlich fixiertes Personelentwicklungskonzept.		
Weiterbildungsmaßnahmen werden finanziell und zeitlich unterstützt.		
Es gibt konkete Maßnahmen zu besseren Vereinbarkeit von Beruf & Familie.		
Es gibt ein Gesundheitsmanagement.		
Es gibt konkrete Maßnahmen zur Frauenförderung.		
…		
…		
…		
B Bewerbermarketing	**max. 15 P.**	
	JA	NEIN
Es gibt ausführliche Informationen auf der Homepage.		
Es gibt einen eigenen Flyer zur Bewerbung von Stellen.		
Die Klinik nimmt an Messen und Infotagen an Hochschulen teil.		
Es wird über Plakate geworben.		
Es werden Stellenanzeigen in Printmedien veröffentlicht.		
Es werden Stellenanzeigen in einschlägigen Internetplattformen veröffentlicht.		
Social-Media-Plattformen werden für das Bewerbermarketing genutzt.		
Es gibt ein Praktikantenprogramm für Schüler.		
Es gibt ein Praktikantenprogramm für Medizinstudenten.		
Es werden Bewerbertrainings angeboten.		
Es gibt einen Tag der offenen Tür für Berufseinsteiger.		
Es besteht mindestens 1 Kooperation mit einer Hochschule.		
…		
…		
…		
Gesamtsumme (von max. 26 P.):	X Punkte	

der Scoringwert aus. Bei der Auswahl der Maßnahmen wurden nur übliche und erwartbare Maßnahmen aufgelistet. Für besondere Aktivitäten besteht in jeder Kategorie noch die Möglichkeit, drei Zusatzpunkte zu sammeln. Insgesamt können damit 26 Punkte gesammelt werden, um einen Scoringausschlag zu vermeiden. Vor dem Hintergrund der Zusatzpunkte muss eine Klinik mindestens 60 % der maximal möglichen Punkte erreichen, um ohne einen Scoringpunkt in der Risikobewertung auszukommen. Die weitere Staffelung ist Tab. 3.24 zu entnehmen.

Die unzureichende Möglichkeit, benötigte Fachkräfte aus den eigenen Reihen zu entwickeln, wird als dritter Einflussfaktor auf die Bedarfslücke mit Hilfe eines Kennzahlensystems bewertet. Bei den verwendeten Kennzahlen handelt es sich erneut um Daten, die heute in der Mehrzahl der Kliniken standardisiert erhoben werden. In dieser Betrachtung werden sie jedoch hinsichtlich ihrer Auswirkungen anders interpretiert. Tabelle 3.23 zeigt die verwendeten Kennzahlen sowie deren Referenzwerte. Letztere wurden anhand der

3.7 Schritt 6: Ermittlung von Messgrößen zur Bewertung der personellen Risiken

Tab. 3.23 Kennzahlensystem zur eigenen Nachwuchsförderung. (Quelle: Oeder, S., eigene Darstellung)

Kennzahlensystem zur eigenen Nachwuchsförderung			
Zielgruppe:	Erhebung durch Personalcontrolling		
Fragetechnik:	selbstständige Bearbeitung		
A Anzahl Potenzialträger	Referenzwert	IST-Wert	max 3P.
Die Anzahl der Potenzialträger (Daten aus Identifikationsportfolio) beträgt mindestens 5% der Grundgesamtheit.	5%		
Es gibt ein standardisiertes Potenzialanalyseverfahren.	1 Stück		
Es finden jährlich mindestens 2 Potenzialanalysen mit mindestens je 5 Teilnehmern statt.	2 Stück		
B Effektivität der Personalentwicklung	Referenzwert	IST-Wert	max. 6P.
Die Ausbildungsquote liegt über dem Bundesdurchschnitt.	6,5%		
Die Betriebszugehörigkeit liegt über 10 Jahre im Durchschnitt.	10 Jahre		
Mehr als 35% der Beschäftigten haben ihre Ausbildung im eigenen Haus gemacht bzw. haben noch nie den Arbeitgeber gewechselt.	35%		
Mindestens 75% der offenen Stellen können intern besetzt werden.	75%		
Im letzten Jahr wurden maximal 10x Honorarkräfte engagiert.	10x		
Es gibt ein Nachwuchskräfteförderprogramm.	1 Stück		
Gesamtsumme (von max. 9 P.):			X Punkte

Tab. 3.24 Bewertung des Risikofaktors „Bedarfslücke". (Quelle: Oeder, S., Eigene Darstellung)

Bedarfslücke					
	Referenzwert	Wert	negative Abweichung	Abweichung < 20%	Abweichung > 20%
Abweichung Netto-Personalbedarf	0%				
			> 21 Punkte	< 21 Punkte	< 16 Punkten
Verfügbarkeit Mitarbeiter am Arbeitsmarkt	16 Punkte				
			> 7 Punkte	< 7 Punkte	< 5 Punkte
Eigene Personalentwicklung	5 Punkte				
zu vergebende Scoringpunkte je Einflussfaktor und zutreffender Rubrik:			0	1	2
Gesamtsumme:					X Punkte

Erfahrungen aus den letzten Jahren sowie Bundesdurchschnitten ermittelt (vgl. Bundesagentur für Arbeit 2012, S. 4).

Inwieweit die Punkterreichung zu einem Scoringwert führt, zeigt Tab. 3.24, die den Risikofaktor der Bedarfslücke zusammenfasst.

Der mögliche Scoringwert liegt zwischen 0 und 6 Punkten.

▶ In der Checkliste und dem Kennzahlensystem haben Sie ausreichend Möglichkeiten, die Individualität Ihrer Klinik abzubilden. Ebenfalls können Sie die zugrundeliegenden Referenzwerte gerne ändern. Achten Sie aber wieder auf Plausibilität und bewerten Sie eher vorsichtig.

Der zweite Risikofaktor zur Bestimmung des Engpassrisikos ist die Potenziallücke. Deren Ursachen sind einerseits das Nicht-Erkennen von Potenzialüberhängen und andererseits

Tab. 3.25 Checkliste zur Entdeckung einer Potenziallücke. (Quelle: Oeder, S., eigene Darstellung)

Checkliste zur Entdeckung einer Potenziallücke		
Zielgruppe: Personalleitung		
Fragetechnik: Einzelinterview bzw. selbstständige Bearbeitung		
Potenzialanalyseverfahren	max. 5 P.	
	JA	NEIN
Es gibt ein fest implementiertes Potenzialanalyseverfahren.		
Das Potenzialanalyseverfahren ist an den Anforderungsprofilen der Stellen ausgerichtet.		
Die Potenzialanalyse wird standardmäßig im Rahmen der Personalentwicklung eingesetzt.		
Die Ergebnisse werden systematisch aufgezeichnet und archiviert.		
Die Stellenbesetzung erfolgt potenzialorientiert.		
Gesamtsumme (von max. 5 P.):	X Punkte	

die Nicht-Nutzung von bekannten Potenzialüberhängen. In der Identifizierungsphase wurde seitens der Personalabteilung ein Potenzialportfolio erstellt und daraus eine Potenziallücke errechnet. Diese geht direkt in die Bewertung ein. Hier ist zu beachten, dass bei Einrichtungen bis zu maximal 500 Mitarbeitern (gemessen in Köpfen) der Personalbereich die Einschätzung der Potenzialträger abgeben kann. Bei Einrichtungen mit mehr als 500 Mitarbeitern besteht das Risiko, dass nicht alle Potenzialträger dem Personalbereich namentlich bekannt sind und somit die Gefahr bestünde, dass einige übersehen werden. Deshalb muss bei der Bewertung der Potenziallücke ab 500 Mitarbeitern die jeweiligen Bereichsleiter der dritten Führungsebene in die Befragung eingeschlossen werden. Der Referenzwert von 20 % wurde zunächst geschätzt. Ob dies eine realistische Grenze darstellt, muss der Zeitablauf zeigen. Ggf. ist danach eine Anpassung erforderlich. Neben diesem Faktor spielen die Entdeckungswahrscheinlichkeit und der Umfang der Bemühungen zur Schließung eventuell vorhandener Lücken ebenfalls als Einflussfaktoren eine Rolle bei der Bewertung.

▸ Hier zahlt sich Ihre Arbeit aus der Identifizierungsphase aus. Die Werte liegen Ihnen schon vor. Bitte beachten Sie: Haben Sie die Benchmark dort geändert? Dann übernehmen Sie diese bitte auch für Ihre Bewertung an dieser Stelle.

Zur Bewertung der Gefahr, dass Potenziale nicht erkannt werden, wird das Instrument der Checkliste eingesetzt (siehe Anhang Nr. 2). Mittels geschlossener Fragen wird geprüft, ob überhaupt geeignete Maßnahmen zur Potenzialentdeckung vorhanden sind, regelmäßig eingesetzt und die Ergebnisse aufgezeichnet werden. Tabelle 3.25 zeigt die Punkteverteilung, die sich hinterher entsprechend im Scoringverfahren widerspiegelt.

Zur Bewertung der Gefahr, dass erkannte Potenziale nicht genutzt werden, wird erneut ein Kennzahlensystem als Instrument eingesetzt (siehe Anhang Nr. 2). Bei der Ursachenfindung wurden Gründe für die Nicht-Nutzung einer Potenziallücke angegeben, die ein Krankenhaus kaum direkt beeinflussen kann, wie zum Beispiel das Fehlen adäquater Stellen. Diese Gründe werden bei der Bewertung nicht berücksichtigt, da sie nicht direkt beeinflussbar sind und kein

3.7 Schritt 6: Ermittlung von Messgrößen zur Bewertung der personellen Risiken

Tab. 3.26 Kennzahlensystem zur Nutzung eines Potenzialüberhangs. (Quelle: Oeder, S., eigene Darstellung)

Kennzahlensystem zur Nutzung eines Potenzialüberhangs			
Zielgruppe: Erhebung durch Personalcontrolling **Fragetechnik:** selbstständige Bearbeitung			
Effizienz der Personalentwicklung	Referenzwert	IST-Wert	max 5P.
Die Anzahl der Potenzialträger (Daten aus Identifikationsportfolio) beträgt maximal 10% der freien Stellen pro Jahr.	10%		
Die Fluktuation der Mitarbeiter zwischen 25 - 35 Jahren liegt unter 10%.	10%		
Mit einem Potenzialträger, der noch nicht die Zielposition bekleidet werden pro Jahr mindestens 2 Entwicklungsgespräche geführt.	2 Stück/Jahr		
75% der Potenzialträger, die noch nicht die Zielposition bekleiden werden in Projekte eingebunden.	75%		
75% der Potenzialträger, die noch nicht die Zielposition bekleiden werden in weitere PE-Maßnahmen (z. B. Hospitationen, Trainee-Programme, ...) eingebunden.	75%		
Gesamtsumme (von max. 5 P.):			X Punkte

Tab. 3.27 Bewertung des Risikofaktors „Potenziallücke". (Quelle: Oeder, S., eigene Darstellung)

Potenziallücke					
	Referenzwert	Wert	< 15%	< 25%	> 25%
Vorhandene Potenziallücke	20%				
			> 3 Punkte	3 Punkte	< 3 Punkte
Entdeckung Potenzialüberhang	3 Punkte				
			> 3 Punkte	3 Punkte	< 3 Punkte
Nutzung Potenzialüberhang	3 Punkte				
zu vergebende Scoringpunkte je Einflussfaktor und zutreffender Rubrik:			0	1	2
Gesamtsumme:					X Punkte

spezifisches Problem der Branche darstellen. Stattdessen werden Kennzahlen aufgenommen, die Aufschluss über Aktivitäten geben, mit denen entdeckte Potenziallücken anderweitig genutzt werden können. Das Kennzahlensystem in Tab. 3.26 zeigt die Bewertungssystematik.

Da das Engpassrisiko bereits in einigen Kliniken Probleme bereitet, wird ein Zielerreichungsgrad von 60 % als Referenzwert angenommen, so dass das Risiko entsprechend stark im Scoring berücksichtigt wird (s. hierzu Tab. 3.27).

Der mögliche Scoringwert liegt zwischen 0 und 6 Punkten.

▶ Die Checkliste und das Kennzahlensystem in Tab. 3.25 und 3.26 können von Ihnen um weitere Aspekte ergänzt werden. Beachten Sie jedoch, dass die Bepunktung im Scoringverfahren nach wie vor passt. Bedenken Sie auch, dass dieses Risiko bereits sehr ausführlich und von mehreren Sichten bewertet wird. Unter Umständen bringt eine Ergänzung im Vergleich zum Anpassungsaufwand keinen Zusatznutzen.

Tab. 3.28 Bestimmung des y-Achsenabschnitts. (Quelle: Oeder, S., eigene Darstellung)

Unter- bzw. Überdeckung (%):	Y-Achsenkoordinate zum Zeitpunkt T_0
15–11 %	15
10–6 %	10
0–5 %	5
0	0
0– −5 %	−5
−6– −10 %	−10
−11– −15 %	−15

Tab. 3.29 Variablen zur Berechnung des Engpass-Szenarios. (Quelle: Oeder, S., eigene Darstellung)

Scoringbandbreite	Veränderung der Situation um den Faktor z:		
	Middle Case	Worst Case	Best Case
0–4	−0,5	−0,7	−0,3
5–8	−1,25	−1,45	−1,05
9–12	−3,125	−3,325	−2,925

Beide Formen des Engpasses können dazu führen, dass Kernaufgaben eines Krankenhauses teilweise nicht mehr wahrgenommen werden können (vgl. Funke 2013). Dadurch werden weniger Erträge generiert, die auf Dauer ggf. nicht mehr ausreichen, um die Fixkosten zu decken. Dies stellt eine existenzielle Bedrohung dar. Um bei der Bewertung des Engpassrisikos beide Ursachenstränge angemessen zu berücksichtigen, kommt die Szenario-Technik zum Einsatz (siehe Anhang Nr. 2). Mit Hilfe der Szenariotechnik können die unterschiedlichen Ausprägungen der Bedarfslücke und der Potenziallücke kombiniert werden um eine zukunftsorientierte Bewertung zu erreichen. Hierfür werden basierend auf der Ausgangslage drei Szenarien simuliert: Die bestmögliche Entwicklung (Best-Case), die schlechtmöglichste Entwicklung (Worst-Case) und eine durchschnittliche Entwicklung (Middle-Case). Der Betrachtungszeitraum beträgt fünf Jahre. Ausgangspunkt ist die derzeitige personelle Unter- bzw. Überdeckung (siehe Bedarfslücke [%]). Tabelle 3.28 bestimmt den Achsenabschnitt y.

Die auf den Ursachen ermittelten Scoringwerte bestimmen den Szenarioverlauf bzw. die Steigung der Funktion. Diese ist generell negativ, da aufgrund der Recherchen aus Abschn. 2.1.3 in den nächsten Jahren nicht mit einer Trendwende zu rechnen ist und die Kliniken bei im Schnitt mehr als 50-prozentiger Zielerreichung einen Scoringwert von 0 aufweisen. Sobald der Scoringwert ausschlägt, liegt bereits mindestens ein Missstand vor. Da sich die Bedingungen auf dem Arbeitsmarkt, die wirtschaftliche Situation und die demografische Entwicklung nur langsam verändern, wird von einer linearen Funktion ausgegangen. Allerdings ist davon auszugehen, dass sich die Situation stärker verschlimmert, je ungünstiger der gemessene Scoringwert ist. Deshalb erhöht sich der Steigungsfaktor z mit steigendem Scoringwert. Die Scoringwerte beider Engpässe liegen je Klinik zwischen 0 und 12. Für die Berechnung der Funktion wird die Verteilung aus Tabelle. 3.29 hinterlegt (s. hierzu Tab. 3.29).

3.7 Schritt 6: Ermittlung von Messgrößen zur Bewertung der personellen Risiken

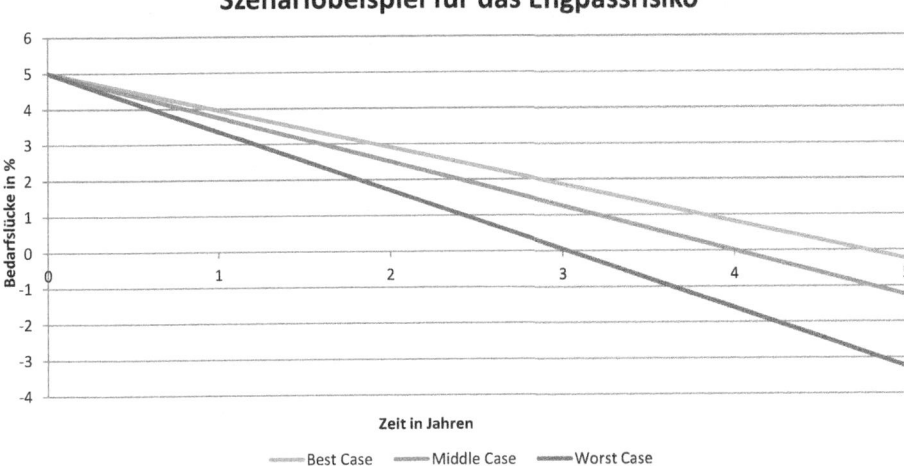

Abb. 3.6 Szenariobeispiel für das Engpassrisiko. (Quelle: Eigene Darstellung/Oeder)

Die genannten Werte basieren auf der Einschätzung der Verfasserin und müssen mit zunehmender Erfahrung überprüft und ggf. angepasst werden. Folglich ergibt sich für die Szenarioanalyse die Funktion nach Formel 3.7.

$$f(x) = y - z \cdot x \qquad (3.7)$$

Für den Best- und den Worst-Case werden jeweils 0,2 zu- bzw. abgeschlagen. Sollte sich in einem Szenario eine negative Abweichung von mindestens 20 ergeben, gilt eine existenzielle Bedrohung als vorhanden, da dies ein mindestens 20-prozentiges Personaldefizit im Pflegebereich bzw. dem ärztlichen Dienst bedeutet und mit dem DRG-System anderweitig nicht ausgeglichen werden kann. Fällt die 20-Punkte-Marke gar nicht in der Simulation, so wird kein Scoringpunkt für das Engpassrisiko vergeben. Auch für den Fall, dass die 20-Punkte-Marke nur im Worst-Case erreicht wird, wird kein Scoringpunkt vergeben. Mehr als 20 Punkte Abweichung im Middle-Case verursacht einen Scoringpunkt und mehr als 20 Punkte Abweichung im Best-Case verursacht ein Scoring von 2.

Zu beachten ist, dass diese Szenario-Analyse keine exakte Berechnung der Personalüber- bzw. -unterdeckung zu einem bestimmten Zeitpunkt darstellt sondern nur die Gefahr bewertet, wie existenzbedrohend der personelle Engpass einer Klinik ist. Positive wie negative Störereignisse wie zum Beispiel das Engagement von Honorarkräften oder die Veränderung der Konkurrenzsituation werden nicht berücksichtigt.

Abbildung 3.6 zeigt die Szenario-Analyse anhand eines Beispiels für einen anfänglichen Personalüberhang von +5 % und einem Faktor z in der mittleren Scoringbandbreite.

▶ Auf den ersten Blick erscheint diese Vorgehensweise kompliziert. Wenn man alles in der beschriebenen Reihenfolge abarbeitet, kann man diese Szenarioanalyse auch ohne tiefergehende Mathematik-Kenntnisse lösen. Alles beruht auf einer negativen linearen Gleichung. Die aktuelle Bedarfslücke entspricht dem y-Achsenabschnitt und der Grad der Steigung für die drei simulierten Cases ergibt sich aus der Potenziallücke. Mit Excel lässt sich Abb. 3.6 einfach nachstellen. Möchten Sie andere Annahmen und Grenzwerte festlegen? Tun Sie das gerne. Die hier dargestellten Grenzen für die Verteilung von Scoringpunkten sind derzeit Annahmen, die es zu überprüfen gilt, sobald weitere Erfahrungen mit dem Verfahren vorliegen.

3.7.3 Bewertung des Anpassungsrisikos

Für das Anpassungsrisiko wurden die beiden Risikofaktoren „fachliche Anpassungsfähigkeit" und „persönliche Anpassungsfähigkeit" ermittelt. Zur Bewertung der fachlichen Anpassungsfähigkeit der Mitarbeiter (beschränkt auf die Krankenpflege und den ärztlichen Dienst) wird ein Kennzahlensystem eingesetzt. Dieses basiert auf der bereits ursachengesteuerten Identifizierung des Risikos (siehe Abschn. 3.3.3) sowie der konkreten Ursachenermittlung aus Abschn. 3.6.3.

Zur Steigerung der fachlichen Anpassungsfähigkeit müssen das Krankenhaus wie auch die Mitarbeiter selbst aktiv werden. Bei der Bewertung werden die entsprechenden Rahmenbedingungen geprüft. Sowohl verpflichtende Veranstaltungen als auch freiwillige Angebote müssen vorhanden sein und durch die Klinik zeitlich und finanziell unterstützt werden. Jeder Bereich wird durch entsprechende Kennzahlen (siehe Tab. 3.30) und deren Abweichung von einem Referenzwert bewertet. Für die Anzahl der Weiterbildungstage wurde der doppelte Wert des Bundesdurchschnittes genommen, da die Krankenhäuser in der Vergangenheit besonderen Veränderungsprozessen ausgesetzt waren (siehe Ausführungen in Abschn. 3.3.3). Bei der Anzahl der zu gewährenden Freistellung für Bildung wurden die zehn Tage des Bildungsfreistellungsgesetzes Rheinland-Pfalz (vgl. Bildungsfreistellungsgesetz, BFG, von Rheinland-Pfalz) als Referenzwert angenommen. Da das Bildungsfreistellungsgesetz auf Landesebene geregelt wird, sind die Ausprägungen bundesweit uneinheitlich. Die Mehrzahl der Länder hat sich jedoch auf die Zehn-Tages-Regel verständigt. Die übrigen Referenzwerte beruhen auf Erfahrungswerten einer Pilotklinik.

Da für die Bewertung überwiegend Standards geprüft werden, die in anderen Branchen längst übertroffen werden, ist eine Zielerreichung von 50, 60 bzw. 80 % erforderlich, um einen Scoringausschlag zu vermeiden (s. hierzu Tab. 3.31).

Der mögliche Scoringwert liegt zwischen 0 und 6 Punkten.

▶ Haben Sie in der Identifizierungsphase oder bei der Ursachensuche individuelle Punkte aufgenommen, so müssen Sie diese hier weiter berücksichtigen und eine Bewertungssystematik festlegen. Bei den Referenzwerten sind Sie erneut frei, diese zu verändern. Achten Sie – wie immer – auf Plausibilität.

Für die Bewertung der persönlichen Anpassungsfähigkeit der Mitarbeiter wird eine Kombination aus Checkliste und Indikatorsystem (siehe Anlage Nr. 2) eingesetzt. Hierbei werden die fünf von Jean-Marcel Kobi entwickelten persönlichen Flexibilitäten mit messba-

3.7 Schritt 6: Ermittlung von Messgrößen zur Bewertung der personellen Risiken

Tab. 3.30 Kennzahlensystem zur fachlichen Anpassungsfähigkeit. (Quelle: Oeder, S., eigene Darstellung)

Kennzahlensystem zur fachlichen Anpassungsfähigkeit			
Zielgruppe: Erhebung durch Personalcontrolling **Fragetechnik:** selbstständige Bearbeitung			
A Verpflichtende Veranstaltungen zur Steigerung der Anpassungsfähigkeit	Referenzwert	IST-Wert	max 3P.
Die Anzahl der Weiterbildungstage je Mitarbeiter beträgt je Jahr mindestens 5 Tage.	5 Tage/Jahr		
Pro Jahr gibt es mindestens 2 Erfahrungsaustausche für Ärzte zu aktuellen Forschungen.	2 Stück/Jahr		
Pro Jahr gibt es mindestens 2 Erfahrungsaustausche für Pflegekräfte zu aktuellen Forschungen/Studien.	2 Stück/Jahr		
B Freiwillige Angebote zur Steigerung der Anpassungsfähigkeit	Referenzwert	IST-Wert	max 4P.
Pro Station/Bereich sind mindestens 2 Fachzeitschriften abonniert (papierhaft oder elektronisch).	2 Stück/Station		
Jedes Jahr gibt es ein aktuelles internes Weiterbildungsprogramm für beide Zielgruppen.	1 Stück/Jahr		
Es gibt eine Form einer Wissensdatenbank, die dem Austausch berufsbezogener Informationen dient.	1 Stück		
Es gibt die Möglichkeit, an bereichsübergreifenden Projekten, Hospitationen, Job-Rotation etc. freiwillig teilzunehmen.	JA		
C Finanzielle Förderung der Anpassungsfähigkeit	Referenzwert	IST-Wert	max 5P.
Interne Weiterbildungsmaßnahmen werden zu 100% finanziert.	100%		
Für interne Weiterbildungsmaßnahmen werden die Mitarbeiter zu 100% freigestellt.	100%		
Externe, berufsbegleitende Weiterbildungsmaßnahmen werden zu mindestens 50% finanziert.	50%		
Für externe, berufsbegleitende Weiterbildungsmaßnahmen erhalten die Mitarbeiter pauschal 10 Tage Bildungsfreistellung.	10 Tage		
Auf Wunsch ist eine Reduzierung der Arbeitszeit bis auf 80% während einer Weiterbildungsmaßnahme möglich.	80%		
Gesamtsumme (von max. 12 P.):			X Punkte

Tab. 3.31 Bewertung des Risikofaktors „fachliche Anpassungsfähigkeit". (Quelle: Oeder, S., eigene Darstellung)

	fachliche Anpassungsfähigkeit				
	Referenzwert	Wert	> 2 Punkte	1 Punkt	0 Punkte
Verpflichtende Veranstaltungen	2 Punkte				
			> 2 Punkte	1 Punkt	0 Punkte
Freiwillige Angebote	2 Punkte				
			> 3 Punkte	3 Punkte	< 3 Punkte
Finanzielle Förderung	3 Punkte				
zu vergebende Scoringpunkte je Einflussfaktor und zutreffender Rubrik:			0	1	2
Gesamtsumme:					X Punkte

ren Parametern hinterlegt, um eine qualitative Einschätzung zu erlangen (vgl. Kobi 2001, S. 70). Die Checkliste in Tab. 3.32 zeigt die entsprechenden Messkriterien. Zu bemerken ist, dass auch hier sowohl Arbeitgeber als auch Arbeitnehmer aktiv werden müssen, um eine Steigerung der persönlichen Anpassungsfähigkeit zu erreichen. Vor diesem Hinter-

Tab. 3.32 Checkliste zur Bewertung der persönlichen Flexibilität. (Quelle: Oeder, S., eigene Darstellung

Checkliste zur Bewertung der persönlichen Flexibilität		
Zielgruppe: Personalleitung **Fragetechnik:** Einzelinterview bzw. selbstständige Bearbeitung		
A Funktionale Flexibilität	max. 4 P.	
	JA	NEIN
Die Mehrzahl der offenen Stellen in den letzten 2 Jahren konnte im ersten Zug intern besetzt werden.		
> 25% der Mitarbeiter verfügt über eine Doppel- oder Mehrfachqualifikation		
> 25% der Mitarbeiter haben während ihrer Beschäftigungszeit mindestens 1x ihren Arbeitsplatz innerhalb der Klinik gewechselt.		
Es gibt Programme zur Qualifizierung von Generalisten, z. B. Job-Rotation.		
B Zeitflexibilität	max. 5 P.	
	JA	NEIN
Für das Krankenflegepersonal gibt es eine systematische Zeiterfassung.		
Für den ärztlichen Dienst gibt es eine systematische Zeiterfassung.		
Es besteht die Möglichkeit, Informationen und Rundschreiben auch von zu Hause aus zu lesen.		
Es gibt mindestens 3 der folgenden Teilzeit-Arbeitsvarianten: - 400 EUR-Job - TZ 50% - TZ 25% - Altersteilzeit - Beschäftigung während Elternzeit		
Es gibt ein Konzept zur besseren Vereinbarkeit von Beruf und Familie.		
C Lohnflexibilität	max. 0 P.	
	JA	NEIN
Da aktuell eine Lohnanpassung nach unten aufgrund des bereits bestehenden Fachkräftemangels nicht durchsetzbar ist, entfällt dieser Punkt.		
D Geografische Flexibilität	max. 2 P.	
	JA	NEIN
Es gibt ein Zuschussprogramm zu Fahrtkosten (z. B. Job-Ticket, Heimfahrten).		
Bei Wohnsitzwechsel unterstützt die Klinik den mitreisenden Partner bei der Jobsuche.		
E Soziale Flexibilität	max. 2 P.	
	JA	NEIN
Bei Wohnsitzwechsel unterstützt die Klinik die mitreisende Familie bei der Integration.		
Es gibt mind. 2 bereichsübergreifende Veranstaltungen (z. B. Betriebsfest, Auftaktveranstaltung, Weihnachtsfeier,...) pro Jahr.		
Gesamtsumme (von max. 13 P.):	X Punkte	

grund werden beide Parteien in die Bewertung einbezogen. Da es zur Messung von Flexibilitäten keine Instrumente gibt, muss sich damit beholfen werden, dass gemessen wird, ob die Rahmenbedingungen für eine mögliche Flexibilität ausreichend gegeben sind. Als Referenzwert werden mindestens 75 % Zielerreichung angenommen, um einen Ausschlag im Scoring zu verhindern. 80 % werden bei der Zeitflexibilität angesetzt, da diese auch die anderen Flexibilitäten beeinflusst. Die Lohnflexibilität wurde der Vollständigkeit wegen (nach Kobi) aufgenommen, wird aber derzeit nicht bei der Bewertung berücksichtigt, da aufgrund der aktuellen Bedingungen derzeit und in naher Zukunft nicht damit zu rechnen

Tab. 3.33 Bewertung des Risikofaktors „persönliche Anpassungsfähigkeit". (Quelle: Oeder, S., eigene Darstellung)

persönliche Anpassungsfähigkeit					
	Referenzwert	Wert	> 2 Punkte	2 Punkte	< 2 Punkte
Funktionale Flexibilität	2 Punkte				
			> 3 Punkte	3 Punkte	< 3 Punkte
Zeitflexibilität	3 Punkte				
			--	--	--
Lohnflexibilität	0 Punkte				
			> 1 Punkt	1 Punkt	0 Punkte
Geografische Flexibilität	1 Punkt				
			> 1 Punkt	1 Punkt	0 Punkte
Soziale Flexibilität	1 Punkt				
zu vergebende Scoringpunkte je Einflussfaktor und zutreffender Rubrik:			0	1	2
Gesamtsumme:					X Punkte

ist, dass Lohnanpassungen nach unten durchsetzbar sind. Die Aufnahme in das Bewertungssystem würde das Ergebnis verfälschen (s. Abschn. 2.3.2).

Tabelle 3.33 zeigt die Vergabe der Scoringpunkte.

Das mögliche Scoringergebnis liegt zwischen 0 und 8 Punkten.

3.7.4 Bewertung des Austrittsrisikos

Die Risikofaktoren des Austrittsrisikos sind das Ausscheiden aufgrund dem Alter, der eigenen Kündigung, des eigenen Todes oder das partielle Ausscheiden für einen längeren Zeitraum durch einen Unfall, Krankheit oder Elternzeit (siehe Abschn. 3.2).

Der Austritt aufgrund des Alters ist planbar, da mehrere Jahre zuvor bekannt. Zudem ist dieser natürlich und nicht motivationsgesteuert. Ein solcher Austritt stellt dann für ein Krankenhaus ein Risiko dar, wenn entweder eine tragende Schlüsselkraft das Krankenhaus verlässt, oder mehrere Fachkräfte in unmittelbarer zeitlicher Nähe gehen und das Krankenhaus in beiden Fällen nicht ausreichend auf den Abgang vorbereitet ist. Für die konkrete Bewertung des Austrittsrisikos aufgrund des Alters wird für alle Mitarbeiter (Berechnungsgrundlage sind erneut das examinierte Krankenpflegepersonal sowie der ärztliche Dienst), die in den nächsten fünf Jahren die Klinik altersbedingt verlassen werden, das 1,5-fache Jahresgehalt als Risiko angenommen. So viel Geld ist in etwa aufzuwenden, um einen Mitarbeiter zu ersetzten, dessen Ersatz man nicht geplant hatte (vgl. Wucknitz 2002, S. 112). Reduziert werden kann das Risiko durch vorbereitende Maßnahmen, die die Klinik bei altersbedingten Austritten betreibt. Die Übersicht in Tab. 3.34 zeigt, welche Präventivmaßnahmen als risikosenkend angerechnet werden können. Hierfür wird das einfache Instrument der Checkliste eingesetzt und die bei der Identifikation ermittelten Maßnahmen übernommen. Für jede Maßnahme, die in einer Klinik vorhanden ist, erhält das Krankenhaus einen Punkt. Jede der genannten Maßnahmen ist geeignet, das altersbedingte Austrittsrisiko um 25 % zu senken. Bei zwei Punkten wird das finanzielle Risiko um 50 % gesenkt.

Tab. 3.34 Checkliste zur Bewertung der Vorbereitungsmaßnahmen bei Austritten aufgrund des Alters. (Quelle: Oeder, S., eigene Darstellung)

Checkliste zur Bewertung der Vorbereitungsmaßnahmen bei Austritten aufgrund des Alters		
Zielgruppe: Personalleitung **Fragetechnik:** Einzelinterview bzw. selbstständige Bearbeitung		
Vorbereitende Maßnahmen	**max. 4 P.**	
	JA	NEIN
Es gibt ein systematisches Nachfolgemanagement inkl. Know-How-Transfer.		
Es gibt ein schlüssiges, schriftlich fixiertes Personalentwicklungskonzept für die Fachkräfteentwicklung.		
Der Nachfolger einer ausscheidenden Schlüsselkraft steht mindestens 6 Monate vor dessen Austritt namentlich fest.		
Es gibt ein Förderprogramm für Nachwuchsführungskräfte.		
Gesamtsumme (von max. 4 P.):	X Punkte	

Tab. 3.35 Bewertung des Risikofaktors „Austritt aufgrund Alter". (Quelle: Oeder, S., eigene Darstellung)

Austritt aufgrund Alter					
	Referenzwert	Wert	> 2 Punkte	2 Punkte	< 2 Punkte
Höhe des Austrittsrisikos abzüglich vorbeugender Maßnahmen	2 Punkte				
zu vergebende Scoringpunkte je Einflussfaktor und zutreffender Rubrik:			0	1	2
Gesamtsumme:					X Punkte

Zur Verteilung der Scoringpunkte ergibt sich aus Tab. 3.35.

Der mögliche Scoringwert liegt zwischen 0 und 2 Punkten.

In diesem Fall erfolgt die Verteilung etwas stringenter, da hierbei häufig hohe Summen als Verlustpotenzial dahinter stehen. 50 % Restrisiko führt in diesem Fall immer noch zu einer Bepunktung von eins. Erst bei einem Restrisiko von 25 % oder weniger, also drei oder vier Punkten, entfällt ein Ausschlag. Zwei Scoringpunkte gibt es für ein Restrisiko von 75 % oder mehr, also eins oder null Punkte. Um diese Bewertung auch für große Kliniken anwendbar zu machen, ist es erforderlich, zusätzlich eine Untergrenze einzuführen: Nach Abzug aller Vorbeugungsmaßnahmen darf eine maximale Verlusthöhe von höchstens zwei Prozent des Jahresumsatzes nicht überschritten werden. Ist dies dennoch der Fall, werden sofort zwei Scoringpunkte vergeben. Dies dient als zusätzliche Sicherheit. Theoretisch könnte aufgrund unglücklich geschlossener Altersteilzeitverträge in den kommenden fünf Jahren einer Klinik eine Welle an Austritten in die Freizeitphase der Altersteilzeit bevorstehen. Die Summe der Austritte könnte ein derart hohes Risiko erzeugen, dass es durch herkömmliche Präventionsmaßnahmen nicht abzufangen ist. In diesem Fall ist dieses Risiko als besonders hoch einzustufen und in Phase drei des Risikomanagementkreislaufs mit außergewöhnlichen Gegenmaßnahmen zu bekämpfen.

3.7 Schritt 6: Ermittlung von Messgrößen zur Bewertung der personellen Risiken

▶ Hier können Sie die vier Maßnahmenoptionen austauschen. Jedoch sollten Sie nicht nur diese anführen, die Ihr Haus bereits umsetzt. Vor diesem Hintergrund prüfen Sie zuerst, ob Sie diese hier genannten bereits umsetzen. Achten Sie bei Veränderungen wieder auf die richtige Vergabe der Scoringpunkte. Als Referenzwert zur Berechnung der Untergrenze können Sie anstatt dem Jahresumsatz auch eine andere Größe ansetzen. Hierbei sollten Sie unbedingt darauf achten, dass sie sich auf das Gesamthaus bezieht, jährlich einigermaßen konstant bleibt und nachhaltig sicher und auf die gleiche Weise berechnet wird.

Der Austritt aufgrund der mitarbeiterseitigen Kündigung ist per se schon ein relativ hohes Risiko, denn dieser ist in der Regel nicht planbar (anders als beim altersbedingten Austritt). Maximal die Kündigungsfrist steht dem Krankenhaus zur Verfügung, um die Nachfolge zu organisieren. Betrachtet man die Ausführungen in Abschn. 2.1.3, so gewinnt dieses Risiko weiter an Bedeutung, denn eine externe Besetzung von Fachkräften ist schon jetzt sehr schwierig. Für die Bewertung des Austrittsrisikos aufgrund Kündigung werden ausschließlich die Schlüsselpositionen einer Klinik betrachtet. Es wird davon ausgegangen, dass geringqualifizierte Berufsgruppen erstens leichter extern ersetzt und zweitens intern schneller entwickelt werden können. Der Massenaustritt vieler Mitarbeiter aus geringqualifizierten Berufsgruppen könnte ebenfalls ein Risiko darstellen. Dies soll im Bellheimer Verfahren nicht betrachtet werden, da dieser Fall eher selten ist und kein Risiko darstellt, das krankenhausspezifisch messbar wäre. Die Bewertung erfolgt in Anlehnung an die Saarbrücker Formel, eine Methode aus dem Bereich der Human-Capital-Modelle (HC-Modelle) (siehe Anhang Nr. 2). Diese Modelle berechnen den Wert des Wissens und der Qualifikation der Mitarbeiter eines Unternehmens. Sie sind eine gute Grundlage zur Bewertung der Mitarbeiter als Unternehmenskapital, allerdings werden bei allen Modellen Annahmen getroffen, um qualitative Merkmale zu quantifizieren. Hierdurch entsteht eine Scheingenauigkeit. Für die im Rahmen der Identifizierung des Engpassrisikos ermittelten Schlüsselkräfte (siehe Abschn. 3.3.2) wird die HC-Wertbasis ermittelt.

▶ „Die HC-Wertbasis spiegelt als Bestandsgröße (in Euro) die Mitarbeiterfähigkeiten wider, die zur Leistungserstellung beitragen. Ihre Berechnung basiert auf Beschäftigtenzahlen und Arbeitsmarktreferenzgehältern." (Scholz et al. 2005, S. 226)

Es wird unterstellt, dass der Wert eines Vollzeitmitarbeiters, gemessen an seinem marktüblichen Wiederbeschaffungswert, gleich der Wertschöpfung ist, die er für ein Krankenhaus erbringt und welche eine Klinik verliert, sollte eine Schlüsselkraft unerwartet kündigen. Beim Ansatz des Durchschnittsgehalts wird das branchenübliche Gehalt (Grundlage für den Ansatz der Durchschnittsgehälter ist der Bundesdurchschnitt nach Ländern in der Tab. 7.1 der Veröffentlichung in der Fachserie 12, Reihe 6.3, Kostennachweis der Krankenhäuser, des Statistischen Bundesamts; siehe Anhang Nr. 3). angenommen, nicht der höhere Ansatz von Honorarkräften, denn es wird unterstellt, dass eine Klinik immer versuchen wird, einen Ersatz in dauerhafter Festanstellung zu bekommen, anstatt die Stelle mit ständig wechselndem Personal auszustatten. In den meisten Fällen ist dies etwas zu niedrig gegriffen, da die Leistungserbringer (ärztlicher Dienst und Krankenpflegepersonal) Erträge erwirtschaften, die Mitarbeiter in Stabsfunktionen quersubventionieren müssen. Allerdings wird gleichermaßen davon ausgegangen, dass der Mitarbeiter gut motiviert ist und die Rüst- und Leerlaufzeiten eingepreist sind. Auch hier kann man nur Annahmen treffen. Für die Bewertung in diesem Fall ergibt sich Formel 3.8.

$$HC - WERTBASIS = \sum_{i=1}^{10} MAK_i \cdot L_i \qquad (3.8)$$

- „MAK" ist die Zahl der beschäftigten Vollzeitkräfte in einer Schlüsselposition.
- „i" steht als Platzhalter für die jeweils festgelegten Schlüsselpositionen (beschränkt auf die zehn wichtigsten).
- „L" steht als Platzhalter für die branchenüblichen Durchschnittsbruttojahresgehälter der Berufsgruppe der jeweiligen Schlüsselposition.

Es wird also für die zehn wichtigsten Schlüsselpositionen die HC-Wertbasis berechnet. Um das tatsächliche Austrittsrisiko zu berechnen muss die HC-Wertbasis jeder Schlüsselposition mit der Fluktuationsquote der jeweiligen Berufsgruppe gewichtet werden. Formel 3.9 ergibt sich für die Gesamtberechnung.

$$AUSTRITTSRISIKO = \sum_{i=1}^{10} HC - WERTBASIS_i \cdot F_i \qquad (3.9)$$

- „i" ist in diesem Fall die Variable für die zehn Schlüsselpositionen.
- „F" gibt die Fluktuationsquote in Prozent der jeweiligen Berufsgruppe an.

Die Bewertung im Rahmen des Scorings erfolgt in Relation mit dem Umsatz der Klinik (s. hierzu Tab. 3.36).

Da bei der Bewertung die Gesamtsumme des Wertverlusts aller zehn Schlüsselpositionen berechnet wird, wird der Referenzwert mit zwei Prozent angesetzt. Werte zwischen zwei und drei Prozent des Umsatzes werden mit einem Punkt gewertet. Höhere Werte

Tab. 3.36 Bewertung des Risikofaktors „Austritt aufgrund Kündigung". (Quelle: Oeder, S., eigene Darstellung)

	Austritt aufgrund Kündigung				
	Referenzwert	Wert	< 2%	< 3%	> 3%
Höhe des Austrittsrisikos in % des Umsatzes	2% des Umsatzes				
zu vergebende Scoringpunkte je Einflussfaktor und zutreffender Rubrik:			0	1	2
Gesamtsumme:					X Punkte

3.7 Schritt 6: Ermittlung von Messgrößen zur Bewertung der personellen Risiken

als drei Prozent sorgen für einen Ausschlag von zwei Punkten im Scoring. Der mögliche Scoringwert liegt zwischen 0 und 2 Punkten.

▶ Auch hier klingt der Ansatz zunächst verwirrend. Dröseln Sie die Beschreibung auf und ersetzen Sie die dargestellten Platzhalter nacheinander. Sie werden sehen, die Formel ist nicht so kompliziert. Excel hilft Ihnen, die Summen zu bilden.
   Erneut können Sie als Referenzgröße eine andere als den Umsatz wählen, zum Beispiel Deckungsbeiträge. Beachten Sie jedoch die vorhin angesprochenen Anforderungen und legen Sie einen sinnvollen Referenzwert fest, wenn es um die Bepunktung im Scoring geht.

Das Austrittsrisiko, das durch den unerwarteten Tod einer Schlüsselkraft entstehen kann, ist in Zeiten des Fachkräftemangels bedeutend. Eine Vorbereitung darauf, wie es beim Austritt aufgrund Alter oder auch bei einer fristgerechten Kündigung möglich ist, ist in diesem Fall nicht machbar. Der einhergehende Know-how-Verlust und die unter Umständen langwierige Suche nach einem adäquaten Ersatz am freien Arbeitsmarkt verursachen Defizite, weil das Image des Fachbereichs unter Umständen an dieser Person hing und Spezialbehandlungen nicht mehr abgebildet werden können und deshalb alternative Einkommensquellen erschlossen werden müssen. Vor diesem Hintergrund wird diese stets latent schwebende Gefahr generell mit einem Scoringpunkt bewertet und keine klinikindividuelle Bewertung ermittelt.

Auch partielle Austritte aufgrund von Erkrankungen, Unfällen oder die Inanspruchnahme von Elternzeit bergen Ausfallrisiken, insbesondere dann, wenn die Klinik nicht ausreichend darauf vorbereitet ist. Da die genannten Ursachen kaum durch das Krankenhaus beeinflussbar sind, werden bei der Bewertung, wie auch bei der Identifikation qualitative Präventionsmaßnahmen als Einflussfaktoren berücksichtigt. Für die Bewertung wird das qualitative Verfahren der Checkliste angewandt (s. Anhang Nr. 2). Für die Einrichtung und Umsetzung von Konzepten im Rahmen des Stellvertretermanagements, Gesundheitsmanagements und der besseren Vereinbarkeit von Beruf und Familie kann ein Krankenhaus Punkte sammeln (s. Tab. 3.37).

Im Scoring schlägt der erreichte Wert wie in Tab. 3.38 dargestellt aus.

Da diese Instrumente nicht nur geeignet sind, partielle Austrittsrisiken zu vermindern, sondern auch das Arbeitgeberimage steigern können, muss eine Klinik mindestens vier von sieben möglichen Punkten erzielen, um eine neutrale Scoringbewertung in diesem Risikobereich zu erhalten. Der mögliche Scoringwert liegt zwischen null und zwei Punkten.

▶ Gerne können Sie auch hier vorbereitende Maßnahmen ergänzen und/oder austauschen. Achten Sie wieder auf Plausibilität und ein angemessenes Verhältnis bei der Vergabe der Scoringpunkte.

Tab. 3.37 Checkliste zur Bewertung der Vorbereitungsmaßnahmen bei partiellen Austritten. (Quelle: Oeder, S., eigene Darstellung)

Checkliste zur Bewertung der Vorbereitungsmaßnahmen bei partiellen Austritten		
Zielgruppe:	Personalleitung	
Fragetechnik:	Einzelinterview bzw. selbstständige Bearbeitung	
Vorbereitende Maßnahmen	max. 7 P.	
	JA	NEIN
Es gibt ein schriftlich fixiertes Stellvertretermanagement.		
Für jede Schlüsselkraft gibt es einen namentlich benannten Stellvertreter.		
Es gibt ein fest installiertes Gesundheitsmanagement.		
Es werden insbesondere Präventionsmaßnahmen für typische Berufserkrankungen (Rückenleiden, stressbedingte Erkrankungen,...) angeboten.		
Es gibt ein schriftlich fixiertes Konzept zur Wiedereingliederung nach längerer Krankheit.		
Es gibt ein schriftlich fixiertes Konzept zur besseren Vereinbarkeit von Beruf & Familie.		
Es gibt ein Förderprogramm für Nachwuchsführungskräfte.		
Gesamtsumme (von max. 7 P.):	X Punkte	

Tab. 3.38 Bewertung des Risikofaktors „partieller Austritt". (Quelle: Oeder, S., eigene Darstellung)

Partieller Austritt					
	Referenzwert	Wert	> 4 Punkte	< 4 Punkte	< 2 Punkte
Vorhandensein von Präventionsmaßnahmen	4 Punkte				
zu vergebende Scoringpunkte je Einflussfaktor und zutreffender Rubrik:			0	1	2
Gesamtsumme:					X Punkte

3.7.5 Bewertung des Motivationsrisikos

Die Bewertung des Motivationsrisikos gestaltet sich am schwierigsten von allen Risikoarten, da diese in höchstem Maße von der individuellen Motivationsstruktur der betrachteten Mitarbeiter selbst abhängt und so eindeutige Kausalzusammenhänge häufig fehlen (vgl. Lisges und Schübbe 2009, S. 304). So unterschiedlich Menschen sind, so unterschiedlich gestaltet sich deren Motivation, in einem bestimmten Beruf, in einer bestimmten Region, für einen bestimmten Arbeitgeber zu arbeiten. Dies stellt die Daseinsberechtigung der vielen unterschiedlichen Motivationstheorien von Herzberg, über Sprenger bis hin zu Porter & Lawler dar. Um wirklich festzustellen, ob für die Mitarbeiter einer Klinik ein Motivationsrisiko hinsichtlich des Alters, des Leistungswillen, der möglichen Überforderung oder der inneren Kündigung vorliegt, müsste man zunächst in Einzelinterviews überprüfen, welche Motivationsfaktoren die jeweiligen Mitarbeiter antreiben und inwieweit diese durch den Arbeitgeber erfüllt werden (können) (vgl. Kobi 2002, S. 121 ff.). Auch ohne detaillierte Kalkulation ist zu erkennen, dass dieser Aufwand höher wäre, als der Nutzen, der aus den gewonnenen Erkenntnissen entstehen würde.

3.7 Schritt 6: Ermittlung von Messgrößen zur Bewertung der personellen Risiken

Eine andere Methode, die von mehreren Fachleuten vorgeschlagen wird, ist das Kennzahlensystem. Kennzahlen, die bereits als Standards im Personalcontrolling erhoben werden, können hinsichtlich der Motivation der Mitarbeiter interpretiert werden. So schlägt beispielsweise Hentze vor, die Arbeitsproduktivität (gemessen am Umsatz je Mitarbeiter, Betten je Mitarbeiter oder Patienten je Mitarbeiter) sowie den Krankenstand als Messinstrument für Demotivation zu nutzen. Er unterstellt hierbei, dass Demotivation zu erhöhten Krankenständen und sinkender Arbeitsproduktivität führt (vgl. Hentze und Kammel 2010, S. 194). Andere Einflussfaktoren auf diese Kennzahl werden hierbei nicht berücksichtigt, so dass der Kausalzusammenhang nicht eindeutig nachgewiesen ist. Lisges und Schübbe ziehen außerdem die Fehlerquote als weitere Kennzahl in die Betrachtung mit ein. Allerdings fehlt auch hier der eindeutige Kausalzusammenhang (vgl. Lisges und Schübbe 2009, S. 301). Vor diesem Hintergrund wird diese Herangehensweise für das Bellheimer Verfahren nicht gewählt. Um den Erhebungsaufwand möglichst überschaubar zu halten aber dennoch die Ursachen mitarbeiterindividuell zu erfragen, kommt das Bewertungsinstrument der schriftlichen Mitarbeiterbefragung, basierend auf dem Konzept von Hilb (vgl. Kobi 2002, S. 122 m. w. N.), zum Einsatz. Befragt werden sollen alle Mitarbeiter des Krankenpflegedienstes und des ärztlichen Dienstes. Die Befragung erfolgt anonym, um Befangenheiten zu mindern. Die Teilnehmer sollen 20 Arbeitszufriedenheitskriterien auf einer Skala von null bis zehn zunächst dahingehend bewerten, ob diese für sie ganz persönlich wichtig sind. Im zweiten Schritt sollen die Mitarbeiter, ebenfalls mit Hilfe einer Skala von null bis zehn bewerten, inwiefern sie ganz persönlich mit deren Erfüllung in der Klinik zufrieden sind. Der Fragebogen in Abb. 3.7 stellt die Vorgehensweise und 20 Kriterien beispielhaft dar.

In der konkreten Umsetzung empfiehlt es sich, die mit einer repräsentativen Stichprobe der Mitarbeiter erarbeiteten Ursachenkomplexe aus der Identifikationsphase als Kriterien zu verwenden. Dies ermöglicht eine noch individuellere Bewertung der jeweils zu untersuchenden Klinik. Außerdem werden auf diese Art und Weise alle möglichen Ursachenkomplexe für alle vier Risikofaktoren gleichermaßen in der Bewertung berücksichtigt. Für die Durchführung empfiehlt sich die Programmierung eines elektronischen Fragebogens, um die Befragung online durchführen zu können. Auch die Auswertung kann so elektronisch erfolgen. Für die Auswertung werden insbesondere die Differenzen bei den angegebenen Kriterien betrachtet, wobei eine Abweichung im positiven Bereich mit null bewertet wird. Hiermit wird vermieden, dass bei der späteren Verrechnung durch die scheinbare „Übererfüllung" von Kriterien (welche faktisch nicht möglich ist), negative Differenzen bei anderen Kriterien ausgeglichen werden können. Die Interpretation der Umfrageergebnisse erfolgt in zweierlei Hinsicht: Zunächst liefern Kriterien, die a) häufig genannt werden und b) häufig mit einer negativen Abweichung versehen sind, konkrete Hinweise auf Missstände. Außerdem kann der Grad der Unzufriedenheit bzw. Demotivation gemessen werden. Hierfür wird wie folgt vorgegangen:

- Auswertung der zehn Kriterien, die am höchsten bepunktet werden ($\triangleq 100\%$).
- Entsprechend der Höhe ihrer Bepunktung werden diese gewichtet (dabei muss die Summe aller Gewichte gleich eins sein). Damit erhalten sie eine unterschiedliche Bedeutung.

Fragebogen zur Mitarbeiterzufriedenheit

Sehr geehrte Damen und Herren,

im Rahmen einer Messung der Personalrisiken unseres Krankenhauses bitten wir Sie folgende Fragen nach Ihrer persönlichen Einschätzung zu beantworten. Die Befragung erfolgt vollständig anonym und dauert ca. 5-10 Minuten. Die Beteiligung ist freiwillig. Sie können mit Ihrer Teilnahme einen Beitrag zur Verbesserung der Arbeitsbedingungen leisten und würden uns damit sehr helfen.

Mit freundlichen Grüßen
die Geschäftsleitung

Vielen Dank für Ihre Unterstützung!

Ich gehöre zum:

☐ Krankenpflegepersonal ☐ ärztlichen Dienst

1. Wie wichtig sind Ihnen die folgenden Kriterien bei Ihrer Arbeit?
   Bitte vergeben Sie für jedes Kriterium Punkte zwischen 0 (= völlig unwichig) bis 10 (= extrem wichtig).

Nr.	Kriterium	Wert	Nr.	Kriterium	Wert
1	sicherer Arbeitsplatz		11	Transparenz der Geschäftsziele	
2	gute Aufstiegsmöglichkeiten		12	sinnvolle und befriedigende Tätgkeit	
3	gute Vergütung		13	gutes Verhältnis zum Vorgesetzten	
4	flexible Arbeitszeitgestaltung		14	hohe Selbstständigkeit bei der Abeit	
5	gute Verpflegungsmöglichkeiten		15	Engagement des Vorgesetzten	
6	umfassende Informationen über das Krankenhausgeschehen		16	Guter Ruf des Krankenhauses in der Öffentlichkeit	
7	gute Weiterbildungsmöglichkeiten		17	gutes Verhältnis zu Arbeitskollegen	
8	gute Sozialleistungen		18	gerechte Leistungsbeurteilung	
9	gute Organisation der Station/Abteilung		19	echte Mitsprachemöglichkeiten	
10	gute Arbeitsplatzgestaltung		20	gerechte Arbeitsauslastung	

2. Wie zufrieden sind Sie mit den hier aufgeführten Kriterien in unserer Klinik?
   Bitte vergeben Sie für jedes Kriterium Punkte zwischen 0 (= völlig unzufrieden) bis 10 (= extrem zufrieden).

Nr.	Kriterium	Wert	Nr.	Kriterium	Wert
1	sicherer Arbeitsplatz		11	Transparenz der Geschäftsziele	
2	gute Aufstiegsmöglichkeiten		12	sinnvolle und befriedigende Tätgkeit	
3	gute Vergütung		13	gutes Verhältnis zum Vorgesetzten	
4	flexible Arbeitszeitgestaltung		14	hohe Selbstständigkeit bei der Abeit	
5	gute Verpflegungsmöglichkeiten		15	Engagement des Vorgesetzten	
6	umfassende Informationen über das Krankenhausgeschehen		16	Guter Ruf des Krankenhauses in der Öffentlichkeit	
7	gute Weiterbildungsmöglichkeiten		17	gutes Verhältnis zu Arbeitskollegen	
8	gute Sozialleistungen		18	gerechte Leistungsbeurteilung	
9	gute Organisation der Station/Abteilung		19	echte Mitsprachemöglichkeiten	
10	gute Arbeitsplatzgestaltung		20	gerechte Arbeitsauslastung	

Abb. 3.7 Fragebogen zur Mitarbeiterzufriedenheit. (Quelle: Eigene Darstellung/Oeder)

- Anschließend werden die Differenzen dieser Kriterien aus den Umfrageergebnissen ermittelt und ein durchschnittlicher Abweichungswert errechnet.
- Der durchschnittliche Abweichungswert je Kriterium (d) wird anschließend mit dessen Gewicht (g) multipliziert und gemäß Formel 3.10 summiert:

$$\sum_{t=1}^{10} d_t \cdot g_t \tag{3.10}$$

3.7 Schritt 6: Ermittlung von Messgrößen zur Bewertung der personellen Risiken

Tab. 3.39 Bewertung des Motivationsrisikos. (Quelle: Oeder, S., eigene Darstellung)

Motivationsrisiko					
	Referenzwert	Wert	< 30%	< 40%	> 40%
Prozentual zurückgehaltene Leistung	30%				
zu vergebende Scoringpunkte je Einflussfaktor und zutreffender Rubrik:			0	1	2
Gesamtsumme:					X Punkte

Für die Interpretation des Wertes wird unterstellt, dass dieser die prozentuale Abweichung von zehn darstellt. Liegt der errechnete Wert beispielsweise bei 3,5, so wird unterstellt, dass die befragten Mitarbeiter nur zu 65 % mit ihrem Arbeitsplatz zufrieden sind und 35 % ihrer Leistung zurückhalten. Nach Kobi lässt sich der Schaden für das Unternehmen in Euro beziffern, indem unterstellt wird, dass je Mitarbeiter 35 % des Gehaltes bezahlt werden, ohne, dass dieser eine adäquate Arbeitsleistung hierfür erbringt. Da aufgrund der anonymisierten Erhebung eine individuelle Berechnung unmöglich ist, wird das Durchschnittsgehalt zuerst mit dem Prozentsatz und danach mit der Zahl der Beschäftigten im Krankenpflegedient und dem ärztlichen Dienst multipliziert.

Da sowohl das Durchschnittsgehalt als auch der Betrag, der unter Umständen für ein Krankenhaus existenzbedrohend sein kann, differieren, wird die Scoringeinteilung anhand der prozentualen Ergebnisse vorgenommen. Es gilt die Verteilung in Tab. 3.39.

Sind die Mitarbeiter einer Klinik im Schnitt zu 30 % demotiviert, ist dies gerade noch akzeptabel und führt zu keinem Scoringpunkt. Dieser Wert ist relativ hoch, gemessen an der erwarteten Gesamtleistung. Allerdings wird damit auch unterstellt, dass jemand, der zufrieden ist, in gleichem Maße seine Leistung zurückhält. In dieser Unterstellung wird nicht berücksichtigt, dass es auch Mitarbeiter gibt, die unzufrieden sind, aber aufgrund ihres Loyalitätsanspruchs an sich selbst trotzdem die erwartete Leistung erbringen. Deshalb wird der Referenzwert hier etwas höher angesetzt. Für Werte zwischen 30 und 40 % wird ein Scoringpunkt vergeben, Werte über 40 % schlagen mit zwei Punkten zu Buche. Der mögliche Scoringwert liegt zwischen 0 und 2 Punkten.

▶ Anstatt des Einsatzes des hier vorgeschlagenen Fragebogens können Sie auch eine umfangreiche Zufriedenheitsbefragung durchführen. Haben Sie so etwas gerade gemacht, nutzen Sie diese Ergebnisse. Ist Ihnen der zeitliche und monetäre Aufwand hierfür zu groß, setzen Sie den hier dargestellten Fragebogen, möglichst individualisiert durch die Ergebnisse aus Ihrem Workshop aus der Identifikationsphase ein. Schätzen Sie die Angaben hier bitte nicht selbst. Versuchen Sie, so viele Mitarbeiter für die Teilnahme zu gewinnen, wie möglich. Die Ergebnisse geben Ihnen schon jetzt gute Hinweise, wo Sie bei der Steuerung später am besten ansetzen. Bei der Berechnung gehen Sie genau nach Beschreibung vor. Die Erfassung der Daten in Excel erleichtert Ihnen am Ende die Summenbildung. Mögen Sie einen anderen Referenzwert? Dann setzen Sie diesen gerne ein, überdenken Sie aber noch mal die genannten Faktoren für die Wahl von 30 %.

3.8 Schritt 7: Berechnung des PeKRA-Indikators

Der nächste Schritt führt alle Bewertungsergebnisse zu einem Superindikator, dem PeKRA-Indikator zusammen. Er misst das gesamte personelle Risiko einer Klinik und macht dieses mit anderen Kliniken vergleichbar. Dadurch, dass alle Bewertungen in Abschn. 3.7 bereits mit dem Scoringverfahren ermittelt wurden, besteht schon eine einheitliche Recheneinheit, mit der gearbeitet werden kann. Der PeKRA-Indikator ist demnach ebenfalls ein Scoring, anhand dessen man die Risikosituation einschätzen kann. Die Skaleneinteilung sowie die Verrechnung der einzelnen Bewertungsergebnisse werden im Folgenden beschrieben.

Würde man die einzelnen Scoringwerte aus den Bewertungsverfahren unbearbeitet addieren, würden einige Risikofaktoren höher gewichtet werden, weil sie anhand zahlenmäßig mehr Einflussfaktoren gemessen wurden. Dies würde eine unlogische Verzerrung bewirken. Um dies zu vermeiden muss jeder Scoringwert jedes Risikofaktors durch die Anzahl der gemessenen Einflussfaktoren dividiert werden. So wird eine gleichwertige Verteilung erreicht. Tabelle 3.40 zeigt diesen Schritt für jeden Risikofaktor.

▶ Achtung! Sollten Sie im bisherigen Verlauf die Anzahl der Einflussfaktoren je Risikofaktor geändert oder die Scoringpunkte erhöht oder gesenkt haben, ist es an dieser Stelle besonders wichtig, diese exakt zu zählen und durch diese Anzahl zu dividieren. Ohne eine gleichwertige Verteilung können Sie nicht weiter fortfahren. Haben Sie keine Änderungen vorgenommen, können Sie die Werte direkt aus der Tab. 3.40 übernehmen.

Durch die Division ist der maximal mögliche Scoringwert bis auf eine Ausnahme bei allen Risikofaktoren gleich zwei und damit gleich gewichtet, ohne den Einfluss der einzelnen Faktoren zu reduzieren. In dem einen Fall, in dem der Scoringwert durchgängig eins ist, wird das Risiko des plötzlichen Todes einer Schlüsselkraft mit einem festen Wert mitgeführt. Hier wird generell immer ein Wert von eins vergeben, da dieses Risiko nicht durch ein Krankenhaus beeinflussbar ist, dennoch aber ein zu beachtendes Risiko darstellt. Wichtig zu berücksichtigen ist, dass bei den Risikoarten „Engpassrisiko" und „Motivationsrisiko" beim Scoring bereits eine Verknüpfung der einzelnen Risikofaktoren durch die Bewertung an sich vorgenommen wurde. Deshalb ist bei der späteren Gewichtung zu berücksichtigen, dass in diesen beiden Fällen der maximal mögliche relative Scoringwert mit der Anzahl der dahintersteckenden Risikofaktoren multipliziert wird. Die Berechnung des maximalen PeKRA-Wertes bei völlig gleichgewichteter Berücksichtigung der 16 identifizierten Risikofaktoren lautet wie in Formel 3.11.

$$(9 \cdot 2) + 1 + (4 \cdot 2) + (2 \cdot 2) = 31 \qquad (3.11)$$

Die mögliche Scoringbandbreite würde folglich zwischen 0 und 31 Punkten liegen. Hierfür müssten anschließend Intervalle festgelegt werden, die angeben, ob das Personalrisiko gering, mittel oder klein ist. Da die einzelnen Risikofaktoren nicht in jeder Klinik gleich

3.8 Schritt 7: Berechnung des PeKRA-Indikators

Tab. 3.40 Gleichverteilung aller Risiken. (Quelle: Oeder, S., eigene Darstellung)

Gleichverteilung aller Risiken				
Art des Risikos	maximal erreichbarer Scoringwert je Risikofaktor	maximal möglicher Scoringwert je Risikoart	Anzahl gemessener Einflussfaktoren	maximal möglicher relativierter Scoringwert
1. Strukturrisiko				
1.1 ungünstiges wirtschaftliches Umfeld	10	40	5	2
1.2 ungünstige Unternehmensstruktur	10		5	2
1.3 ungünstige Führungsstruktur	10		5	2
1.4 unzureichendes Personalmanagement	10		5	2
2. Engpassrisiko				
2.1 mengenmäßig zu wenig Personal von bestimmten Qualifikationen (Bedarfslücke)	6	2	1	2
2.2 vom Unternehmen nicht genutztes Potenzial (Potenziallücke)	6			
3. Anpassungsrisiko				
3.1 fachliche Anpassung nicht ausreichend	6	14	3	2
3.2 mangelnde persönliche Anpassungsfähigkeit/Flexibilität (hinsichtlich Zeit, Ort, Entgelt)	8		4	2
4. Austrittsrisiko				
4.1 Austritt aufgrund des Alters	2	7	1	2
4.2 Austritt aufgrund von Kündigung	2		1	2
4.3 Austritt aufgrund des eigenen Todes	1		1	1
4.4 partieller Austritt (z. B. durch lange Krankheit, Unfallfolgen, Elternzeit,...)	2		1	2
5. Motivationsrisiko				
5.1 mangelnde Leistungsbereitschaft aufgrund Alter		2	1	2
5.2 fehlender Leistungswille				
5.3 mangelnde Leistungsbereitschaft aufgrund Überforderung / Ausgebrannt sein				
5.4 innere Kündigung				

gewichtig sind, muss diese unterschiedliche Gewichtung in die Berechnung integriert werden. Zur Festlegung der Gewichtungen kommt die Fehlermöglichkeits-und-Einfluss-Analyse (FMEA), angepasst auf den PeKRA-Indikator, zum Einsatz. Die FMEA dient der Priorisierung von einzelnen Faktoren anhand ihrer Bedeutung für ein Unternehmen, ihrer Eintrittswahrscheinlichkeit und ihrer Entdeckungswahrscheinlichkeit. Durchgeführt wird die FMEA in Form einer Gruppenarbeit, bestehend aus ausgewählten Mitarbeitern der 1. Führungsebene (siehe Anhang Nr. 2; vgl. Tietjen und Müller 2003, S. 29 ff.). Diese Methode eignet sich für die Gewichtung der personellen Risiken gut, da sie qualitative Risiken, wie zum Beispiel Personalrisiken, quantifiziert. Nachteilig ist, dass sie auf Schätzwerten von Experten beruht, die eine gewisse Scheinobjektivität vermitteln. Für den PeKRA-Indikator wird die Methode wie folgt abgewandelt und eingesetzt: Die möglichen Fehler werden durch die möglichen Risiken (16 Stück) ersetzt. Für jedes Risiko wird ein Wert für die Kriterien Schadensausmaß (entspricht der Bedeutung), Eintrittswahrscheinlichkeit (bleibt gleich) und Beeinflussbarkeit (entspricht der Entdeckungswahrscheinlichkeit) vergeben. Die standardisierte Skala von 1 bis 10 wird entsprechend der Anzahl der Risikofaktoren auf 1 bis 16 ausgeweitet. Durch Multiplikation der drei Kriterien entsteht die sogenannte Risikoprioritätszahl (RPZ). Diese kann folglich Werte zwischen 1 und 4.096 einnehmen. Teilt man den jeweiligen RPZ durch die Summe aller RPZ (=18.496), so erhält man ein prozentuales Gewicht von 100 %. Die Summe der einzelnen Risiken ergibt 1 (=100 Prozent). Damit ist jeder Risikofaktor individuell gewichtet. Die jeweiligen Einzelwerte werden aus der Rangfolgeliste aus Abschn. 3.5 (Fragen 1, 2 und 4) entnommen. Damit ergeben sich für die einzelnen Risiken die in Tab. 3.41 genannten RPZ sowie Gewichtungen.

> ▶ Gehen Sie auch hier wieder Schritt für Schritt vor. Haben Sie die Bildung der Rangfolgeliste in Schritt 4 nach der Identifikation gemäß der Beschreibung durchgeführt, so können Sie die Ergebnisse einfach übernehmen und in Tab. 3.41 eintragen. Es wird empfohlen, die Gewichtung wie dargestellt durchzuführen, da die Risikoprioritäten je Krankenhaus unterschiedlich sind. Die ermittelten Gewichte benötigen Sie später noch einmal für den PeKRA-Indikator.

Unter Bezugnahme der Gewichtungen der einzelnen Risikofaktoren könnte man nun den PeKRA-Wert berechnen, indem man den ermittelten Scoringwert aus Tab. 3.40 mit dem ermittelten Gewicht aus Tab. 3.41 multipliziert. Zu beachten ist hierbei, dass das Gewicht des Engpass- und des Motivationsrisikos gemittelt wird, denn hierfür liegt nicht für jeden Risikofaktor ein Scoringwert vor. Diese Vorgehensweise würde allerdings bedeuten, dass jedes Risiko unabhängig von den anderen betrachtet wird. Selbst ohne mathematische Berechnung ist erkennbar, dass ein erhöhtes Motivationsrisiko die Kündigungsquote und damit das Austrittsrisiko erhöht. Herrscht ein erheblicher Engpass in der personellen Besetzung eines Krankenhauses, so wirkt sich dies mittelfristig auf die Motivation der Mitarbeiter aus, wenn die Verbleibenden ständig Mehrarbeit leisten müssen. Diese gegenseitigen Beeinflussungen müssen in die Betrachtung miteingeschlossen werden. In der Statistik werden diese Zusammenhänge als Korrelation (vgl. Kremer 2011, S. 84) bezeichnet. Mittels eines Korrelationskoeffizienten (vgl. Kremer 2011, S. 91) wird gemes-

3.8 Schritt 7: Berechnung des PeKRA-Indikators

Tab. 3.41 Fehlermöglichkeits- und Einflussanalyse (Beispiel). (Quelle: Oeder, S., eigene Darstellung)

Fehlermöglichkeits- und Einflussanalyse					
Art des Risikos	Schadensausmaß [S] (Frage 1)	Eintrittswahrscheinlichkeit [E] (Frage 2)	Beeinflussbarkeit [B] (Frage 4)	RPZ (= S·E·B)	Gewicht (= RPZ ÷ 18.496)
1. Strukturrisiko					
1.1 ungünstiges wirtschaftliches Umfeld	1	1	1	1	0,000054066
1.2 ungünstige Unternehmensstruktur	2	2	2	8	0,000432526
1.3 ungünstige Führungsstruktur	3	3	3	27	0,001459775
1.4 unzureichendes Personalmanagement	4	4	4	64	0,003460208
2. Engpassrisiko					
2.1 mengenmäßig zu wenig Personal von bestimmten Qualifikationen (Bedarfslücke)	5	5	5	125	0,006758218
2.2 vom Unternehmen nicht genutztes Potenzial (Potenziallücke)	6	6	6	216	0,011678201
3. Anpassungsrisiko					
3.1 fachliche Anpassung nicht ausreichend	7	7	7	343	0,018544550
3.2 mangelnde persönliche Anpassungsfähigkeit bzw. Flexibilität (hinsichtlich Zeit, Ort, Entgelt)	8	8	8	512	0,027681661
4. Austrittsrisiko					
4.1 Austritt aufgrund des Alters	9	9	9	729	0,039413927
4.2 Austritt aufgrund von Kündigung	10	10	10	1.000	0,054065744
4.3 Austritt aufgrund des eigenen Todes	11	11	11	1.331	0,071961505
4.4 partieller Austritt (z. B. durch lange Krankheit, Unfallfolgen, Elternzeit,...)	12	12	12	1.728	0,093425506
5. Motivationsrisiko					
5.1 mangelnde Leistungsbereitschaft aufgrund Alter	13	13	13	2.197	0,118782439
5.2 fehlender Leistungswille	14	14	14	2.744	0,148356401
5.3 mangelnde Leistungsbereitschaft aufgrund Überforderung / Ausgebrannt sein	15	15	15	3.375	0,182471886
5.4 innere Kündigung	16	16	16	4.096	0,221453287
SUMME:				18.496	1

sen, in welchem Ausmaß zwei Merkmale in einem linearen Zusammenhang stehen. Diese Korrelationskoeffizienten können berechnet werden. Allerdings sind hierfür Messgrößen notwendig, die für die betrachteten Personalrisiken in Krankenhäusern nicht vorliegen. Beispielsweise bräuchte man mindestens für jede Risikoart (besser für jeden Risikofaktor) einen Erwartungswert.

Tab. 3.42 Korrelationskoeffizienten. (Quelle: Oeder, S., eigene Darstellung)

Art des Risikos	Korrelationsrisiko	Korrelationskoeffizient [p_{ij}]
1. Strukturrisiko		
	Motivationsrisiko	0,3
	Engpassrisiko	0,4
	Austrittsrisiko	0,5
	Anpassungsrisiko	0,25
2. Engpassrisiko		
	Anpassungsrisiko	0
	Austrittsrisiko	0,3
	Motivationsrisiko	0,75
3. Anpassungsrisiko		
	Austrittsrisiko	0,2
	Motivationsrisiko	0,5
4. Austrittsrisiko		
	Motivationsrisiko	0,75

Der Erwartungswert ist der Wert einer Variablen, den diese im Durchschnitt annimmt (vgl. Kremer 2011, S. 73 f.).

Dieser Wert ist nicht vorhersehbar und müsste deshalb anhand von Vergangenheitswerten geschätzt werden. Da jedoch bisher in Deutschland die personellen Risiken in Krankenhäusern nicht standardisiert erhoben wurden, ist ein solcher Wert zum jetzigen Zeitpunkt nicht berechenbar. Ein zweiter, erforderlicher Wert ist die sogenannte Standardabweichung. Diese gibt an, wie stark eine Variable durchschnittlich um ihren Mittelwert schwankt (vgl. Kremer 2011, S. 75). Auch hier gibt es keine zukunftsorientierten Berechnungen, so dass aufgrund von Vergangenheitswerten auf den wahrscheinlichen Zukunftswert geschlossen werden müsste. Da auch diese Daten bisher nicht aufgezeichnet wurden, ist auch die Berechnung der Standardabweichung noch nicht möglich. Vor diesem Hintergrund wird der Korrelationskoeffizient für die vorliegenden Risiken von der Verfasserin anhand der Interdependenzeinschätzungen aus Abschn. 3.4 geschätzt. Der Korrelationskoeffizient kann Werte zwischen −1 und +1 annehmen. Bei negativen Werten gleicht das eine Risiko das andere zu einem gewissen Teil aus. Bei positiven Werten verstärkt das eine Risiko das andere (vgl. Kremer 2011, S. 91). Für die vorliegende Risikobewertung wird davon ausgegangen, dass sich einzelne Risiken nicht gegenseitig aufheben sondern nur verschlimmern können. Deshalb sind die Werte alle positiv. Darüber hinaus werden nur Korrelationen für die fünf Risikoarten geschätzt. Würde man Korrelationen zwischen allen 16 Risikofaktoren ermitteln, würden 273 mögliche Interdependenzen entstehen. Vor dem Hintergrund, dass diese derzeit noch geschätzt sind, wäre der Aufwand für die spätere Integration in die Gesamtformel zu hoch, verglichen mit der Aussagekraft. Dafür werden die in Tab. 3.42 dargestellten Werte angenommen.

▶ Für die Berücksichtigung der Wechselwirkungen der einzelnen Risiken ist die Schätzung von Korrelationskoeffizienten notwendig. Sind Sie der Auffassung, dass diese hier dargestellten Korrelationen anders sein müssten, sind Sie frei, diese anzupassen. Wichtig ist dabei, dass sie alle positiv sind und den Wert 1 nicht überschreiten. Achten Sie auch auf gute Differenzierungen. Nicht jedes Risiko macht das andere gleich doppelt so schlimm. Zur Validierung der dargestellten Koeffizienten läuft derzeit ein wissenschaftliches Folgeprojekt. Mit neuen Erkenntnissen hierzu wird Ende 2015 gerechnet.

Bei der Betrachtung fällt auf, dass das Motivationsrisiko relativ stark mit den anderen Risiken korreliert. Demzufolge scheint die Motivation der Mitarbeiter eine gute Stellschraube mit positiven Einflüssen auf die anderen Risiken zu sein. Verbessert beispielsweise eine Klinik die Motivation unter der Belegschaft, so vermindern die umgesetzten Maßnahmen nicht nur das Motivationsrisiko sondern, bedingt durch die hohe gleichläufige Korrelation, auch die anderen Risiken. Um alle Komponenten (Scoringwerte, Gewichtungen und Korrelationen) in einer Formel zu berücksichtigen wird sich einer Methode aus der Finanzmathematik bedient, der sogenannten Portfoliotheorie nach Markowitz.

Die Portfoliotheorie berechnet das Mischungsverhältnis von ausgewählten Wertpapieren, deren Kursentwicklung sich gegenseitig beeinflusst, so, dass bei dem geringstmöglichen Risiko die größtmögliche Rendite entsteht (vgl. Kremer 2011, S. 87 ff.).

Selbstverständlich geht es bei der Analyse der personellen Risiken in einem Krankenhaus nicht um die optimale Zusammenstellung der einzelnen Risiken. Diese Herangehensweise wäre unlogisch. Aber das Verfahren der Portfoliotheorie ermöglicht die rechnerische Bewertung des Risikos eines Portfolios, welche alle drei hier erarbeiteten Komponenten berücksichtigt. Hierfür kommt Formel 3.12 für das Portfoliorisiko am Beispiel von zwei Wertpapieren zum Einsatz.

$$\sigma_p = \sqrt{x_1^2 \sigma_1^2 + x_2^2 \sigma_2^2 + 2 x_1 x_2 \sigma_1 \sigma_2 p_{12}} \tag{3.12}$$

mit

- x_1: Anteil des Wertpapiers 1 am Portfolio
- x_2: Anteil des Wertpapiers 2 am Portfolio
- σ_1: Standardabweichung des Wertpapiers 1
- σ_2: Standardabweichung des Wertpapiers 2
- p_{12}: Korrelationskoeffizient der Wertpapiere 1 und 2.

Die Risikowerte (gemessen als Standardabweichung) der einzelnen Wertpapiere eines Portfolios werden ersetzt durch die Personalrisiken, die ein Krankenhaus aufweist. Diese gehen mit ihrem Scoringwert in die Berechnung ein, da eine exakte Berechnung, wie bereits erläutert, noch nicht möglich ist. Die unterschiedlichen Mengenverhältnisse der Wertpapiere werden ersetzt durch die Gewichtungen der Personalrisiken und die Korrela-

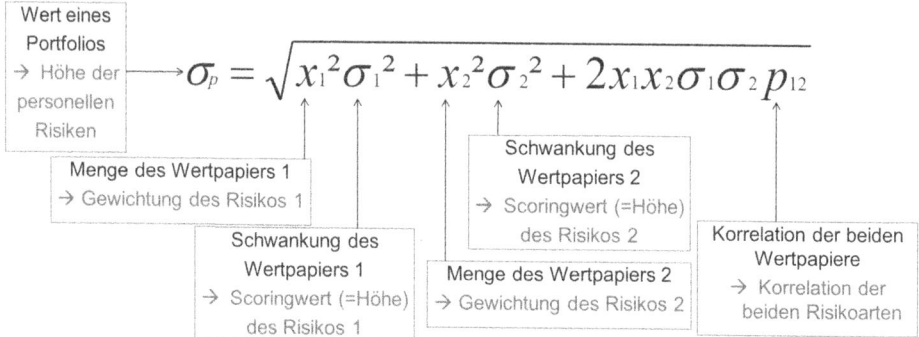

Abb. 3.8 Ersatz der Variablen der Portfoliotheorie von Markowitz durch die Daten des Bellheimer Verfahrens. (Quelle: Eigene Darstellung/Oeder)

tionskoeffizienten der Wertpapiere werden ersetzt durch die Korrelationskoeffizienten der Risiken (s. hierzu Abb. 3.8).

Für die Kombination von mehreren Wertpapieren (bzw. Risiken) ergibt sich Formel 3.13.

$$\min_{x_1 \ldots x_n} \sum [p_{ij} \cdot \sigma_i \cdot \sigma_j x_i x_j] \tag{3.13}$$

Hierbei geben „i" und „j" die beliebige Menge an kombinierbaren Wertpapieren (bzw. Risiken) an. Für die Bewertung des Personalrisikoportfolios einer Klinik werden die fünf Risikoarten miteinander kombiniert. Bei der Berechnung der Werte des PeKRA-Indikators müssen zunächst die gewichteten Scoringwerte je Risikofaktor berechnet und innerhalb ihrer Risikoart zusammengefasst werden. Anschließend können die Werte je Risikoart mit ihrer jeweiligen Korrelation in die o.g. Formel eingesetzt werden.

▶ Tipp: Zerteilen Sie die Formel und rechnen Sie die einzelnen Terme nacheinander in Excel für die jeweiligen Risiken aus. Danach bilden Sie die Summe. Und erst am Ende ziehen Sie die Wurzel daraus. Ändern Sie an der Formel nichts. Denn nur so können Sie die Wechselwirkungen der einzelnen Risiken berücksichtigen und in einem Wert am Ende zusammenfassen.

Demzufolge kann der PeKRA-Indikator Werte von 0 bis 1,801696352 einnehmen. Zur leichteren Differenzierung wird das Endergebnis mit 10 multipliziert. Zur Interpretation und der späteren Ableitung von Handlungsempfehlungen werden die in Tab. 3.43 dargestellten Risikobereiche festgelegt.

Die Portfoliotheorie nach Markowitz gilt allgemein als gesichert. In der Finanzmathematik gilt die Methode als gängiges Instrument zur Diversifizierung von Portfolios (vgl. Spremann 2006, S. 48). Allerdings gelten einige Aspekte als kritisch. Im vorliegenden Fall ist insbesondere die Tatsache, dass die Korrelationskoeffizienten geschätzt sind, kritisch zu beurteilen. Hierzu liegen derzeit weder langfristige Vergangenheitswerte noch gesicherte Erfahrungswerte vor. Selbst wenn zukünftig verlässliche historische Daten vorliegen werden, würde man demnach anhand der vergangenen Werte auf die Zukunft schließen. Dieser Zu-

Tab. 3.43 Risikobereiche des PeKRA-Indikators. (Quelle: Oeder, S., eigene Darstellung)

Risikobereiche	
Wertebereich	Interpretation
13 - 19	hoch
7 - 12	mittel
0 - 6	gering

sammenhang ist ebenfalls eine Unterstellung (vgl. Michalky und Schittler 2008, S. 193 f.). Weiter muss berücksichtigt werden, dass bei der Ermittlung der Risikowerte der einzelnen Risikoarten ebenfalls Schätzungen und Annahmen sowie subjektive Bewertungen von qualitativen Merkmalen verwendet wurden. Dennoch wäre es falsch, nur aufgrund der noch vorhandenen Unsicherheiten bei der Bestimmung die Risiken einfach gar nicht zu messen.

3.9 Schritt 8: Darstellung der Gesamtrisikosituation

Um die beschriebene Vorgehensweise zur Berechnung des PeKRA-Indikators zu standardisieren und für jede Klinik anwendbar zu machen, wird die Programmierung in einem Excel-Tool empfohlen. Selbstverständlich ist jede andere Form der EDV-gestützten Verarbeitung möglich. Die Programmierung sollte streng nach der beschriebenen Vorgehensweise erfolgen. Haben Sie Änderungen vorgenommen, ergänzen Sie diese jeweils an den entsprechenden Stellen und achten Sie darauf, dass inhaltliche Veränderungen immer eine Anpassung der Technik bedürfen.

Für die Darstellung in Excel wird folgender Aufbau vorgeschlagen:

Zunächst wird der Prozess der Identifizierung betrachtet: Für jede Risikoart sollte ein separates Tabellenblatt erstellt werden. Auf diesem Blatt sollten die ermittelten Risikofaktoren sowie deren Einflussfaktoren aufgelistet und die dazugehörigen Identifikationsmechanismen hinterlegt werden. Durch das Befüllen der Datenblätter mit den krankenhausindividuellen Werten kann automatisch erkannt werden, in welchen Bereichen gemäß der definierten Benchmarks ein Risiko besteht. Auf einem Deckblatt sollte zusammengefasst werden, von welchen Risikoarten eine Gefahr ausgeht.

Im zweiten Schritt wird der Prozess der Bewertung betrachtet: Erneut sollte für jede Risikoart ein separates Tabellenblatt erstellt werden, welches ebenfalls die ermittelten Risikofaktoren und deren Einflussfaktoren darstellt. Für alle Risikoarten sollten die zugehörigen Bewertungsmechanismen hinterlegt werden. Das Deckblatt sollte die kumulierten Risiken durch die Darstellung des PeKRA-Indikators zeigen. Auch wenn in der Identifizierungsphase nicht für jede Risikoart eine Gefahr identifiziert wurde, wird empfohlen, für jede Risikoart ein Tabellenblatt für die Bewertung anzulegen, da im Vorfeld nicht klar sein wird, welche Risiken tatsächlich vorhanden sind und entsprechend bewertet werden müssen. Außerdem kann sich die Situation bei einer wiederholten Betrachtung ändern.

Zur besseren Visualisierung des Ergebnisses können Sie dieses mittels eines Ampelsystems farbig kennzeichnen. Dadurch können die Ergebnisse als ausgedruckter Report der jeweiligen Klinik zur Verfügung gestellt werden.

▶ Haben Sie Fragen zur technischen Umsetzung und Visualisierung oder sind Sie an einem Austausch zu möglichen Gegensteuerungsinstrumenten interessiert? – Sprechen Sie uns gerne an.

Fazit

In acht Schritten wurde das Bellheimer Verfahren als Instrument zur Messung und Bewertung personeller Risiken in deutschen Krankenhäusern beispielhaft entwickelt. Zunächst wurden alle potenziell möglichen Risiken notiert und gruppiert. Danach wurden Verfahren festgelegt, um in einer Klinik tatsächlich vorhandene Risiken zu identifizieren. Diese identifizierten Risiken wurden dann in einer Inventurliste zusammengestellt und anschließend nach ihrer Bedeutung für das Krankenhaus priorisiert. Für die einzelnen Risiken wurden mögliche Ursachen ermittelt. Anhand dieser konnten im nächsten Schritt passende Messinstrumente ausgewählt werden, mit Hilfe derer die Gefährlichkeit der einzelnen personellen Risiken festgelegt wurde. Schlussendlich wurden Korrelationskoeffizienten zur Beschreibung der Wechselwirkungen der Einzelrisiken ermittelt. Um die gesamte Personalrisikosituation eines Krankenhauses zu ermitteln, wurde eine finanzmathematische Methode, die Portfoliotheorie von Markowitz, auf das Gesundheitswesen übertragen. Das Ergebnis, ein Risikoindikator, genannt PeKRA-Indikator, misst das Gesamtrisiko inklusive Wechselwirkungen und macht die Krankenhäuser untereinander vergleichbar.

Literatur

Brenscheidt F, Nöllenheidt Ch, Siefer A (2012) Arbeitswelt im Wandel: Zahlen – Daten – Fakten (2012). Dortmund
Bundesagentur für Arbeit (2011) Hintergrundinfo-Fachkraeftebedarf – 2011–2012. Nürnberg
Bundesagentur für Arbeit (2012) Zahlen, Daten, Fakten – Strukturdaten und -indikatoren. Nürnberg
Bundesagentur für Arbeit (2014) Fachkrankenschwester/-pfleger, unter: http://berufenet.arbeitsagentur.de/berufe/?dest=profession&prof-id=14451. Zugegriffen: 05. Jan. 2014. (15:52 Uhr)
Funke E (2013) Für krankes Kind kein Bett in Olgahospital. http://www.stuttgarter-nachrichten.de/inhalt.chronisch-unterbesetzt-fuer-krankes-kleinkind-kein-bett-im-olgahospital.4d230f1f-8737-4c49-a201-9433fc8486e8.html. Zugegriffen: 02. Jan. 2014. (12:28 Uhr)
Hentze J, Kammel A (2010) Personalcontrolling im Krankenhaus. In: Hentze J, Kehres E (Hrsg) Krankenhauscontrolling, 4. Aufl. Stuttgart
Ibers T, Hey A (2005) Risikomanagement. Rinteln
Klaffke, M. (2009) Personal-Risiken und – Handlungsfelder in turbulenten Zeiten, in: Klaffke, M. (Hrsg.): Strategisches Management von Personalrisiken, Wiesbaden

Klöti L (2008) Personalrisiken, Qualitative und quantitative Ansätze für das Management von Personalrisiken

Kobi J-M (2002) Personalrisikomanagement, 2. Aufl. Wiesbaden

Kobi J-M, Backhaus J (2001) Personalrisikomanagement. Stuttgart

Kremer J (2011) Portfoliotheorie, Risikomanagement und die Bewertung von Derivaten. Heidelberg

Lecker U (2009) Aktuelle Entwicklungen – Personalrisikomanagement – Grundlagen des Risikomanagements. In: DGFP e. V. (Hrsg) Personalcontrolling für die Praxis, Konzept – Kennzahlen – Unternehmensbeispiele. Bielefeld

Lisges G, Schübbe F (2009) Personalcontrolling, 3. Aufl. München

Martin T, Bär T (2002) Grundzüge des Risikomanagements nach KonTraG. München

Michalky M, Schittler R (2008) Das große Buch der Börse. München

o. V./dpa (2010) Studie: Viele kündigen, wenn Kollegen unfreundlich sind. http://www.tz-online.de/magazin/beruf-karriere/nachrichten/aktuell/studie-vielekuendigen-wennkollegen-unfreundlich-sind-910212.html. Zugegriffen: 06. Jan. 2014. (10:31 Uhr)

Paul C (2011) Personalrisikomanagement aus ressourcentheoretischer Perspektive. Köln

Scholz C, Stein V, Bechtel R (2005) Human Capital Management, 2. Aufl. Köln

Spremann K (2006) Portfoliomanagement, 3. Aufl. München

Statista (2014) Durchschnittsalter der Bevölkerung in ausgewählten Ländern im Jahr 2013 (Altersmedian in Jahren). http://de.statista.com/statistik/daten/studie/37220/umfrage/altersmedian-der-bevoelkerung-in-ausgewaehlten-laendern/. Zugegriffen: 07. Jan. 2014. (13:08 Uhr)

Statistische Ämter des Bundes und der Länder (2011): Demografischer Wandel in Deutschland, Heft 2 – Auswirkungen auf Krankenhausbehandlungen und Pflegebedürftige im Bund und in den Ländern, Wiesbaden

Statistische Ämter des Bundes und der Länder (2012) Fachserie 12, Reihe 6.3: Gesundheit – Kostennachweis der Krankenhäuser. Wiesbaden

Stiftung Gesundheit (2014) Medizinische Fachgebiete, Facharzt- und Schwerpunktkompetenzen im Überblick. http://www.stiftung-gesundheit-blog.de/bilder/medizin-fachgebiete-fachaerzte.jpg. Zugegriffen: 05. Jan. 2014. (15:51 Uhr)

Tietjen T, Müller D (2003) FMEA-Praxis, 2. überarbeitete Aufl. München

Wolf K, Runzheimer B (2003) Risikomanagement und KonTraG, 4. Aufl. Wiesbaden

Wucknitz U (2002) Handbuch Personalbewertung – Messgrößen, Anwendungsfehler, Fallstudien. Stuttgart

Wucknitz U (2005) Personal-Rating und Personal-Risikomanagement. Stuttgart

Fazit 4

4.1 Zusammenfassung

In den vergangenen Jahren stieg die Zahl der Patienten in deutschen Krankenhäusern aufgrund der Überalterung der Bevölkerung kontinuierlich an. Gleichzeitig reduzierte sich durch vielfältige Ursachen die Zahl der Ärzte und des Krankenpflegepersonals. Dieses Missverhältnis zwischen steigender Nachfrage nach Krankenhausdienstleistungen und sinkenden personellen Kapazitäten verschärfte sich zuletzt so sehr, dass teilweise schon Operationssäle mangels Personal nicht mehr in Betrieb genommen werden konnten.

Spätestens an dieser Stelle wird deutlich, dass sich der personelle Mangel in deutschen Krankenhäusern auf das betriebswirtschaftliche Ergebnis auswirkt. Folglich scheint die Engpasssituation eine ernstzunehmende Gefahr darzustellen, die sich mit der demografischen Entwicklung und des damit einhergehenden Fachkräftemangels zukünftig in doppelter Weise verstärken wird. Eine Auswertung aktueller Studien bestätigte die Vermutung, dass die personellen Risiken, insbesondere das Engpassrisiko, zukünftig eine überlebenswichtige Bedeutung haben werden. Darüber hinaus ist zu erkennen, dass auch andere personelle Risiken, wie das Motivationsrisiko oder das Austrittsrisiko in jüngster Vergangenheit angestiegen sind und existenziell bedrohlich werden könnten, wirkt man diesen nicht entgegen.

Die Analyse der rechtlichen Situation ergab, dass es aktuell keine gesetzliche Verpflichtung für ein Personalrisikomanagement in deutschen Kliniken gibt. Auch die Anforderungen an das Qualitätsmanagement sind nicht umfangreich genug, um die personellen Risiken explizit zu erfassen und zu managen. Die Chance, dass personelle Risiken existenziell bedrohliche Ausmaße annehmen und nicht frühzeitig entdeckt werden, kann hiernach als hoch eingestuft werden.

Dies war Anlass, die personellen Risiken in Krankenhäusern systematisch zu untersuchen. Ziel war es, ein Verfahren zu entwickeln, mit welchem man zunächst identifizieren kann, von welchen Personalrisiken eine (potenzielle) Gefahr ausgeht und zu bewerten, wie groß diese Gefahr bereits ist. Das Verfahren soll für jedes deutsche Krankenhaus anwendbar sein. Untersucht werden sollten die vier klassischen Personalrisiken: Engpassrisiko, Austrittsrisiko, Anpassungsrisiko und das Motivationsrisiko. Basierend auf der Auswertung diverser Studien wurde ein fünftes Risiko, das Strukturrisiko, in die Betrachtung integriert. Nicht berücksichtigt wurden alle versicherbaren Risiken, wie beispielsweise Haftungsrisiken aufgrund ärztlicher Falschbehandlung und das Organisationsverschulden. Auch Auswirkungen auf das Image einer Klinik wurden als nicht existenzbedrohlich eingestuft und in der Betrachtung ausgeklammert.

In Anlehnung an Ibers/Hey wurde das Bellheimer Verfahren als Evaluierungsinstrument entwickelt. Das Bellheimer Verfahren identifiziert und bewertet mit Hilfe von insgesamt 20 verschiedenen quantitativen und qualitativen Messinstrumenten in acht aufeinander aufbauenden Schritten die personellen Risiken eines Krankenhauses. Der daraus resultierende PeKRA-Indikator gibt, ähnlich wie ein Fieberthermometer, an, wie hoch die Risiken für ein spezifisches Krankenhaus sind und ob (akuter) Handlungsbedarf besteht. Zunächst wird in Schritt 1 eine Liste der prinzipiell möglichen personellen Risiken erstellt. Diese werden anschließend den fünf Risikoarten zugeordnet und festgelegt, ob diese exogen oder endogen verursacht werden. Die zugeordneten Risiken stellen die Risikofaktoren dar. In Schritt 2 werden für die Risikofaktoren jeder Risikoart Einflussfaktoren sowie Identifizierungsmechanismen festgelegt. Bei Überschreitung einer definierten Referenzgröße gilt ein Risiko als vorhanden oder nicht. Schritt 3 ist eine Inventurliste aller identifizierten Risiken. Ist eine Risikoart in einem Krankenhaus nicht identifiziert worden, wird sie in der Folge nicht weiter berücksichtigt. Identifizierte Risiken werden mit Schritt 4 in eine Rangfolge gebracht, welche von der individuellen Priorisierung jeder einzelnen Klinik abhängt. Dies ermöglicht erste Hinweise auf die Priorisierung des späteren Managements.

Da die Risikosituation in jedem Krankenhaus anders sein wird, werden im Schritt 5 für jede Risikoart mit den dazugehörigen Risikofaktoren die Ursachen ermittelt. Die Definition der Ursachen ermöglicht eine leichtere und vor allem verursachungsgerechte Auswahl der Bewertungsinstrumente, welche in Schritt 6 definiert werden. Die Bewertung der fünf Personalrisiken erfolgt mittels eines einheitlichen Scoringverfahrens. Mit Schritt 7 werden die einzelnen Risiken miteinander verknüpft. Da nicht alle Risiken gleich gefährlich sind, müssen diese klinikindividuell gewichtet werden. Hierfür kommt die FMEA-Methode zum Einsatz. Nach der Gewichtung muss die Korrelation der Risiken ermittelt werden, um deren gegenseitige Beeinflussung abzubilden. Mittels der finanzmathematischen Portfoliotheorie nach Markowitz wird das Gesamtrisikopotenzial, ausgedrückt als PeKRA-Indikator, ermittelt. Voraussetzung für die erfolgreiche Anwendung dieser Methode auf die personellen Risiken ist, dass die einzelnen Parameter einen unterschiedlichen Wert haben, unterschiedlich stark schwanken und sich zudem gegenseitig beeinflussen. Im Verlauf der Entwicklung des Bellheimer Verfahrens wurde verdeutlicht, dass die personellen Risiken unterschiedlich hoch sind, sich unterschiedlich stark entwickeln und sich gegenseitig verstärken können. Damit ist die Anwendung der Portfoliotheorie als Instrument geeignet. Das Ergebnis wird in Schritt 8 visualisiert und interpretiert. Mittels eines Ampelsystems kann ein Krankenhaus erkennen, ob, und wenn ja, wie hoch das Personalrisiko aktuell ist und ob Handlungsbedarf besteht.

4.2 Kritische Würdigung

Zunächst ist anzumerken, dass bei allem Engagement und wissenschaftlichen Methoden es nicht gelingen wird, jede Risikosituation zu entdecken und zu entschärfen. Die wichtigste Voraussetzung wird es nach wie vor sein, dass die Mitarbeiter besonnen und mit Verstand arbeiten (vgl. Beutel 2009, S. 14). Generell können Risiken, wie in diesem Buch, mit Wahrscheinlichkeiten gemessen werden, allerdings sind Werte in Bezug auf die Zukunft immer nur Schätzungen (vgl. Ibers und Hey 2005, S. 113).

Weiter werden bei der Messung personeller Risiken in erster Linie Menschen untersucht. Da es sich hierbei um intelligente, komplex denkende individuelle Lebewesen handelt, wird es nie möglich sein, eine exakte quantitative Bewertung zu erhalten. Der Einsatz von qualitativen Messinstrumenten ist folglich unumgänglich. Dies wiederum geht zwingend einher mit subjektiven Schätzungen und Annahmen, die das Ergebnis ggf. verzerren.

Die Auswahl der Messkriterien und -instrumente, die Festlegung von Referenzgrößen und die Gewichtung der einzelnen Risiken wurden, mangels anderer Erfahrungswerte und zugunsten der Praktikabilität, von der Autorin nach bestem Wissen und Gewissen festgelegt (hierauf wurde bereits während der Verfahrensentwicklung an der jeweiligen Stelle hingewiesen). Der Leiter Personal und Organisation eines Testkrankenhauses stimmte der Vorgehensweise zu. Nichts desto trotz sind hiermit Ungenauigkeiten verbunden, deren Umfang derzeit unklar ist. Die praktische Anwendung wird zeigen, wo Anpassungen notwendig sind.

4.3 Ausblick

Das ausgearbeitete Bellheimer Verfahren ist eine an praktischen Gegebenheiten entwickelte Lösung, die anhand einer realen Klinik verprobt wurde. Im nächsten Schritt soll sich an diese Ausarbeitung eine Validierung des Bellheimer Verfahrens anschließen. Anhand möglichst unterschiedlicher Testkliniken (hinsichtlich Versorgungskapazitäten, Schwerpunkten, Trägern, etc.) soll überprüft werden, ob das Verfahren reliabel, objektiv und valide ist. Ggf. wären entsprechende Anpassungen notwendig. Besonderes Augenmerk muss hierbei auf die Streuung der Werte gelegt werden: Durch die zahlreichen Schätzungen und Annahmen, die zu Gunsten der Praktikabilität oder aufgrund fehlender historischer Daten getroffen wurden, kann es passieren, dass die Mehrzahl der Kliniken im mittleren Bereich des PeKRA-Indikators liegt. Dies ist unbedingt zu vermeiden, da das Verfahren sonst nicht aussagekräftig wäre. Eine Normalverteilung wäre ideal (eine Normalverteilung ist die am häufigsten eintretende Verteilung von Werten, die völlig unabhängig voneinander sind, in Anlehnung an Precht et al. 2006, S. 129).

Unter der Voraussetzung, dass das Verfahren zuverlässig ist, wären als nächstes Datenbanken der Ergebnisse verschiedener Kliniken anzulegen. Dies hat den Vorteil, dass zukünftig für bisher geschätzte Werte Durchschnittswerte aus Vergangenheitsbetrachtungen eingesetzt werden können. Für Ihre eigene Klinik können Sie selbst historische Datenreihen erstellen. Dies würde die Möglichkeit bieten, beispielsweise den Korrelationskoeffizienten realistischer zu bemessen, als dies aktuell möglich ist. Die Zuverlässigkeit des gesamten Verfahrens könnte gesteigert werden.

Da zu erwarten ist, dass die Sammlung von Ergebnissen von Testkliniken eine gewisse Zeit in Anspruch nimmt, wird es entsprechend lange dauern, bis ausreichend historisches Datenmaterial zur Verfügung steht, um die im Bellheimer Verfahren eingesetzten Korrelationskoeffizienten valider zu berechnen. Deshalb schließt sich dieser Ausarbeitung eine Forschungsarbeit zur statistischen Ermittlung der Korrelationskoeffizienten an. Mit weiteren Ergebnissen wird Ende 2015 gerechnet.

Parallel hierzu könnte man die hier ausgeklammerten Phasen „Risikosteuerung" und „Risikocontrolling" des Risikomanagementkreislaufs betrachten. Häufig sind für hohe Risiken gleiche bzw. ähnliche Ursachen verantwortlich. Hier wäre es möglich, standardisierte Handlungsempfehlungen zu erarbeiten, die kurz-, mittel- bzw. langfristig geeignet sind, die Risiken zu verkleinern. Hierfür würde sich ein Blick ins Gesundheitssystem des europäischen Auslands lohnen, um bewährte Konzepte ggf. zu übernehmen.

Sollte sich herausstellen, dass bei vielen Kliniken erhöhte bis existenziell bedrohliche Personalrisiken bestehen, wäre zu überlegen, die Implementierung eines Personalrisikomanagements als inhaltliche Ergänzung der §§ 135 bis 137 SGB V (Qualitätsmanagement) aufzunehmen.

Schlussendlich könnten aufbauend auf der hier beschriebenen Risikobetrachtung auch weniger bedrohliche bzw. nicht beachtete Risiken (wie zum Beispiel der Imageschaden) betrachtet werden und durch frühe Gegensteuerung eine Erhöhung vermieden werden.

Literatur

Beutel M (2009) Klinisches Risikomanagement. Kassel
Ibers T, Hey A (2005) Risikomanagement. Merkur Verlag Rinteln, Rinteln
Precht M, Kraft R, Bachmeier M (2006) Angewandte Statistik 1, 7. Durchgesehene Aufl. Oldenbourg, München

Anhang

Rechtsgutachten von Jan Gregor Steenberg

§TEENBERG
Rechtsanwälte

Jan Gregor Steenberg, LL.M.
Rechtsanwalt
Fachanwalt für Medizinrecht
Fachanwalt für gewerblichen Rechtsschutz
Hachelallee 88
75179 Pforzheim

Tel.: 07231/1331993-0
Fax: 07231/1331993-9

E-Mail: info@kanzlei-steenberg.de
www.kanzlei-steenberg.de

13.09.2014

Gutachten

zur Frage der rechtlichen Vorgaben in Bezug auf das Personalrisikomanagement in der klinischen Versorgung in Deutschland

Gutachter: Jan Gregor Steenberg LL.M.
Rechtsanwalt
Fachanwalt für Medizinrecht
Fachanwalt für gewerblichen Rechtsschutz

Auftrag: Das Gutachten soll eine Antwort darauf geben in wieweit ein Personalrisikomanagement für Kliniken bereits im Gesetz angelegt ist. Insbesondere soll die Rechtslage dahingehend überprüft werden, ob aus den vorhandenen Regelungen eine Verpflichtung zur Einführung eines Personalrisikomanagements (hierunter werden die Risiken des Engpassrisikos, Austrittrisiko, Anpassungsrisiko und Motivationsrisiko verstanden) hergeleitet werden kann.

Einleitung

Im Bereich des klinischen Risikomanagements wird bislang der Fokus auf den Bereich des medizinischen Qualitätsmanagements gelegt. So sollen durch geeignete Maßnahmen Patientenschäden verhindert werden. Das 2013 in Kraft getretene Patientenrechtegesetz fordert von den Kliniken Qualitätsmaßnahmen zur Vermeidung von Patientenschäden ein. Nicht zuletzt ist es auch die Motivation des Gesetzgebers und der Kostenträger, durch geeignete Qualitätsmanagementmaßnahmen – insbesondere in Form von erheblichen Anforderungen an die Dokumentation der Behandlung und der Einführung des DRG-Systems – die Leistungserbringer in der klinischen Versorgung (stationäre Versorgung) zu einem wirtschaftlichen Handeln anzuleiten.

Medizinisches Qualitätsmanagement

Die medizinische Qualitätssicherung zielt darauf ab, eine stetige Verbesserung der medizinischen Behandlungen herbeizuführen. Das oberste Gebot ist es, dass Patienten keiner zusätzlichen Gefährdung durch die Behandlung ausgesetzt sind. Zunächst soll der Momentanzustand durch ein geeignetes medizinischen Qualitätsmanagement verbessert werden. Sodann ist es aber auch Auftrag des medizinischen Qualitätsmanagements, eine Fortentwicklung in der medizinischen Versorgung zu forcieren. Daraus resultiert ein System von medizinischen Qualitätssicherungsmaßnahmen, welche permanent die Abläufe in den Versorgungseinrichtigungen hinterfragt und möglichst verbessert. Das Ziel der Qualitätssicherung ist aus Sicht des Gesetzgebers eine Patientenversorgung auf höchstem Niveau, welche stets dem aktuellen Stand der Wissenschaft entspricht.

An dieser Stelle ist ein Bezug zu der zivilrechtlichen Arzthaftung zu erkennen. Kommt es in einem Krankenhaus zu erheblichen Mängeln bei den vorgeschriebenen medizinischen Qualitätssicherungsmaßnahmen und hätte bei einer besseren Qualitätssicherung ein Schaden von einem Patienten abgehalten werden können, so kann daraus durchaus ein Haftungsfall des Krankenhauses resultieren.

Zunächst sind die gesetzlichen Grundlagen, welche eine Qualitätssicherung aus Sicht der Kostenträger vorsieht, herauszuarbeiten. Die maßgeblichen Normen lassen sich aus den §§ 135 ff. SGB V, § 5 MBO-Ä und den §§ 11, 12 WMV-Ä entnehmen. Zentrale Norm ist § 135a Abs. 1 SGB V deren Satz 1 die Verpflichtung der Leistungserbringer zur Sicherung und der Weiterentwicklung der Qualität der erbrachten Leistungen festschreibt (vertiefend: Bt-Drucksache 14-1245, Seite 86 – GKV Gesundheitsreform 2000). In Satz 2 wird festgelegt, dass die Leistung dem jeweiligen Stand der wissenschaftlichen Erkenntnisse entsprechend und mit der fachlich gebotenen Qualität erbracht werden muss. Daraus ergibt sich, dass grundsätzlich in der stationären Versorgung ein Qualitätsmanagement durchzuführen ist.

Daraus ergibt sich ein normatives Bindeglied zwischen den Vorgaben des Berufsrechtes und des Krankenhausrechts. Gerade auch die Musterberufsordnung der Ärzte sieht in § 5 vor, dass alle Ärzte an den Maßnahmen zu Qualitätssicherung der Ärztekammern teilnehmen müssen. Aber diese Qualitätssicherungsmaßnahmen beziehen sich allesamt auf Abläufe, welche mit den klassischen Personalrisiken nicht verzahnt sind. Zwar schenkt das Curriculum „Ärztliches Qualitätsmanagement" der Bundesärztekammer der Motivation und der Ressource „Personal" einen gewissen Grad an Beachtung, doch kann aus dem Curriculum kein Personalrisikomanagement im eigentlichen Sinne entnommen werden.

Die wohl weitreichendste Norm im Bereich der Qualitätssicherung im stationären Gebiet ist § 137 SGB V. Dieser gibt vor, dass der Gemeinsame Bundesausschuss unter Beteiligung des Verbandes der privaten Krankenversicherungen, der Bundesärztekammer sowie der Berufsorganisation der Krankenpflegeberufe entsprechende Maßnahmen zur Qualitätssicherung für alle Patienten in zugelassenen Krankenhäusern nach § 108 SBG V zu treffen hat. Dabei beschreibt Absatz 1 Maßnahmen der Qualitätssicherung. Besonders hervorzuheben ist hier die Mindestmengenregelung nach § 137 Abs. 1 S. 3 Nr. 3 S. 4 und 5 SBG V, wonach gewisse stationäre Behandlungen nur bei dem Nachweis von Mindestmengen angeboten und abgerechnet werden können.

Sowohl auf Bundes- als auch auf Landesebene wurden externe Unternehmen mit dem vergleichenden Qualitätsmanagement beauftragt. Auf Bundesebene wurde 2010 die AQUA-Institut-GmbH mit dieser Aufgabe beauftragt. Jedoch auch bei diesen externen Überprüfungen wird, zumindest nach den öffentlich zugänglichen Unterlagen, das Personalrisiko nicht in das Qualitätsmanagement mit einbezogen.

Neu hinzugetreten ist eine Qualitätssicherungsregelung in Form von sogenannten Risikomanagement- und Fehlermeldesystemen nach § 137 Abs. 1d SGB V. Durch diese Regelung soll festgeschrieben werden, welche Instrumente und Vorgehensweisen für eine möglichst wirkungsvolle und erfolgversprechende Identifizierung von Gefahrkonstellationen und Fehlerursachen erforderlich sind. Des weiteren wird normiert, wie die Gefahren zu analysieren und Maßnahmen zur Fehlervermeidung einzuleiten sind (BT-Drucksache 17/10488, 33 f.). Das Personalrisiko hat der Gesetzgeber bei dieser Novellierung nicht als mögliche Gefahrenquelle benannt. Zwar ist die Normierung offen gehalten, doch lässt sich aus der Gesetzesbegründung entnehmen, dass die Intention des Gesetzgebers bei der Patientensicherheit und dort insbesondere in der Vermeidung von Behandlungsfehlern zu finden ist. So heißt es in der BT-Drucksache: „Bestandteile eines systematischen Risiko- und Fehlermanagements können beispielsweise Krankenaktenanalysen, die Auswertung von patientensicherheitsrelevanten Daten der Abrechnung und der externen Qualitätssicherung, die Analyse von einrichtungsinternen Patientenschadensfällen und Erkenntnissen der Haftpflichtversicherungen sowie die Umsetzung von Fehlermeldesystemen (sogenannte Critical Incident Reporting Systems) sein."

Im Ergebnis lässt sich zu § 137 SGB V zusammenfassend festhalten, dass aus der Norm zwar diverse Qualitätssicherungsmaßnahmen zu entnehmen sind, diese jedoch allesamt die Sicherung der primären medizinischen Qualität zum Ziel haben und ein Personalrisikomanagement bislang nicht normiert wurde.

Die darauffolgenden Regelungen im SGB V geben dem Gemeinsamen Bundesausschuss Kompetenzen, um das medizinische Qualitätsmanagement, wie es oben beschrieben ist, zu überwachen und auch bei neuen Untersuchungs- und Behandlungsmethoden die Qualitätskriterien sicher zu stellen.

Somit lässt sich folgendes Zwischenergebnis fixieren:

Im Rahmen der Qualitätssicherungsmaßgaben des SGB V sind zahlreiche Regelungen für die stationäre Behandlung in Bezug auf die Sicherung der medizinischen Qualität und der Behandlungsabläufe vorgesehen. Das Risiko eines Personalausfalls bzw. allgemein das Personalrisikomanagement ist im SGB V nicht ausdrücklich angelegt. Ob dieses vom Gesetzgeber bislang als Risiko identifiziert wurde ist in hohem Maße fraglich, zumal die neueren Regelungen im SGB V allesamt im Lichte der Steigerung der Patientensicherheit durch das Patientenrechtegesetz zu sehen sind. Sicherlich wirkt sich ein Personalrisiko auch mittel- bis langfristig auf die Patientensicherheit aus, doch ist das Personalrisiko nicht in diesem Kontext einzuordnen.

Überprüft man nun die maßgeblichen Regeln des Zivilrechts, so kommen einem umgehend die Normen zur zivilrechtlichen Haftung bei ärztlichen Behandlungsfehlern, §§ 630a ff. BGB in den Sinn. Demnach kann bei Haftungsfällen, in welchen ein Personen- oder ein Sachschaden durch eine Missorganisation in der Organisationsstruktur entstanden ist ‚der Behandler in die Verantwortung genommen werden, wenn es sich um ein für ihn voll beherrschbares Risiko handelt. Gerade im Bereich der Personalrisiken dürften diese als voll beherrschbar anzusehen sein, da einem Personalrisiko durch frühzeitige Maßnahmen wirksam entgegengetreten werden kann. Es besteht somit die Verpflichtung von Krankenhäusern, in Haftungsfällen darlegen zu können, dass sie alles getan haben, um mögliche Schäden von Patienten abzuwenden. Der Gesetzgeber hat jedoch diese Verpflichtung in diesem Wortlaut nicht ins Gesetz geschrieben sondern sie ist richterrechtlich im Rahmen des Organisationsverschuldens entstanden. Gleiches gilt auch im Bereich der strafrechtlichen Verantwortlichkeit durch Unterlassen. Hier kann durchaus bei Körperverletzungs- und Tötungsdelikten eine Haftung der verantwortlichen Personen in einem Krankenhaus angenommen werden, wenn eine Gefahrenquelle erkannt worden ist, diese mit geeigneten Maßnahmen hätte abgewendet werden können, jedoch dies aus welchen Gründen auch immer, nicht getan wurde. Dem Betreiber eines Krankenhauses bzw. den Personalverantwortlichen dürfte demnach eine Garantenpflicht gemäß § 13 StGB zugeschrieben werden.

Im Ergebnis lässt sich festhalten, dass aus den zivil- und strafrechtlichen Vorgaben keine eindeutige Verpflichtung der Krankenhäuser erkennen, ein Personalrisikomanagement einzuführen. Sollte jedoch ein Patientenschaden auf die Verwirklichung eines Personalrisikos zurückzuführen sein, so wären entsprechende Haftungsansprüche des Patienten durchaus denkbar. Den Krankenhäusern ist es daher dringend anzuraten, sich dieser Verantwortung zu stellen, um mögliche Haftungsrisiken zu minimieren.

In Bezug auf Krankenhäuser, welche durch eine Aktiengesellschaft als Träger geführt werden, ist insbesondere § 91 des Aktiengesetzes zu beachten. Darin heißt es in Absatz 2: „Der Vorstand hat geeignete Maßnahmen zu treffen, insbesondere ein Überwachungssystem einzurichten, damit den Fortbestand der Gesellschaft gefährdende Entwicklungen früh erkannt werden". Diese in der Literatur nicht unumstrittene Norm muss zunächst von der Begrifflichkeit des allgemeinen Risikomanagements abgegrenzt werden. Das Risikomanagement im Bereich der Betriebswirtschaftslehre (auch Riskmanagement genannt) geht von einem umfassenden Risikobegriff aus, welcher über eine sogenannte Risikoinventur zu einer Kontrolle führt, die wiederum die Geschäftätigkeit und das externe Umfeld im Großen und Ganzen vollständig umfasst. Ein solches Risikomanagementsystem ist jedoch in § 91 Abs. 2 Aktiengesetznicht vorgesehen. Vielmehr dient diese Norm dem vordringlichen Zweck, als Früherkennungssystem bestandsgefährdende Entwicklungen zu erkennen. Als weiteren Zweck verpflichtet die Norm den Vorstand dazu, geeignete Maßnahmen, insbesondere in Form eines Überwachungssystems, zu errichten. Die juristische Literatur geht davon aus, dass eine Konkretisierung der Organisationsanforderungen aus der Norm resultiert.

Entsprechend hat sich folgende Zweistufentheorie herausgebildet:

In der ersten Stufe werden geeignete Maßnahmen zur Früherkennung definiert. Der Begriff Entwicklung wird als unternehmensspezifische, nachteilige Veränderung verstanden. Laut Regierungsbegründung wird mit Bestandsgefährdung gemeint, dass sich nachteilige Veränderungen auf die Vermögens-, Ertrags- oder Finanzlage der AG wesentlich auswirken können. Die Veränderungen müssen also für Darstellungsanforderungen des § 264 Abs. 2 HGB relevant sein. Die sich daraus ergebende Früherkennung wird als Maßnahme verstanden, welche frühzeitig erkennt, wenn nachteilige Entwicklungen entstehen und so rechtzeitig entgegengewirkt werden kann, sodass keine bestandsgefährdenden Ausmaße zu erkennen sind (Regierungsbegründung Bt-Drucksache 13-9712, Seite 15). Nach der Regierungsbegründung ist die Maßnahme geeignet, wenn nach der Erfahrung zu erwarten ist, dass der Vorstand die erforderlichen Informationen rechtzeitig erhält.

In einer zweiten Stufe ist ein Überwachungssystem einzurichten. Darunter sind Systeme zu verstehen, die entgegen dem betriebswirtschaftlichen Risikomanagement eher der Innenrevision bzw. des Controllings zuzuschreiben sind. Daraus resultiert, dass in dem

Überwachungssystem eine unternehmensinterne Kontrolle eingeführt wird, welche überprüft ob das Veranlasste zu den erwünschten Ergebnissen führt.

Daraus ergibt sich, dass im Rahmen von börsennotierten Trägern von Kliniken durchaus ein Personalrisikomanagement eingeführt werden muss, insbesondere wenn die Risiken, die sich aus den typischen Personalrisiken entwickeln können, als bestandsgefährdend eingestuft würden. Ob dies der Fall ist, vermag das Gutachten an dieser Stelle nicht zu beantworten jedoch kann davon ausgegangen werden, dass auch im Bereich des Personalrisikos Entwicklungen zu beobachten sind, welche die Existenz eines Unternehmens durchaus gefährden können. Insoweit ist aus § 91 Aktiengesetz die einzige gesetzliche Vorgabe zu einem Risikomanagement abzuleiten, welches jedoch nur auf die wenigen Kliniken zutrifft welche durch eine Aktiengesellschaft als Träger geführt werden.

Zusammenfassung

Im Ergebnis lässt sich festhalten, dass der Gesetzgeber derzeit keine Vorgaben zur Durchführung eines Personalrisikomanagements im klinischen Bereich vorsieht. Woran dies liegt ist nicht erklärlich. Nach derzeitigem Wissenstand müsste das Personalrisiko wohl als bedeutender Faktor angesehen werden, der neben den bestehenden medizinischen Risiken unbedingt in ein nachhaltiges Risikomanagement einzubinden ist. Der Gesetzgeber hat zwar in den vergangenen Jahren erhebliche Veränderungen dahingehend eingeleitet, dass die direkten Risiken für die Patientensicherheit reduziert werden, doch hat er das Personalrisiko bislang wohl nicht als Risikoquelle identifiziert. Da die neueren Regelungen im SGB V offen gehalten wurden, ließe sich das Personalrisikomanagement sicherlich dort etablieren, wobei dies bislang in der juristischen Literatur noch nicht beschrieben ist. Die Regelungen zur Sicherung der Qualität in der medizinischen Versorgung laut dem SGB V dienen vornehmlich der Patientensicherheit. Da aus einem nicht etablierten Personalsrisikomanagement erhebliche Haftungsrisiken in zivil- gegebenenfalls auch in strafrechtlicher Hinsicht ergeben, ist den Klinken dringend zu einem solchen System zu raten, gesetzlich vorgeschrieben ist es jedoch (noch) nicht. Es ist zu erwarten, dass entsprechende Missstände eher in Gerichtsverfahren aufgedeckt werden und in diesem Zuge im Rahmen einer richterrechtlichen Regelung Eingang in die zu fordernden Maßnahmen finden wird. Lediglich in Fällen, in welchen börsennotierte Aktiengesellschaften als Träger eines Krankenhauses fungieren, könnte bereist heute eine Verpflichtung zur Etablierung eines Personalsrisikomanagement erkannt werden.

Jan Gregor Steenberg LL.M.
Rechtsanwalt
Fachanwalt für Medizinrecht
Fachanwalt für gewerblichen Rechtsschutz

Übersicht über Instrumente zur Identifikation und Bewertung von Personalrisiken

Nr.	Bezeichnung	Funktionsweise	Bereich	Geeignet für	Hinweise	Vorteile	Nachteile
Kollektionsmethoden							
1	Betriebsbesichtigung	Inspektion von Risiken vor Ort	Identifikation	Technische Risiken Physische Risiken Risiken im Bereich der Arbeitssicherheit	Persönliche Wahrnehmung und Risikobewusstsein ist erforderlich	Schnell Kostengünstig	Nicht für alle Risiken geeignet
2	Mitarbeiterbefragung	Schriftliche oder elektronische Befragung von Mitarbeitern über Risikopotenziale (da sie am nächsten dran sind)	Identifikation	Alle Risiken	Kann als Früherkennungsindikator fungieren Wirtschaftlichkeit und Nutzbarkeit hängen stark von der Umsetzung der Befragung ab	Sehr gute Informationsquelle Viele Personalrisiken abfragbar Kostengünstig Zeitvergleiche möglich	Aufwändig Statistische Anforderungen müssen erfüllt sein Fragetechniken müssen beherrscht werden Subjektive Ergebnisse
3	Risikochecklisten	Standardisierte Fragebögen zur systematischen und strukturierten Erfassung von Risiken	Identifikation	Alle Risiken	Gestaltung der Checkliste muss auf einem strukturierten Erfassungsraster beruhen	Einheitliche Erfassung möglich Einfach Schnell Kostengünstig Zeitvergleiche möglich	Einheitlichkeit widerspricht der Spezialität von Risiken --> Gefahr, nicht alle zu erfassen
4	Experteninterviews	Befragung von HR-Experten innerhalb und außerhalb des Unternehmens	Identifikation	Alle Risiken arbeitsmarkt-ökono-mische Risiken	Erfolgt mittels standardisierten und nicht standardisierten Interviews	Hohe Kompetenz	Nur geringe Stichprobe möglich

Nr.	Bezeichnung	Funktionsweise	Bereich	Geeignet für	Hinweise	Vorteile	Nachteile
5	Workshops mit Mitarbeitern/ Self-Assessment	Durchführung einer SWOT-Analyse mit Mitarbeitern in einem Workshop	Identifikation und Bewertung	Alle Risiken	Die Einbeziehung der Mitarbeiter an sich schärft schon das Risikobewusstsein	Diversifikation durch heterogene Gruppen Mitarbeiter-Expertenwissen nutzen	Häufig nur Blick auf eigenen Bereich, Gesamtunternehmens-sicht fehlt

Suchmethoden
Kreativitätstechniken

Nr.	Bezeichnung	Funktionsweise	Bereich	Geeignet für	Hinweise	Vorteile	Nachteile
6	Brainstorming	Uneingeschränkte, spontane Aufzählung möglicher Risiken in moderierten Gruppen	Identifikation	Alle Risiken	Unkonventionelle Vorgehensweise hebt bisher unbekannte Risiken	Geringer Aufwand Diversifikation durch heterogene Gruppen	Basiert auf subjektiven Schätzungen und Erfahrungen
7	Brainwriting	Uneingeschränkte, spontane schriftliche Fixierung möglicher Risiken in moderierten Gruppen	Identifikation	Alle Risiken	Jeder schreibt seine Ideen in Ruhe auf, ein Austausch in der Gruppe erfolgt zunächst nicht	Anonyme Erfassung der Ideen Keine Idee wird vergessen Geringer Aufwand	Keine gegenseitige Befruchtung wie beim Brainstorming
8	Synektik	Schilderung eines Problems, danach spontane Lösungsentwicklung, dann Neuformulierung des Problems, danach Abstrahierung mit analogem Problem, am Ende wieder Verknüpfung mit dem Originalproblem und Formulierung echter Lösungsansätze	Identifikation und Bewertung	Alle Risiken	Regt unbewusst ablaufende Denkprozesse an	Nicht kalkulierte Lösungsansätze entstehen Geringer Aufwand	Höherer Zeitaufwand als bei Brainstorming Guter Moderator erforderlich

Anhang

Nr.	Bezeichnung	Funktionsweise	Bereich	Geeignet für	Hinweise	Vorteile	Nachteile
9	Delphi-Methode	Befragung von Experten in mehreren Runden, die Ergebnisse werden anonymisiert zurückgespiegelt, danach können Meinungen entsprechend korrigiert und angepasst werden	Identifikation und Bewertung	Alle Risiken	Führt zu einer komprimierten und systematisch aufbereiteten Expertengruppenaussage	Hohe Kompetenz Aufdeckung bisher unbekannter Risiken	Aufwändig
10	Morphologische Verfahren	Unvoreingenommene Sammlung aller Ideen und Clusterung nach den Merkmalen	Identifikation	Alle Risiken	Abwandlung des Brainstormings	Komplexe Systeme gut darstellbar Einfach	Ergebnisse beruhen auf Schätzwerten
11	Vorschlagswesen (evtl. Suchmethode kreativ)	Aufforderung von Mitarbeitern, Verbesserungsvorschläge zur Abmilderung von Risiken einzureichen	Identifikation und Steuerung	Alle Risiken	Leicht zu implementieren, da in der Regel schon zur Prozessoptimierung vorhanden	Nutzt Kompetenz und Erfahrung aller Mitarbeiter Kostengünstig	Ergebnisse beziehen sich weniger auf Personalrisiken

Suchmethoden
Analytische Methoden

Nr.	Bezeichnung	Funktionsweise	Bereich	Geeignet für	Hinweise	Vorteile	Nachteile
12	Ausfalleffektanalyse	zunächst Beschreibung und Abgrenzung der HR-Architektur, danach Zerlegung in Funktionsbereiche, anschließend Untersuchung der Bereiche auf Störungszustände und Fehler, abschließend Ermittlung der Auswirkungen auf Gesamtunternehmen	Identifikation und Bewertung	Prozessrisiken Schnittstellenproblematiken	Kommt ursprünglich aus dem Qualitätsmanagement	Jeder Funktionsbereich wird detailliert untersucht	Beschränkt sich auf HR-Funktion Aufwändig

Nr.	Bezeichnung	Funktionsweise	Bereich	Geeignet für	Hinweise	Vorteile	Nachteile
13	Fehlerbaumanalyse	Ermittlung der Folgen von einem Top-Ereignis für alle betroffenen Bereiche	Identifikation	Prozessrisiken Schnittstellenproblematiken	Legt ein bereits gestörtes, fehlerhaftes System zugrunde. Kommt ursprünglich aus dem Qualitätsmanagement	Interdependenzen zwischen Risiken werden deutlich	Beschränkt sich auf HR-Funktion Aufwändig
14	Ereignisbaumanalyse/Event Tress Analysis (ETA)	Darstellung der einzelnen Auswirkungsalternativen anhand eines Baumdiagramms (von links nach rechts) und Gewichtung je mit einer Eintrittswahrscheinlichkeit	Identifikation und Bewertung	Prozessrisiken Systemrisiken	Legt ein intaktes System zugrunde und spielt ein fehlerhaftes Ereignis ein. Kommt ursprünglich aus dem Qualitätsmanagement	Einfach simulierbar	Wahrscheinlichkeiten müssen häufig geschätzt werden Bei komplexen Systemen entstehen komplexe Bäume
15	Analyse von (beinahe) Zwischenfällen	Analyse von erfassten Zwischenfälle und beinahe Zwischenfällen	Identifikation und Bewertung	Hauptsächlich für medizinische Zwischenfälle. Aber auch für prozessuale und personelle Zwischenfälle	Critical Incident Reporting Systems (CIRS) sind in Deutschland bisher noch wenig verbreitet	Ereignisse werden systematisch registriert Ggf. auch Schadenhöhe bei Urteilen etc. ablesbar	Wenig verbreitet Unvollständige Datengrundlage, da nicht alles gemeldet wird, aus Angst vor Sanktionen
16	Root Cause Analysis	Erforschung der wahren Ursache eines Fehlers über die scheinbar erste Erklärung hinaus, ausgehend von einem (beinahe) Zwischenfall	Identifikation	Alle Risiken	Bezieht sich häufig auf organisationale Fehler oder die Unternehmenskultur	Geht der wahren Ursache auf den Grund	Keine vollumfängliche Risikoanalyse, nur einzelne Risiken

Nr.	Bezeichnung	Funktionsweise	Bereich	Geeignet für	Hinweise	Vorteile	Nachteile
17	Ishikawa-Diagramm (Sonderform eines Ursache-Wirkungs-Diagramms)	Darstellung aller Kausalitätsbeziehungen, die zu einem bestimmten Ergebnis führen, mittels einer graphischen Zeichnung	Identifikation	Alle Risiken	Kommt ursprünglich aus dem Qualitätsmanagement. weitere Synonyme: Fischgrät-Diagramm, Fishbone-Diagramm	Detaillierte Einzelproblemanalyse Geringer Aufwand Kostengünstig	Nur für Einzelrisiken geeignet Teilweise komplexe Darstellung Keine Wechselwirkungen erfassbar
18	Gap-Analyse	Vergleich des Stands der aktuellen Entwicklung mit Soll-Vorgaben und Entdeckung/Messung der Abweichung	Identifikation und Bewertung	Gut für Marktrisiken	Immer zukunftsorientiert	Setzt Umfeld- und Unternehmensanalyse zueinander ins Verhältnis	Rein quantitative Methode, qulitative Aspekte bleiben weitestgehend unberücksichtigt
19	Retrospektive Fallanalysen	Analyse einzelner dokumentierter Schadensfälle	Identifikation und Bewertung	Alle Risiken	Fälle müssen dokumentiert sein	Unternehmensindividuelle Risiko- potenziale können ermittelt werden	Nur Einzelfälle untersuchbar, keine vollständige Datenbasis
20	Fehlermöglichkeits- und Einfluss-Analyse (FMEA-Methode)	Berechnung einer Risikoprioritätszahl für gelistete Fehler anhand ihrer Eintrittswahrscheinlichkeit, ihrer Bedeutung und ihrer Entdeckungswahrscheinlichkeit	Bewertung	Alle Risiken	Bewertungsgrundlagen müssen vorhanden sein, ebenso wie eine Fehlerliste	Risikoeinstufung gut möglich	Nicht vollständig Arbeitet häufig mit Schätzwerten
21	Flow-Chart-Analysen	Offenlegung der Wirkungen möglicher Fehler, die innerhalb eines Prozesses entstehen, aber das Gesamtsystem beeinflussen können	Identifikation	Hauptsächlich für technische und IT-Risiken	Logische Fehler lassen sich aufdecken	Sehr rational	Unvollständig, nur für Einzelrisiken geeignet

Nr.	Bezeichnung	Funktionsweise	Bereich	Geeignet für	Hinweise	Vorteile	Nachteile
22	Fragebogen	Erfassung von Meinungen und Einschätzungen eines vorbestimmten Personenkreises	Identifikation und Bewertung	Alle Risiken	Statistische Grundregeln müssen bei der Auswertung beachtet werden	Experteneinschätzung Spezifische Suche möglich Einfach Kostengünstig	Subjektive Einschätzungen Nicht vollumfänglich möglich

Derivative Identifikationsmethoden

Nr.	Bezeichnung	Funktionsweise	Bereich	Geeignet für	Hinweise	Vorteile	Nachteile
23	Szenarioanalysen/Drei-Werte-Verfahren	Kombination bestimmter Ausprägungen von mehreren Risikofaktoren zu einem Szenario Simulation mehrerer Szenarien (Best-, Middle- und Worst-Case)	Bewertung	Alle Risiken	Risiken werden kombiniert	Interdependenzen werden berücksichtigt Liefert grobe Einschätzung zu mehreren möglichen Entwicklungen Gut für langfristige Analysen	Keine exakte Risikoquantifizierung möglich
24	Simulationsverfahren	Durchführung von Experimenten anhand eines Modells, um dadurch Rückschlüsse auf den Realzustand zu ziehen	Identifikation und Bewertung	Alle Risiken	Für sehr komplexe Systeme	gut für nicht quantifizierbare Systeme	Verschiedene Annahmen müssen getroffen werden --> ungenau

Methoden der Wahrscheinlichkeitsberechnung

Nr.	Bezeichnung	Funktionsweise	Bereich	Geeignet für	Hinweise	Vorteile	Nachteile
25	Sensitivitätsanalysen	Betrachtung des Einflusses einzelner Faktoren auf die Unternehmensziele	Bewertung	Alle Risiken, besonders solche, bei denen die Eintrittswahrscheinlichkeit nicht spontan geschätzt werden kann	Quantitative Abbildung qualitativer Einschätzungen --> starke Vereinfachungen notwendig	Quantifizierung qualitativer Risiken	Eingeschränkte Aussagekraft wegen Vereinfachungen

Anhang

Nr.	Bezeichnung	Funktionsweise	Bereich	Geeignet für	Hinweise	Vorteile	Nachteile
26	Value-at-Risk-Modelle	Aussage über die maximal mögliche negative Abweichung eines Unternehmensziels, die innerhalb einer bestimmten Periode mit einer Wahrscheinlichkeit von 95 % nicht überschritten wird	Bewertung	Für quantitativ messbare Risiken	Es müssen statistische Verteilungen der Eintrittswahrscheinlichkeit vorliegen. Bisher nicht auf qualitative Risiken übertragen worden	Sehr detailliertes Risikoinstrument Interdependenzen werden berücksichtigt	Sehr aufwändig Nicht durch Schätzwerte erreichbar Sehr komplex
27	Human Capital-Modelle	Berechnung des Wertes des Wissens, der Qualifikation und der Fähigkeiten der Mitarbeiter	Bewertung	Hauptsächlich Anpassungsrisiko	Einsatz der Saarbrücker Formel als gängigste Lösung (Es stehen eine Vielzahl weiterer Ansätze zur Verfügung.)	Guter Berechnungsansatz für die Bewertung des Humankapitals	Formelteile sind umstritten Vorspiegelung einer Scheingenauigkeit Aufwändig
28	Pareto-Analyse	Geht davon aus, dass 80 % der Probleme auf 20 % der Ursachen beruhen	Identifikation	Alle Risiken	Die 20 % wichtigsten Ursachen werden analysiert	Konzentration auf das Wesentliche Erfassung der wichtigsten Handlungsfelder	Nicht die häufig vorkommenden Fehler sind auch die gefährlichen Gefahr, dass wichtige Risiken nicht bemerkt werden
29	Durationsberechnung	Angabe des Zeitpunktes (gewichteter Mittelwert), zu dem sich zwei Risiken gegenseitig aufheben	Bewertung	Für quantitativ messbare Risiken	Risiken müssen sich gegenseitig beeinflussen	Exakte quantitative Bestimmung	Aufwändig Ausreichendes Datenmaterial muss verfügbar sein

Nr.	Bezeichnung	Funktionsweise	Bereich	Geeignet für	Hinweise	Vorteile	Nachteile
30	Risikoklassifikation (evtl. zu Wahrscheinlichkeitsberechnung)	Schätzung einer Eintrittswahrscheinlichkeit und einer Schadenshöhe für jedes Risiko	Bewertung	Alle Risiken	Einteilung in jeweils drei Kategorien (klein, mittel, groß)	Dient der Unterscheidung von wichtigen und unwichtigen Risiken Kostengünstig Schnell	Keine quantitative Einordnung möglich Interdependenzen werden nicht berücksichtigt
31	Risikoportfolios (evtl. zu Wahrscheinlichkeitsberechnung)	Graphische Darstellung von Eintrittswahrscheinlichkeit und Schadenshöhe zusätzlich Einfügung von Toleranzgrenzen	Bewertung	Alle Risiken	Qualitative Einschätzung	Hohe Praktikabilität Einfache Anwendung Geeignet, um bedrohliche Risiken von ungefährlichen zu unterscheiden	Beruht auf subjektiven Einschätzungen Abbildung von Einzelrisiken ohne Interdependenzen

Sonstige

Nr.	Bezeichnung	Funktionsweise	Bereich	Geeignet für	Hinweise	Vorteile	Nachteile
32	Prozessanalysen Prozessablaufcharts	Systematische Untersuchung eines Prozesses durch Zerlegung in Einzelteile Grafische Darstellung der einzelnen Prozessschritte	Identifikation	Betriebswirtschaftliche Prozesse soziologische Prozesse technische Prozesse	Kommt ursprünglich aus dem Qualitätsmanagement	Einfach simulierbar Zeigt Abhängigkeiten zwischen einzelnen Prozessschritten	Eher oberflächlich
33	Externe Daten/ Gutachten	Verwendung von Expertenwissen über externe Risikoeinflüsse (z.B. von Versicherungen) bzw. Daten aus umfangreichen Erhebungen von spezialisierten Beratungsunternehmen	Identifikation und Bewertung	Alle Risiken insbesondere intern noch nicht aufgetretene, aber dennoch latent vorhandene Risiken	Externe Daten nicht unreflektiert übernehmen, sondern auf das eigene Unternehmen anpassen	Große Datengrundlage Spezialisiertes Wissen Externe Einflüsse identifizierbar	Nicht exakt auf eigenes Unternehmen übertragbar

Nr.	Bezeichnung	Funktionsweise	Bereich	Geeignet für	Hinweise	Vorteile	Nachteile
34	Benchmarking	Vergleich von Ergebnissen oder Prozessen mit einem festen Bezugswert	Identifikation und Bewertung	Gut für Marktrisiken Aber auch alle anderen Kennzahlen	Vergleich muss immer festen Bezugspunkt haben	Gut für Langzeitvergleiche	Immer nur Einzelrisiken vergleichbar Gefahr, die falschen Dinge miteinander zu vergleichen
35	Kennzahlensystem	Quantitative Darstellung von Informationen, aus denen Risiken abgeleitet werden können	Identifikation	Alle Risiken	Zur Interpretation ist eine Benchmark erforderlich	Wenn Datenbasis vorhanden, schnell Als Frühwarnsystem geeignet	Hohe Anforderungen an Erhebung Aufgrund fehlender Datenbasis evtl. ungenau bzw. aufwändig
36	Indikatorsystem	Qualitative Darstellung von Informationen, aus denen Risiken abgeleitet werden können	Identifikation	Alle Risiken	Zur Interpretation ist eine Toleranzgrenze erforderlich	Nicht quantifizierbare Dinge können erfasst werden	Basieren häufig auf Schätzungen und sind damit eher ungenau
37	Auswertung von Dokumentations- und Informationssystemen	Untersuchung sämtlicher zur Verfügung stehenden Informationen auf Risikopotenziale	Identifikation und Bewertung	Alle Risiken	Einheitliche Erfassung ist nicht notwendig	Unternehmensindividuelle Risiko-potenziale können ermittelt werden	Aufwändig Unvollständig
38	Verlustdatenbank	Verwaltung der historischen Verlustdaten eines Unternehmens in einer Datenbank	Identifikation und Bewertung	Alle Risiken	Schätzung der zukünftigen Schadensfälle erfolgt anhand historischer Aufzeichnungen	Gute Datenbasis Verlässliche Prognose möglich	Keine vollumfängliche Berücksichtigung der Einflussfaktoren möglich
39	Ausgaben-/Ertragsansatz	Verwendung der Ausgaben bzw. der Volatilität der Gewinne als Ausgangsgröße	Identifikation und Bewertung	Alle Risiken	Je höher die Kosten, desto höher das Risiko	Sehr einfacher Ansatz	Rein quantitativer Ansatz, qualitative Faktoren verfälschen das Ergebnis

Nr.	Bezeichnung	Funktionsweise	Bereich	Geeignet für	Hinweise	Vorteile	Nachteile
40	Zuverlässigkeitstheorie	Erfassung der Ausfälle und Fehler von Systemen und Prozessen in einer Datenbank	Identifikation und Bewertung	Alle Risiken	Erfahrungswerte und historische Daten müssen vorhanden sein. System oder Gerät muss klar abgegrenzt sein. Definition von „Fehler" muss festgelegt sein	Gute Grundlage, um Eintritts-wahrscheinlichkeiten zu berechnen	Nicht vollumfänglich Aufgrund von uneinheitlichen Voraussetzungen etwas ungenau
41	Scoring-Modelle	Zuordnung von gewissen Punkten zu einem Risiko anhand verschiedener Risikoindikatoren Berechnung des Risikowerts aus der gewichteten Gesamtsumme der Risikoursachen	Bewertung	Alle Risiken, besonders solche, bei denen die Eintrittswahrscheinlichkeit nicht spontan geschätzt werden kann	Qualitative Einschätzung	Gute Möglichkeit zur Klassifizierung qualitativer Risiken	Beruht auf subjektiven Einschätzungen
42	Frühwarnsysteme/Methode der Schlüsselindikatoren/Key-Risk-Indicators	Information über potenzielle Gefahren mit zeitlichem Vorlauf	Identifikation und Bewertung	Alle Risiken	Hierfür müssen Indikatoren festgelegt werden	Frühzeitige Gefahrerkennung ermöglicht Gegensteuern	Messgrößen müssen bereits existieren
43	Nutzwertanalyse	Unterstützung bei der Entscheidungsfindung zwischen mehreren Alternativen durch Festlegung von Entscheidungskriterien, deren Messung und Gewichtung	Identifikation und Bewertung	Für qualitative Risiken	In der Gruppe durchzuführen	Objektivierter Ansatz Gute Einschätzung qualitativer Risiken	Beruht teilweise auf Schätzwerten Täuscht absolute Messbarkeit vor

Kennziffern für Kosten der Krankenhäuser 2012

Durchschnittliche Personalkosten je Vollkraft mit direktem Beschäftigungsverhältnis beim Krankenhaus

Nach Ländern

Lfd. Nr.	Gegenstand der Nachweisung	Krankenhäuser insgesamt	Durchschnittliche Personalkosten je Vollkraft[1]								
			Insgesamt[2]	ärztlicher Dienst	Pflegedienst	medizinischtechnischer Dienst	Funktionsdienst	Klinisches Hauspersonal	Wirtschafts- und Versorgungsdienst	technischer Dienst	Verwaltungsdienst	Sonderdienste	Sonstiges Personal[3]
		Anzahl	in EUR										
Darunter: Allgemeine Krankenhäuser[2]													
69	Deutschland	1 692	61 253	111 052	51 659	50 874	52 453	32 301	39 183	53 180	55 597	61 369	14 024
70	Baden-Württemberg	211	61 650	112 054	54 948	52 072	55 579	31 028	41 995	58 552	58 430	61 955	11 865
71	Bayern	315	60 353	106 913	53 912	48 841	54 653	34 057	39 390	52 165	52 506	57 261	15 716
72	Berlin	71	61 694	102 939	49 085	50 934	51 571	29 708	39 884	50 388	50 305	76 787	20 233
73	Brandenburg	49	56 372	108 507	45 894	46 384	46 978	28 274	33 385	45 779	48 730	58 313	11 303
74	Bremen	12	65 896	115 338	54 913	54 315	55 284	37 284	33 121	60 724	64 017	64 153	12 752
75	Hamburg	49	63 595	107 571	49 750	52 583	53 900	31 759	39 376	57 367	63 882	75 193	33 575
76	Hessen	149	60 097	110 196	50 987	48 370	51 993	32 590	38 973	53 604	60 460	66 063	15 947
77	Mecklenburg-Vorpommern	33	56 382	106 591	45 735	46 310	45 291	28 299	33 955	46 984	50 171	48 943	33 693
78	Niedersachsen	172	62 402	116 405	53 116	54 618	54 204	30 586	39 482	52 011	55 301	65 768	14 425
79	Nordrhein-Westfalen	317	64 374	114 962	52 044	51 282	52 926	35 849	39 332	55 349	57 649	58 946	9 009
80	Rheinland-Pfalz	74	60 754	115 504	52 768	56 130	53 446	32 539	37 679	53 070	55 599	59 763	9 151
81	Saarland	20	59 175	112 540	54 320	49 520	54 381	30 804	37 025	51 259	53 816	75 959	4 512
82	Sachsen	71	55 473	100 639	47 078	45 537	43 965	27 749	35 329	47 706	48 245	51 983	12 042
83	Sachsen-Anhalt	41	58 715	115 118	46 722	49 918	48 290	30 851	35 880	44 488	48 544	59 096	33 341
84	Schleswig-Holstein	67	60 857	111 809	52 444	52 585	57 448	24 804	37 666	48 959	54 299	67 459	10 951
85	Thüringen	41	58 411	113 564	46 423	52 052	45 597	28 540	34 996	48 522	50 945	47 754	6 765
nach der Zulassung													
darunter: Plankrankenhäuser													
86	Deutschland	1 392	61 411	112 987	51 817	49 993	52 615	31 316	39 131	53 552	55 572	62 077	12 511
87	Baden-Württemberg	159	62 131	114 319	54 949	51 325	55 230	29 934	42 196	58 256	59 028	64 581	10 703
88	Bayern	245	61 637	111 741	54 588	50 800	55 286	33 772	39 206	54 017	53 718	58 313	17 348
89	Berlin	40	60 092	103 729	48 275	49 869	51 919	31 672	40 015	49 553	57 331	90 832	10 807
90	Brandenburg	46	56 357	108 174	45 943	46 167	46 979	28 256	33 639	45 535	48 826	58 313	11 322
91	Bremen	12	65 896	115 338	54 913	54 315	55 284	37 284	43 121	60 724	64 017	64 153	12 752
92	Hamburg	26	63 074	108 008	49 700	50 507	54 568	25 403	38 206	57 091	61 811	65 760	30 758
93	Hessen	103	60 650	111 933	50 643	48 748	53 018	32 900	40 652	53 726	58 044	68 478	17 704
94	Mecklenburg-Vorpommern	29	55 433	108 836	45 890	45 304	45 493	25 673	33 437	45 989	51 328	48 425	7 140
95	Niedersachsen	165	62 857	118 112	53 020	50 130	54 357	30 422	39 686	53 105	55 577	69 817	18 709

Lfd. Nr.	Gegenstand der Nachweisung	Kranken-häuser insgesamt	Durchschnittliche Personalkosten je Vollkraft[1]								
			Ins-gesamt[2]	ärztlicher Dienst	Pflege-dienst	medizinisch-technischer Dienst	Funktions-dienst	Klinisches Hauspersonal	Wirtschafts- und Ver-sorgungs-dienst	technischer Dienst	Verwaltungs-dienst	Sonder-dienste	Sonstiges Personal[3]
		Anzahl	in EUR										
96	Nordrhein-Westfalen	298	64 227	116 407	52 335	51 457	52 977	34 054	38 901	55 492	57 912	58 965	6 255
97	Rheinland-Pfalz	63	60 088	115 759	52 953	48 734	53 809	32 070	37 508	53 504	54 305	58 363	9 712
98	Saarland	19	58 157	111 102	54 222	49 736	54 286	27 663	34 092	49 467	51 589	77 678	4 263
99	Sachsen	66	56 810	103 897	47 527	46 955	44 935	27 318	36 248	49 437	48 923	51 128	10 179
100	Sachsen-Anhalt	38	58 084	115 106	47 494	46 443	47 538	31 177	36 385	47 049	49 615	53 259	17 120
101	Schleswig-Holstein	50	59 462	110 922	51 854	54 535	55 225	24 617	37 351	47 676	52 829	75 425	11 163
102	Thüringen	33	56 961	112 739	46 291	43 344	45 187	27 196	33 953	45 536	50 516	43 495	6 551

[1] Es sind Rundungsdifferenzen in den Summen möglich, da diese auf Basis der absoluten Kostenangaben berechnet werden, und nicht aufgrund der Kosten in 1 000 Euro.
[2] Bitte beachten Sie die Ausführungen zum Merkmal "Krankenhaustyp" in den Erläuterungen.

The manufacturer's authorised representative in the EU is Springer Nature Customer Service Centre GmbH, Europaplatz 3, 69115 Heidelberg, Germany. If you have any concerns regarding our products, please contact ProductSafety@springernature.com

Printed and bound by CPI Group (UK) Ltd, Croydon, CR0 4YY

25/03/2026

02078181-0019